小麦生产风险智能分析与预警关键技术

张晓艳　刘淑云　主编

中国农业出版社

内容简介

　　本书是作者在多年从事农业信息研究工作的基础上，参阅了国内外大量相关论著、专业刊物的优秀论文完成的。全书系统、全面地阐述了小麦生产风险智能分析与预警关键技术内容。主要包括农业生产风险的定义、农业风险预警分析概述、农业风险预警机制建设、山东农业生产风险因素分析、小麦主要风险类型、小麦生产风险信息采集与气象灾害预警指标规范、小麦生产风险因子识别与评估技术、小麦生产风险预警分析关键技术、基于对地观测技术的小麦作物生产数据获取与监测、小麦生产风险预警平台等。

　　本书理论和实证研究相结合，可供从事农业信息技术、3S技术应用、信息资源管理，特别是从事农业监测预警分析的科研人员参考。

主　　编　张晓艳　刘淑云

副 主 编　牛鲁燕　孙家波　刘　锋

参编人员　（按姓氏笔画排序）

王　磊　王风云　王丽丽　王利民　王剑非

王艳红　王富军　尹兴德　孔庆富　刘延忠

刘炳福　米晓铭　孙传仁　李乔宇　张丽荣

张俊丽　张维战　陈庆禹　尚明华　郑纪业

房　毅　封文杰　赵　佳　赵　泉　赵文祥

秦磊磊　徐淑良　唐　研　黄　洁　梅　林

崔太昌　董　暐　焦喜东　黎香兰

　　当前，全球经济和社会正在发生深刻变革，世界农业的发展也面临着严峻挑战。人口不断增长，人均耕地面积逐渐减少，水资源日趋短缺；同时，全球气候变化导致的气温升高与极端自然灾害频发，正在进一步加剧人类生存发展与资源环境的矛盾。保障粮食安全、减少饥饿与贫困的任务繁重。粮食安全始终是关系我国国民经济发展、社会稳定和国家安全的全局性重大战略问题。近年来，由于经济高速发展、城市化进程加快，农业发展面临的风险和不确定性明显上升，我国的粮食安全问题日益突出，保障国家粮食安全的任务越加繁重。面对新挑战，迫切需要应用信息化手段研究建立粮食生产的预测预警系统，提高粮食主管部门面临突发事件的应对能力和国家粮食安全的保障能力。

　　本书以小麦为研究对象，集成应用生产风险智能分析、预测预警、现代 IT 等关键技术，建立小麦生产监测网点，制定小麦生产风险数据采集标准，开展小麦生产信息数据采集，研制小麦生产风险预警模型，研发小麦生产风险预警系统，实现小麦生产苗头性风险的早期发现、早期预警、早期干预，为国家和粮食主管部门提供决策咨询服务。书中介绍了黄淮海小麦生产风险数据采集规范和山东小麦气象灾害预警指标规范，为小麦生产风险征兆分析、生产态势预报及安全预警模型的构建等提供数据采集范围及气象灾害预警评估方法，保障生产风险数据采集和灾害预警的科学性。针对小麦生育期内的灾害特征，探明了小麦的生产风险水平和分布规律，构建了以小麦生育时段为步长的不同灾害预警模型群，实现了小麦不同灾害类型的定性评价和定量预测。模型具有较强的通用性、灵活性、动态预测性，还具备实时预报等功能，为小麦生产风险智能分析和预警奠定了基础，为政府职能部门的防灾、减灾决策提供了有力的技术支持。将小麦生产风险数据库与模型库进行有机集成，基于地理信息系统（GIS）组件技术开发了小麦产量预测与气象灾害预警系统，实现了小麦生产智能化数据处理、产量预测和生产预警等功能，为小麦生产管理的定量化、信息化提供了技术支撑。

本书共分六章。第一章为绪论，介绍保障粮食安全的重要意义，我国农业自然灾害现状、成因以及应对机制；第二章为农业生产风险，介绍我国农业生产风险概况、山东省农业生产风险情况、农业生产风险预警关键技术，小麦生产风险识别与评估技术，包括风险因子危害性识别、风险评估指标构建、风险区划、农业极端灾害风险评估、小麦生产气象风险综合度量与产量预报；第三章为小麦生产风险数据采集及灾害预警指标规范，介绍小麦生产风险数据采集标准的制定，包括制定原则、程序及标准具体内容；第四章为山东小麦主要灾害类型，介绍山东小麦的干旱、冷冻害和干热风危害；第五章为基于对地观测的小麦遥感监测；第六章为山东小麦生产风险预警平台，介绍小麦产量预测与气象灾害预警系统研发，包括系统设计与开发、系统运行环境与平台、系统功能等方面。

本书的出版得到了国家科技支撑计划课题"粮食生产风险智能分析与预警关键技术集成研究与示范"、山东省农业重大应用技术创新课题"小麦生产风险智能分析与预警关键技术研究"和"小麦病害信息早期快速识别关键技术研究与应用"等的资助，在这里表示感谢。

本书凝聚了山东省农业科学院科技信息研究所阮怀军所长、崔太昌书记、王磊副所长的智慧和见解，感谢他们的支持！同时也要感谢相关课题的研究人员，在工作过程中付出了大量心血。感谢所有参编人员，同时特别感谢山东省农业可持续发展研究所隋学艳团队。

信息技术日新月异，科学研究与探索永无止境。由于编者水平有限，书中不足之处在所难免，敬请读者批评指正！

2017 年 5 月

目录

第一章 绪 论

第一节 保障粮食安全的重大意义

粮食安全始终是关系我国国民经济发展、社会稳定和国家安全的全局性重大战略问题。近年来，由于经济高速发展、城市化进程加快，耕地减少、水资源匮乏，加之我国自然灾害频繁发生以及近年国际粮食市场价格大幅波动等因素的影响，我国的粮食安全问题日益突出，保障国家粮食安全的任务愈加繁重，迫切需要应用信息化手段研究建立粮食生产的预测预警系统，提高粮食主管部门面临突发事件的应对能力和国家粮食安全的保障能力。

从当前和今后一个时期我国粮食宏观调控工作的实际需要出发，按照《国家中长期科学和技术发展规划纲要（2006—2020年）》及《国家粮食安全中长期规划纲要（2008—2020年）》的相关要求，在粮食主产区选择山东省进行布局设计。以小麦作物为重点，集成应用生产风险智能分析、预测预警、现代IT等关键技术，建立粮食生产监测网点，开展粮食生产信息数据采集，研制粮食生产预警模型，开发建立粮食生产分析和安全预警系统。实现对粮食生产苗头性风险的早期发现、早期预警、早期干预，为国家和粮食主管部门提供决策咨询服务。

党和政府历来非常重视粮食安全，国际经济形势复杂严峻，全球气候变化影响加深，我国耕地和淡水资源短缺压力加大，农业发展面临的风险和不确定性明显上升，巩固和发展农业农村好形势的任务更加艰巨。大力支持在关键农时、重点区域开展防灾减灾技术指导和生产服务，加快推进农作物病虫害专业化统防统治，完善重大病虫疫情防控支持政策正当其时。

一、粮食安全是国家安全的战略基础

粮食安全与能源安全、金融安全并称为当今世界三大经济安全。对于我国这样一个拥有13亿人口，正处于工业化、城镇化加速推进的国家而言，确保粮食安全不仅是实现国民经济又好又快发展的基本条件，而且是促进社会稳定和谐的重要保障，也是确保国家安全的战略基础。

粮食问题是安全问题，而非经济问题。粮食不像其他商品，少一点会涨价，粮食少一点可能会引起社会恐慌，是一个硬需求。中国是一个粮食生产大

国，也是一个粮食消费大国，中国的粮食生产和供求情况不仅关系到中国 13 亿人口的吃饭问题，而且会影响国际粮食的供求和价格状况。如果我国大量从国际上进口粮食，就会造成国际粮源的紧张，拉动粮食价格的上涨。从国家安全战略角度看，我国人口众多、农业受自然风险和市场风险影响较大，在国民经济发展全局中，粮食始终被视为特殊商品和战略物资，如果放松国内粮食生产，过度依赖国际市场，无异于将自己的饭碗放在他人手上。在战略上极易受制于人，在关系国家生存发展的国际竞争中处于被动。

二、粮食安全是政治安全的命脉

粮食作为生活必需品很早就渗入了政治因素。中国历史上，就有"兵马未动，粮草先行"的说法。明成祖朱元璋的"深挖洞、广积粮、缓称王"的帝王之道，以及毛泽东"深挖洞、广积粮、不称霸"的政治哲学都表明粮食问题始终是一个十分重要的政治问题。粮食也始终以一种潜移默化、化大象为无形的方式左右着古代中国政治；粮食以一种独有的隐喻讲述着真实的历史，任何政治家都难以逃脱粮食的政治。实际上，粮食危机已在一些国家引发了政治和社会问题，如果不及时解决，有可能进一步危及世界和平与安全。

中华人民共和国成立以来，中国政府高度重视农业和粮食生产问题，始终把农业放在国民经济的基础地位，把粮食作为国民经济的基础。改革开放前就提出了"以粮为纲"的指导思想；改革开放后，改革首先从农业、农村、农民中取得突破，并获得成功，不但推动了其他方面的改革，而且使我国粮食生产迈上了新台阶。特别是 2002 年以来，中央政府把农业放在突出的位置来抓，连续发出 5 个 1 号文件。2004—2011 年，我国粮食连年丰收，2011 年粮食总产达到 5 712 亿千克，比上年增加 247.5 亿千克，首次迈上 5 500 亿千克的新台阶，实现半个世纪以来首次八年连增，人均粮食占有量达到创纪录的 426 千克。在国际粮食安全频频告危的情况下，中国才能感到"手中有粮，心里不慌"，在世界和我国重大政治问题上自信和从容应对。

三、粮食安全是构建和谐社会的前提条件

中共十七大提出，社会和谐是发展中国特色社会主义的基本要求，是中国特色社会主义的本质属性；全面建设小康社会是党和国家 2020 年的奋斗目标，是全国各族人民的根本利益所在。粮食作为经济发展、社会稳定和国家自立的基础，是社会和谐的重要物质基础；确保国家粮食安全，是构建社会主义和谐社会的前提条件。在构建社会主义和谐社会的新形势下，切实做好粮食工作，保持粮食问题长期稳定，不仅对保障人民群众吃粮安全，增加种粮农民收入，

发挥种粮农民积极性有积极作用，而且对促进和谐社会建设具有重要意义。

我国一直是农业大国，13 亿总人口中有 7.4 亿是农民，只有农民增收，才谈得上全面实现小康社会；只有农业增效，才谈得上全面协调可持续发展；只有农村发展，才谈得上建设社会主义新农村。中央多次强调，要把解决"三农"问题作为全党工作的重中之重。从 2004 年至今，中央连续出台了 9 个 1 号文件，对"三农"工作做出重要部署。2012 年中央 1 号文件《关于加快推进农业科技创新持续增强农产品供给保障能力的若干意见》，更是对农产品保障做出重要部署。十六届五中全会提出了建设社会主义新农村的任务；六中全会继续把新农村建设作为构建和谐社会的重要组成部分；中共十七大报告中谈到建设社会主义新农村的问题时再次强调，推进社会主义新农村建设，解决好农业、农村、农民问题，事关全面建设小康社会大局，必须始终作为全党工作的重中之重。坚持把发展现代农业、繁荣农村经济作为首要任务，加强农村基础设施建设，健全农村市场和农业服务体系；加大支农惠农政策力度，严格保护耕地，增加农业投入；促进农业科技进步，增强农业综合生产能力，确保国家粮食安全。而粮食安全的基础恰恰在于粮食综合生产能力能否保持，落脚在粮食生产的可持续发展上。可见，提高粮食综合生产能力的关键是保护农民种粮的积极性，维护种粮农民的利益，越是粮食增产，越要让农民增收。因此，粮食安全也是中央"三农"工作的重要组成部分，只有坚定不移地落实中央关于"三农"问题的一系列大政方针，坚持不懈地推进社会主义新农村建设，我国的粮食安全才能从根本上得到保障。

四、确保粮食安全是各级政府的一项重要职责

粮食安全关系国家、关系民族、关系民生，党中央反复强调粮食安全的重要性。中共十七大报告指出：增强农业综合生产能力，确保国家粮食安全。中共中央政治局于 2007 年召开研究和部署推进农业和农村发展工作会议上提出："粮食安全的警钟要始终长鸣。"确保粮食安全是各级政府和粮食行政管理部门贯彻落实中共十七大精神一项十分重要的任务，也是各级政府和粮食行政管理部门一项十分重要的职责。

粮食是关系国计民生和国家经济安全的重要战略物资，是人民群众最基本的生活资料，粮食安全始终是关系我国国民经济发展、社会稳定和国家自立的全局性重大战略问题。保障我国粮食安全，对实现全面建设小康社会的目标、构建社会主义和谐社会和推进社会主义新农村建设具有十分重要的意义。必须强化各地区保障国家粮食安全的责任，国家粮食安全具有全局性和普遍性。粮食主产区和主销区的生产、加工、流通、储备等粮食产业发展状况构成了国家粮食安全的重要基础，各地粮食生产能力建设和粮食流通、粮食储备体系建设

将直接影响国家粮食安全状况。因此，各地区都要明确和落实粮食发展目标，稳定发展粮食生产，切实落实地方粮食储备任务；强化扶持政策，分担国家粮食安全责任；要坚持和完善"米袋子"省长负责制，从严保护耕地和基本粮田。

粮食安全保障体系是一个复杂的系统工程，生产、储备和流通三个环节中的任何一个环节都不能出问题。2004年以来，我国把粮食工作的重点放到了生产环节，实现了"十二连增"。在粮食丰收的时候，应当加大对储备和流通的关注力度，加强储备保障能力和流通保障能力的建设，这是构建完整的粮食安全保障体系的客观要求，也是各级政府的一项基本职责。

五、小麦生产风险分析的意义

作物收获之前进行及时、准确、大范围的作物生长状况评价，为田间管理提供实时的信息，同时也为早期估计产量和灾害预警提供依据。作为农业大国，农作物长势监测，对于农业生产管理和政府粮食政策制定意义极其重大。通过作物长势遥感监测，可以及时掌握病虫害、气象灾害等对作物生长、产量的影响及灾害后采取各项生产管理措施的效果。卫星遥感技术以其快速、准确、信息量大以及省工省时等优势，为解决上述问题提供了十分有效的手段，也逐渐得到了各级政府部门的认可和重视。由于农作物的涝渍、干旱、病虫害、热冷冻害等是影响农作物产量丰歉的主要原因，并具有连续性、突发性以及扩展性强等特点，给实时、大面积的农作物监测增加了难度，遥感监测技术自然也就成为了客观获取这类农情信息的必然选择。为了向政府部门和生产者提供及时的农作物长势信息，从农作物减产的范围、精度、预报时效性、模型机理性和实用化角度综合研究，建设了基于 GIS 的冬小麦遥感估产与气象灾害预警系统。系统对山东省范围的冬小麦进行长势监测与灾害预警，在县（市）、生态区、省3个尺度上进行耕地面积和小麦种植面积的提取，进而对小麦各关键生育时期的长势进行监测，可最大限度为农业管理和防灾减灾提供技术支持。提前分析预测粮食产量波动，为适时农业政策的制订、农村经济的发展提供有力决策依据。进而为政府相关部门制订粮食储备、运输及贸易提供更加准确的信息，降低国际粮食贸易的风险，保证国家粮食安全。在作物收割前获取世界其他主要粮食生产国和贸易国的作物长势信息，就有可能在粮食价格、流通、存储等诸多方面取得主动并占据先机，在世界粮食贸易中掌握主动权。

综上所述，实现农业持续稳定发展、长期确保农产品有效供给，根本出路在科技。以小麦为研究对象，利用遥感和地理信息系统及计算机等技术，监测小麦的长势，提取小麦长势各指标参数，并进行早期估产。对多年的灾害统计数据进行整理，分析其发生规律，并构建产量、气象因子、土壤条件、灾害等数据库。研制小麦干旱、冷冻害及干热风模型，开发基于 GIS 的小麦产量及气象灾害预警系统，实现对小麦生产苗头性风险的早期发现、早期预警、早期干预。研究成果推广应用到其他粮食作物后，对有效规避影响粮食产量的风险因素，保证国家粮食安全具有十分重要的现实意义。

第二节　我国农业自然灾害的现状

我国是一个农业大国，同时又是世界上农业自然灾害最严重的国家之一，农业自然灾害的发生对我国农业正常生产构成了极大威胁。与世界平均水平相比，我国自然灾害发生频率高出了 18 个百分点。我国几乎每次发生自然灾害，都会使农作物生产受到不同程度的影响，造成农作物的经常性减产。自然灾害对我国粮食综合生产能力的稳定性具有显著影响，对于经济社会的发展也具有很强的相关性，甚至直接影响着经济发展和社会稳定。农业是国民经济的基础，一旦农业遭受重大自然灾害，不仅农业生产的利益相关方会面临巨大损失的风险，而且会牵连到整个国民经济的运行。农业自然灾害还引发部分农民因灾致贫、返贫，造成社会贫富差距扩大，形成社会不稳定因素。因此，进行农业监测预警分析及建立高效的农业自然灾害管理体制，使农业自然灾害造成的损失最小化，对于推动我国现代农业建设、经济持续发展、社会和谐稳定有着重要的意义。

一、我国农业自然灾害风险现状

（一）灾害种类多，灾害类型复杂多样

我国幅员辽阔，南北跨越 50 个纬度，又处于大陆性气候与海洋性气候的交互地带，各大天气系统对我都有影响。天气多变，地理生态环境多变，地形起伏大，地貌单元多，有着各种灾害发生的生态条件。与世界其他国家相比，我国的灾害种类几乎包括了世界所有灾害类型。我国位于亚洲的东部，东临太平洋，大陆海岸线 1.8 万千米，是个海陆兼备的国家，海相灾害与陆相灾害均有发生。我国大部分地区处于地质构造活跃带上，地质结构复杂，地震活动随处可见。我国又是一个受季风影响十分强烈的国家，受夏季风影响，导致寒暖、干湿度变幅很大；年内降水分配不均，年际变幅亦大，干旱发生的频率高、范围广、强度大，暴雨、涝灾等重大灾害常常发生；冬季的寒潮大风天气常常导致低温冷害、冰雪灾害等。我国乡镇企业蓬勃发展，在为经济发展注入了活力的同时，由于技术、工艺落后，又产生了严重的环境污染，带来了包括酸雨、赤潮、水污染等在内的各种环境灾害。

（二）自然灾害发生频率不断提高，重大自然灾害发生趋于频繁

20 世纪 50 年代以来，我国出现灾害的频率不断提高；到 80 年代，灾害发生频率已达到 70%；90 年代灾害发生频率达到了最高点 90%。重大自然灾害的发生频率也在不断提高。20 世纪 50 年代出现大灾 1 次；60 年代上半期出现中灾 1 次，特大灾 2 次；70 年代出现中灾 4 次，大灾 2 次；80 年代出现中灾 3 次，大灾 4 次；90 年代出现中灾 1 次，大灾 5 次，更大灾 2 次，特大灾 1 次。进入 21 世纪，我国重大灾害仍然频繁出现，灾害发生频率仍然很高，频率仍达 77.8%。2000—2007 年，出现中灾 2 次，大灾 3 次，更大灾 1 次。这表明，中华人民共和国成立以来，出现自然灾害的频率不仅在加快，而且出现大灾害以上的频率也在提高。

（三）灾害影响范围越来越广，损失程度趋于严重

据统计，2001—2010 年，我国农业平均每年受灾面积达 4 422.8 万公顷、成灾面积达 2 396.4 万公顷、绝收面积达 569.7 万公顷，分别占农作物面积的 1.9%、1.03% 和 0.24%。自然灾害的存在不仅给农业生产收益带来极大的影响，还给依靠农业生产为生的农民、农业部门甚至国民经济的发展造成了明显的消极影响。因此，有效防范和抵御自然灾害对农作物生产的影响显得十分重要和必要。

尽管人们抗拒自然灾害的技术和物质手段不断增多，能力不断增加，但由于灾害事故发生的频率和强度有加剧的趋势，同时，随着农村改革的深入，农业生产的发展，农业专业化、区域化进程的加快，农业生产规模扩大，生产要素投入增加，集约化水平提高，农业生产的风险不仅较以前增大了，而且更加集中，从而导致灾害事故的破坏力和造成的经济损失愈来愈大。

二、山东省农业自然灾害

山东省位于中国东部沿海，地处黄河下游，气候温和，光照充足，适宜多种农作物生长发育，是我国主要的粮食产区之一。位于北纬 34°25′～38°23′、东经 114°36′～122°43′，夏季盛行偏南风，炎热多雨；冬季刮偏北风，寒冷干燥；春季天气多变，干旱少雨多风沙；秋季天气晴爽，冷暖适中。全省年平均气温 11～14 ℃，≥0 ℃的年平均积温 4 137～5 283 ℃，≥10 ℃的年平均积温 3 592～4 760 ℃；日照率 52%～65%，太阳年总辐射量 481～540 千焦/平方厘米；年平均降水量 550～950 毫米，自东南向西北递减。山东省是我国主要的粮食产区之一，夏粮主要是冬小麦，秋粮主要是玉米、地瓜、大豆、水稻等，其中小麦、玉米是山东省的两大主要粮食作物。

自然灾害是主要的农业生产风险因素，按其成因可划分为地质灾害、气象灾害、环境污染灾害、火灾、海洋灾害、生物灾害六大类。粮食生产的外部冲

击因素很多，有技术的、经济的和自然环境的，考虑到该研究所关注的重点，把气候条件作为粮食产量最主要的外部冲击变量。粮食生产的自然再生产特点决定了气候变化对其有较强的冲击作用，气候变化特别是异常变化是粮食生产波动最主要的因素。气候变化具有随机性变化特点，对粮食生产的影响是短暂型，故我国粮食产量年际的随机波动主要是气候冲击的结果。纵观我国粮食生产发展历史，比较大的丰收年与歉收年都是气象因子直接作用的结果。从近30多年的情况来看，各种自然灾害发生的面积越来越大，对农业与粮食生产的危害程度也越来越重。自然灾害是导致粮食生产波动的最重要的和最不可抗拒的因素。在我国农业自然灾害中，水、旱灾害是对农业生产影响最大的自然灾害，一般占受灾面积的 80％ 以上，最高年度达到 89％。

根据山东省农业统计资料显示，在山东省粮食综合生产能力评价研究的基础上，讨论影响粮食生产的各类因素，分析全省粮食生产情况以及农田成灾率与粮食总产量的关系，明确影响山东粮食生产的主要影响因素。对山东而言，主要有旱灾、洪涝灾、风雹灾、低温冷害、病虫害等，其中干旱灾害是对农业生产影响最大的风险因素，干旱灾害的受灾面积在五种灾害中列居首位，特别是 1991 年、1997 年、1999 年、2000 年、2001 年和 2002 年尤为突出。从各年的影响情况来看，低温冷害的受灾面积均较小，洪涝灾害略高于病虫害和风雹灾。

三、农业自然灾害风险成因

农业自然灾害最终成为风险，受两方面因素的影响：一是自然灾害冲击的大小；二是风险主体抗击冲击能力的大小。如果自然灾害的冲击很小，或者虽然冲击很大，但风险主体抗击风险冲击的能力很强，则也形不成风险。因此，对农业自然灾害风险形成机理的分析，要从自然灾害冲击和风险主体抗击冲击能力两方面来观察。由于自然灾害发生具有外生性特征，因此，该书从风险主体（主要是政府和农户）抗冲击能力的角度进行分析。

（一）政府自然灾害硬件抵御系统逐渐弱化

我国自然灾害抵御系统主要是水利设施。中华人民共和国成立以来，我国的农田水利建设有 3 次大的高潮。第一次在 1958 年前后到 20 世纪 60 年代中期，以兴建水库拦蓄地表水源，提高河道防洪能力，发展农田灌溉为主，建成了一大批水利工程，为新中国水利的发展打下了基础。第二次在 20 世纪 70 年代，北方打井开发利用地下水，发展井灌；南方地区依靠机电排灌技术，扩大灌溉面积，增加除涝面积。第三次在 20 世纪 90 年代，以大力推广节水灌溉为重点，对大型灌区进行以节水为中心的续建配套和改造，对中低产田进行农业综合开发改造。特点是从外延为主转向内涵为主，加强经营管理，提高用水效率。前两次农田水利建设高潮都是在人民公社时期形成的，原因在于"三级所有，队为基础"的人民公社体制提供了动员广大农民所必需的政治、经济、组织资源。第三次是通过把"两工"（义务工、积累工）写进了《农业法》，"两工"制度的建立为农田水利建设提供了重要的投入保障。随着农村税费改革的推行，农村水利建设面临更严峻的问题。从人的因素来看，取消"两工"后，农民对水利建设的投工投劳数量必然会明显减少；从财的因素来看，取消农业税费后，地方政府的财政收入大幅减少，农田水利建设有心无力；从物的因素来看，在农田水利基本建设中，尤其是水源工程，如河道的整治、道路桥梁涵闸等建设，大都带有区域性、流域性的特点，受益范围牵动面广，有许多工程并非一乡、一镇、一村的能力可为。如果乡村按受益范围实行"一事一议"，各村是否投入物资、投入多少物资，必然无法统筹，工作难度将会大大加大。最终导致农田水利建设投入主体缺位、投入不足的现象导致水利设施老化失修，蓄水能力和有效灌溉能力下降，农业自然灾害风险抵御系统能力不强。

受灾后能否成灾是衡量农业抵御自然灾害能力的重要标志。1978—2007年，我国农业受灾后成灾面积占受灾面积的比重较高，平均达到 52.87%。另外，我国农业风险抵御系统能力还有弱化的趋势，2000—2007 年，我国农业受灾后成灾面积占受灾面积的比例达到 55.98%，高于改革开放以来的平均水平。

（二）政府自然灾害软件抵御系统逐渐缺失

对于农业自然灾害，农业保险和灾害救济是最重要的风险管理措施。我国的农业保险也曾迅速发展。1993 年，农业保险险种总数近百种。其中，麦场火灾保险、棉花保险、烟叶保险等险种在全国大面积开展。然而，从 1993 年开始，随着中国人民保险公司向商业性保险公司转轨，国家对农业保险又缺乏足够的政策支持，农业保险业务迅速萎缩。2004 年，我国农业保险保费收入仅为 3 亿元，与 1992 年历史最高的 8.7 亿元相比，减少了 5.7 亿元。从 2004年开始，国家加大了对农业保险的支持力度，农业保险快速发展。一些不同经营模式的农业保险公司，如上海安信农业保险公司、吉林安华农业保险公司、黑龙江阳光互助保险公司、法国安盟保险公司等，相继被批准筹建，标志着我国政策性农业保险在宏观层面上开始启动。2007 年，农业保险保费收入达到了 53.3 亿元。然而，我国的农业保险仍然存在许多问题。从需求方来看，农民收入不高，对农业保险的认知程度较低，农业保险有效需求不足；从供给方来看，农业保险赔付率高、风险大、理赔难、营销难，农业保险公司缺乏开展的积极性。农业保险仍然处于"供需双冷"的窘境，保险业务的发展落后于农村经济的发展。对于农业自然灾害，农业自然灾害救济与农业保险是管理农业风险最重要的方式。政府救济具有应急性、集中性和款物相结合的优点，确实在灾后救济援助中发挥了很重要的作用。然而政府救济还存在着很多缺陷：一是灾害的不平衡发生与政府财政的年度预算存在着难以调和的矛盾；二是我国较为困难的财政资源决定了政府很难满足日益增长的灾害保障需求，国家在有限的财力情况下，所能解决的仅仅是"临时性"和"紧急性"的特殊救助。

（三）农户直面农业风险

在不同时期，伴随着我国农业组织形式的演变，农户所面临的农业风险也在发生变化。中华人民共和国刚成立时，生产资料匮乏，很多农户因为缺牲畜、缺粮种，难以维持再生产，生活困难。为了克服农户分散经营中所遇到的困难，我国开展了农业合作化运动，经历了互助组、初级社和高级社三个阶段。随着农业合作化为先导的三大改造基本完成。1958 年，我国发动了"大跃进"运动和农村人民公社化运动。人民公社的基本特征是所谓"一大二公"。由于人民公社制度长期压抑了农民的积极性，使农村经济到了崩溃的边缘。1978 年 12 月中共十一届三中全会召开后，人民公社集体经营体制被农户家庭承包经营体制所取代。在互助组和初级社阶段，由于农民相互合作、相互帮忙、关系紧密，因此，农户可以将农业风险部分在组内分担。虽然这种风险分担不具有强制性，但农户应对风险的能力毕竟要强于单户经营。而在高级社和人民公社阶段，随着生产规模大幅扩大，农业风险可以在更多的社员之间分担。同时，由于实行平均分配而且这种分担具有强制性，因此，农户面临的农业风险很小。

但随着以家庭联产承包制为起点的农村改革的深入，我国农产品生产与流通体制发生了根本性变化，同时也使农业生产经营环境发生了根本性的变化。农户成为独立经营的实体，享有充分的农业生产经营决策权、产品处置权和收益权。在享有农业生产权利的同时，农户也成为承担农业风险的主体。各种风险相互交织，共同作用，使农业风险控制和管理更加复杂，农户农业生产的脆弱性更加突出。

四、农业自然灾害风险应对机制

农业自然风险对于农业生产来说是不可避免的，但这种风险是可以管理的。农业风险管理策略按不同的层次，一般可以分为宏观、中观和微观 3 个层次。宏观是指公共机构行为者（中央政府/国际组织）；中观是指以组群为基础的行为者（社区/地方政府）或以市场为基础的行为者（保险金融公司）；微观是指个人或家庭。

（一）从宏观层面完善农业风险管理体系，编织安全保护网

政府应该在降低农业自然灾害风险方面发挥主要作用。首先，政府应增加对农业的投入，加强农业基础设施建设，特别是农田水利建设，增强农业抵御

自然风险的能力。其次，应加大农业保险保费补贴力度，通过建立完善的农业保险制度，有效转移自然灾害的风险。农业保险属于典型的高风险、低收益产业，其开展离不开政府的支持。从美国、日本等发达国家的成功经验看，通过政府积极进行财政补贴，是使农业保险市场健康发展的关键之一。如美国分别在1980年、1994年和2000年3次修改了农作物保险的相关法案，不断提高农作物保险的保费补贴率，鼓励农户参加农作物保险。2004年，美国农作物保险计划的参与率已达到了80%。因此，我国要加大保费补贴力度，通过推广农业保险，充分利用社会力量来化解灾害风险，分散损失，实施有效补偿的功能。最后，应尽快建立科学的自然灾害防治和救助体系。我国现行的救灾体制的特点之一是"政出多门"，在救灾过程中，各级民政部门仅负责灾民的日常生活救助，生产损失和基础设施的损失和重建则涉及水利、交通等若干个部门。这种救灾管理工作的条块分割，不利于救灾工作的统一指挥和调度，同时，各部门之间缺乏信息的沟通，常常导致各级政府对灾情和救灾工作全局信息掌握不及时，灾害救助部署慢，救灾决策缺乏科学依据，致使抗灾、救灾资源得不到最有效的利用，救灾的整体效果受到很大影响。因此，要加快建立适合我国的自然灾害防治和救助体系，优化救灾资源配置，提高对灾害的应急反应能力和救灾行动效率，防止灾情的进一步扩大和蔓延，最大限度减轻灾害损失。

（二）从中观层面增强社区生产能力，提高集体应对能力

农户的许多风险管理手段是基于整个社区的（例如村）。实证研究表明，农户的消费波动小于其收入波动，而与整个社区的消费波动一致。只有在整个社区生产系统被破坏，大多数农户风险处理策略失效时，农户才会面临严重的风险后果，意味着增强整个社区的生产能力和收入稳定，对于个体规避农业风险至关重要。其中一个很有效的措施是在社区层面上培育农业合作组织。由于农业生产具有自然性和分散性等特点，决定了农民需要通过各种方式组织起来，以"民建、民管、民受益"的原则，建立农民自己的合作组织，通过开展农业的水平合作，把分散的农民联合起来，提高农户集体应对风险的能力。另一个很有效的措施是以"公司＋农户"等形式推进农业产业化经营，开展农业的垂直合作，把农业生产资料供给和农产品生产、储藏、加工以及销售等环节整合起来，形成纵向一体化经营。通过完善农业产业化利益连接机制，将公司与农户形成"风险共担，利益共享"的统一整体，利用公司强大的经济实力化解农户的风险。

（三）从微观层面增强风险管理意识，丰富风险管理策略集

作为农业生产经营微观主体的农户，在处理农业风险策略上存在多样化。有些农户会主动根据市场状况理性预测、合理安排生产销售计划，以控制风

险，增加收益；有些农户则完全凭经验进行生产经营活动，因而只能被动承受风险损失。总体上看，我国农业生产者的风险管理意识普遍不强，不会主动分析风险，也不愿主动参与农业保险等风险管理措施，农业生产存在较大风险。因此，农业生产者应当不断提升自身素质，增加风险管理的意识，主动收集各种信息，并据此进行合理的农业生产决策。同时，农户应该积极主动了解并运用先进的农业风险管理手段，弱化农业风险。农户要不断学习、探索新的农业生产技术，采取更好的农业生产技术，如种植业采取恰当的轮作技术、增施农家肥、减少化肥的使用量、掌握正确的病虫害防治技术；养殖业采用先进的养殖技术，提高成活率和生产速度，降低发病率。农户在学习先进的农业风险管理方法的同时，一定要了解各类风险管理手段的适用范围及其有效性，根据农业生产经营项目的特性，综合考虑风险管理对策所带来的收益与成本，有针对性地选择适合的农业风险管理对策，这将会在总体上有效地化解农户所面临的农业风险。

第二章　农业生产风险

第一节　农业生产风险概况

一、农业生产风险定义

农业生产实际是在一定技术、经济和自然环境条件下的投入产出过程。农业生产受作物本身内在生长规律和外在因素的影响。农业生产风险是指由于多种灾害因子造成的农作物区域产量低于预期正常产量所产生的随机不确定性。农作物生产的结构性风险因子是指地形地貌、土壤条件、气候综合条件等自然和生态环境因子以及农作物生产的技术装备状况、农作物减灾防灾服务体系等。粮食综合生产能力是指一定时期、在一定经济技术条件下，一定地区由各生产要素综合投入所形成的、可以稳定达到一定产量的粮食产出能力。根据山东省农业统计资料，在山东省粮食综合生产能力评价研究的基础上，讨论各类风险因素对粮食生产的影响，分析全省粮食生产情况以及农田成灾率与粮食总产量的关系，明确山东省目前主要的农业生产风险影响因素。山东省作为全国的农业大省之一，可以说研究农业生产风险，对山东的经济发展乃至全国的粮食安全都有重要的意义。作为灾害防范的重要手段，风险管理是在灾害风险损失发生之前，综合考虑风险变化、预期损失和投入产出，经过权衡后做出最优防灾减灾的决策，属于积极主动的策略。其中，风险预警是风险管理的一项重要环节，是对承灾系统未来灾害状态进行警告的过程。具体地说，风险预警就是根据承灾体的特点，通过监控灾害风险因素的变化趋势，评价承灾体风险状态偏离预警线的强弱程度，并向决策层发出预警信号，提前采取预控对策。

二、农业风险预警机制建设

农业风险预警机制是指对影响农业生产的气象、地质、病虫草害，农产品的生产、需求、库存、进出口和市场行情以及国外政府的农业政策等进行动态监测、分析研究，实施先兆预警，为政府部门、农业生产经营者提供决策参考和咨询。农业风险主要有自然风险、市场风险、社会风险和制度风险。农业风险的应急处理是指风险已经或即将发生时，政府、生产经营者和其他相关的市场主体针对风险的类型、特点和风险造成的后果所采取的应对措施和补救方法。这些应急处理包括事前风险分担者约定的风险应对措施，如农业合同的变更履行、保险损失的及时赔付等，但主要指政府启动预警机制时采取的应急处理措施，如对病虫害作物的隔离、销毁，对农产品价格波动的调控，农业产业结构的调整及对农民损失的事后补偿、救济等。

三、作物生产自然灾害风险评价指标体系构建

（一）作物生产自然灾害风险评价指标体系

作物自然灾害系统包括致灾因子、孕灾环境、承载体 3 个因素，遵循代表性、简单性和数据可得性的原则，根据作物生产的特点和自然灾害危害程度与危害频率，选取表征孕灾环境因子、致灾因子、承载体因子的不同指标，构建作物自然灾害风险评价指标体系。从整体角度，孕灾环境因子和致灾因子代表了灾害因子的危害性，承载体因子代表了作物生产系统的脆弱性。该研究中致灾因子主要是指导致作物产量损失的各种自然灾害因子。利用这些灾害因子不同危害程度的发生频次，构建作物自然灾害影响指数，作为综合性致灾因子的评价指标。孕灾环境因子是指影响灾害因子形成与产出危害的外界环境条件。外界环境条件包括气象条件和地形、土壤等下垫面因素。由于气象条件已经包含在致灾因子中，不再重复计算。研究从县级层面进行，不设置下垫面因素指标，只选取作物播种面积表征孕灾环境因子。承载体因子指灾害发生时受影响的作物因素，从产量角度，灾害发生时单产水平越高，防灾系统越脆弱，则易导致的产量损失也越大，所以建立单产影响指数和脆弱性影响指数两个指标来表征承载体因子（图 2-1）。

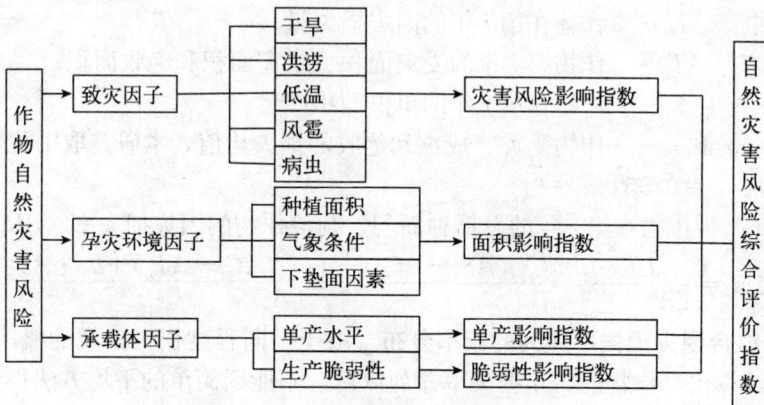

图 2-1　作物生产自然灾害风险评价指标体系

灾害风险影响指数计算：根据不同气象站点不同作物的灾情旬值数据所记录的不同灾害的发生程度（轻、中、重）、频数（n_1：轻发生或不发生的频数；n_2：中发生的频数；n_3：重发生的频数），利用加权求和得出不同灾害因子对作物的影响指数。为便于区域间比较，将各地平均每站点的灾害发生频数加权

求和值作为各地的灾害影响指数。计算公式如下：

$$R_{ijk}=\frac{n_{1ijk}+n_{2ijk}\times 2+n_{3ijk}\times 3}{N_{ik}}$$

式中：R_{ijk}——不同灾害影响指数；

n_1——轻发生或不发生的频数，权重赋值为1；

n_2——中发生的频数，权重赋值为2；

n_3——重发生的频数，权重赋值为3；

i——不同灾害种类，包括干旱、水灾、高温、低温、风雹、病虫害、总自然灾害；

j——不同地区；

k——不同作物；

N_{ik}——不同作物不同受灾频次的和。

（二）农作物因灾损失量计算

作物因灾损失的大小和概率分布是农作物自然灾害风险损失评价的两个主要指标。研究采用下述步骤，计算作物因灾损失大小和概率分布。

1. 根据民政部门的灾情统计数据计算作物历年因灾损失率　民政统计规定，凡因灾减产10%以上的面积均计为受灾面积，因灾减产30%以上的面积为成灾面积，因灾减产80%以上的面积均计为绝收面积。因此，可以通过构建各段的损失均值来估算农作物的历年因灾损失。

$$L_i=a_1\cdot Y_i\cdot(AS_i-AC_i)+a_2\cdot Y_i\cdot(AC_i-AJ_i)+a_3\cdot Y_i\cdot AJ_i$$

式中：　L_i——作物在第 i 年的因灾损失量；

AS_i、AC_i、AJ_i——作物第 i 年的受灾面积、成灾面积和绝收面积；

Y_i——作物在第 i 年的单位面积产量；

a_1、a_2 和 a_3——作物受灾、成灾和绝收的损失均值，本研究取中位数，即 $a_1=0.2$、$a_2=0.55$、$a_3=0.9$。

令 TA_i 为作物在第 i 年的总播种面积，则该作物的因灾损失率（LR_i）为：

$$LR_i=\frac{L_i}{TA_i\times Y_i}=\frac{a_1\cdot(AS_i-AC_i)+a_2\cdot(AC_i-AJ_i)+a_3\cdot AJ_i}{TA_i}$$

2. 拟合因灾损失率序列的概率分布　由于不同程度损失出现的概率不同，所以在计算出某作物的历年损失率序列以后，不能用简单的平均方法得到该作物的年平均损失等特征。为了更客观准确地反映作物灾损分布特征，用非参数Kernel核密度的方法对作物因灾损失率序列进行拟合，以确定其灾损风险的概率分布，具体核密度选用高斯核，窗宽的确定采用修正后Slicerman拇指法则，高斯核密度函数形式为：

$$\tilde{f}(x)=\frac{1}{nh\sqrt{2\pi}}\sum_{i=1}^{n}\exp\left[-\frac{1}{2}\left(\frac{x-x_i}{h}\right)^2\right]$$

式中：n——样本容量；

　　　h——窗宽系数；

　　　x——各个样本。

3. 计算作物的年平均因灾损失率　通过计算作物灾损累积分布函数的50％分位数来估算农作物年平均损失率。

四、我国农业风险预警机制及应急处理的实施与立法现状

我国没有形成完善的农业风险预警机制和应急处理系统，由于经济不发达、农业发展落后，在农业风险预警方面显得较为滞后。目前，我国农业风险预警的适用范围还很有限，不能有效满足农民降低和防范各种农业风险的实际需要，农业生产经营的风险系数有增无减。

从自然灾害预警情况看，虽然我国的气象预报技术、地球遥感技术、地质灾害监测技术及信息技术等已比较发达，部分技术甚至位居世界前列，但由于政府各职能部门和相关技术研发单位在技术系统上互不隶属，在资源使用上条块分割、各自为战，整体自然灾害预警系统效果并不十分理想。在灾害预警的准确性，灾害信息发布的公开、及时、有效性方面还存在一定欠缺，导致自然灾害预警作用还未得到充分发挥。

（一）现有农业风险预警机制和应急处理系统的运作缺乏稳定、有效的法律规制，不能很好地防范和降低农业风险

当前，我国的农业风险预警和应急处理还主要停留在政策指导和行政权力的操作层面，缺乏对合理预警、稳定连续而又及时灵活的应对措施的法律规范。在立法层面上，农业风险预警与应急处理缺乏统一的法律规制，无论是在组织机构、物资技术装备，还是人员配备、经费投入等方面都缺乏具体明确的法律规定，尤其是农村信息化网络建设缺乏强有力的财政支持和法律保障，进一步延缓了农业风险预警应急处理立法；在执行层面上，各种农业风险预警和应急处理行政色彩浓厚。

（二）建立和完善农业风险预警机制及应急处理的法律体系

完善农业信息立法，为建立和完善农业风险预警机制及应急处理的法律体系奠定基础。农业风险预警与应急处理需要有农业信息资源的获取、收集、加工分析和发布等一系列制度和系统的支撑，要建立和完善农业风险预警机制及应急处理的法律体系，必然要首先完善农业信息立法。农业信息立法涉及立法目的、农业信息的概念、种类与范围，农业信息的采集、加工、分析、传递、发布、利用的主体与程序，农业信息资源开发、利用和服务者的权利和义务，各种农业信息的有效利用与保护，农业信息网络化建设的国家投入与保护，农业信息服务体系以及违法的法律责任等。

制定专门的农业风险预警机制及应急处理法律，规范农业风险预警机制及应急处理机制运作中不同主体的权利、义务和责任。农业风险预警机制及应急处理立法应当包括：立法目的和宗旨；农业风险的概念和种类；农业风险预警的概念和适用范围；农业风险预警参与主体的权利与义务；农业风险预警的措施、方法与手段；农业风险预警的实施程序；应急处理的概念和措施；应急处理的适用对象和适用条件；应急处理的实施主体与程序；农业风险预警与应急处理违法或不当的法律责任。

制定、修改与完善规避、防范农业风险的相关民商、行政法律法规，形成统一、完整、有机协调的农业风险预警、防范与规避机制。为保障农业风险防范与规避机制整体功能的发挥，首先，应制定有关政策性农业保险的法律法规，修改相关的商业保险法律法规；其次，农业风险预警与应急处理立法要与合同法相衔接；再次，在有关公共财政预算支出和转移支付等相关法律规范中，明确农业风险保障基金的投入与使用；最后，要制定和完善政府在市场风险监管、应急处理措施及补偿等方面的法律法规，明确其权利、义务和责任。

第二节　山东省农业生产风险

山东省位于暖温带季风气候区，四季分明，降水集中，温差变化大，旱涝频度高。全省多年平均淡水资源仅占全国水资源总量的 1.09%，人均水资源量 344 立方米，仅为全国人均占有量的 14.7%，为世界人均占有量的 4%；全省亩 * 均水资源量 307 立方米，也仅为全国亩均占有量的 16.7%，为资源性严重缺水地区，已对经济发展和人民生活构成严重威胁。山东地处北方，降水分布不均，夏季降水量占全年降水量的 60%~70%，甚至能达到 80%。其他季节降水稀少，季节降水分布不均的同时，区域降水分布也极不均匀。降水的不均衡性使得山东省大部地区基本属于干旱半干旱、湿润半湿润地区，一旦遇到降水量比较少的年份，就容易引发旱情，致使山东成为一个干旱灾害多发的省份。

山东又是一个多灾省份，旱、涝、风雹、热带气旋、风暴潮等气象灾害屡有发生，且具有明显的广泛性、多发性、群发性和衍生性。山东省各地年平均暴雨日数在 1.3~4.1 天，其分布趋势是自南向北减少；主要多雹区在鲁中及鲁北沿海一带，多雹中心在安丘，平均年雹日为 1.4 天。灾情记录次数最多的气象灾害是暴雨洪涝、冰雹、大风、干旱和台风。据潘护林研究表明，山东省农业气象灾害总体上呈年均受灾面积大、成灾率高且波动幅度大的特点；各主要气象灾害中，以旱灾年均受灾和成灾面积最大，低温冻害年均受灾和成灾面

---

* 亩为非法定计量单位，1 亩≈667 平方米。

积最小；从对种植业总产值的影响来看，又以涝灾影响为最大，其次是风雹，低温冻害与旱灾影响相对较小。

一、山东省气象条件

（一）气温

山东省地处黄河下游，东临渤海、黄河，在北纬 34°25′～38°23′、东经 114°36′～112°43′。山东省气候属暖温带季风气候，平均日照时数为 2 300～2 900小时，无霜期平均为 180～220 天，年平均降水量 550～950 毫米，光照充足，热量较多，属典型暖温带季风气候，由于受大气环流和季风气候不稳定性的影响，各种自然灾害的发生频率较高。年平均气温 11～14℃，由东北沿海向西南内陆递增。鲁东（胶东半岛）和黄河三角洲多在 12℃ 以下，鲁西南和鲁北多在 14℃ 以上。冬季一般以 1 月最低，平均气温在 −1～−4℃，极端最低气温 −11～−20℃。夏季一般以 7 月气温最高，平均 24～27℃，极端最高气温 36～43 ℃。山东省无霜期一般为 180～220 天，也是由东北沿海向西南内陆递增，鲁北和胶东一般为 180 天，鲁西南地区可达 220 天。各地大于 10℃ 的积温一般在 3 800～4 600 ℃，可以满足农作物一年两作的热量要求。

除了成山头和泰山外，山东省各地都可以出现≥35 ℃的高温。山东省高温日数大致从西往东、从北到南递减。鲁西北和鲁西南地区最多，多在 10～11 天，其中济南和高青县最多，年平均 12 天；半岛东部地区最少，一般在 2 天以下；鲁中山区、鲁东南和半岛的中西部地区多在 2～6 天；其他地区一般为 7～9 天。各地均可出现日最低气温≤−10 ℃的低温天气。山东省低温日数差异很大，以鲁北、鲁中山区北部和半岛的内陆地区最多，年平均在 12～20 天，其中泰山平均 47 天，稳居全省之首；沿海地区和鲁南地区的低温日数一般在 2～4 天，河口、长岛、成山头、威海、烟台、青岛和日照等站点最少，仅有 1 天；其他地区一般为 5～10 天。

（二）降水量

山东省年均降水量一般在 550～950 毫米，由东南向西北递减，以鲁东南和鲁南降水量最大，一般在 800～900 毫米；而鲁西北和黄河三角洲降水量最少，一般在 600 毫米以下，其他地区一般为 600～800 毫米。降水季节分布很不均衡，全年降水量有 60%～70% 集中于 6～8 月，易形成涝灾。9～11 月降水一般 100～200 毫米，12 月至翌年 2 月降水仅 15～50 毫米，3～5 月也在 100 毫米以下。冬、春及晚秋易发生旱灾。

山东各地年降水日数基本遵循从西北向东南递增的规律。鲁西北地区较少，多数在 65～70 天，宁津最少，只有 62.7 天；鲁东南和半岛东部地区是降水日数最多的区域，一般在 80～90 天，其中文登最多，为 90.9 天，其他地区多数都在 70～80 天；泰山年平均降水日数高达 95.1 天。

（三）日照

山东年平均日照时数分布和云量的分布规律相反，从南往北增多，大致呈西南-东北走向。全省年日照时数平均 2 290～2 890 小时，日照率为 52%～65%。半岛的中东部和鲁北的大部分地区 2 600～2 800 小时；鲁南最少，多数在 2 200～2 400 小时；其他地区多在 2 400～2 600 小时。蓬莱以 2 807 小时居全省之首，鲁西南的成武只有 2 148 小时，是全省最少、也是唯一不足 2 200 小时的地区。

二、山东省耕地状况

山东省土地总面积 15.79 万平方千米，耕地面积为 7 668 287.52 公顷。其中，位于河道、湖泊行洪泄洪水位控制区内耕地 1.71 万公顷；位于 25°以上陡坡不稳定耕地 0.54 万公顷；还有 2.09 万公顷耕地位于盐碱、塌陷及丘陵薄地等区域。

上述耕地中，有相当部分需要根据退耕还林、还草、还湿和耕地休养生息的总体安排做逐步调整。山东省耕地后备资源 342 356.11 公顷。园地面积为747 257.56 公顷；林地面积为 1 535 045.69 公顷；草地面积为 474 199.84 公顷；城镇村及工矿用地面积为 2 214 418.14 公顷；交通运输用地面积为586 501.22 公顷；水域及水利设施用地面积为 1 637 430.25 公顷；其他土地面积 926 965.66 公顷。

据山东省统计局统计，山东省耕地按地区划分，东部地区耕地 2 226 027.32公顷，占全省总耕地面积的 29.0%；鲁中地区耕地 1 012 997.38 公顷，占全省总耕地面积的 13.2%；鲁西北地区耕地 1 901 631.07 公顷，占全省总耕地面积的 24.8%；鲁西南地区耕地 2 527 631.75 公顷，占全省总耕地面积的33%。具体分布情况见表 2-1。

表 2-1 山东省耕地分布情况

地区	耕地面积（公顷）	耕地面积占全省耕地面积比例（%）	土地总面积占全省土地总面积比例（%）
东部地区	2 226 027.32	29.0	33.2
鲁中地区	10 112 997.38	13.2	15.2
鲁西北地区	1 901 631.07	24.8	23.1
鲁西南地区	2 527 631.75	33.0	28.5
全省	7 668 287.52	100	100

注：东部地区包括青岛市、烟台市、潍坊市、威海市、日照市；鲁中地区包括济南市、淄博市、泰安市、莱芜市；鲁西北地区包括东营市、德州市、聊城市、滨州市；鲁西南地区包括枣庄市、济宁市、临沂市、菏泽市。

据山东省统计局资料，山东省耕地按坡度划分，2°以下耕地 6 097 275.05 公顷，占全省 25°以上坡地面积 79.5%；2°～6°耕地 909 747.86 公顷，占全省 25°以上坡地面积 11.9%；6°～15°耕地 535 922.37 公顷，占全省 25°以上坡地面积 7%；15°～25°耕地 107 516.34 公顷，占全省 25°以上坡地面积 1.4%；25°以上的耕地（含陡坡耕地和梯田）17 825.9 公顷，占全省 25°以上坡地面积 0.2%，主要分布在东部地区（表 2-2）。

表 2-2　山东省 25°以上的坡地面积分布

地区	面积（公顷）	占山东省 25°以上坡地面积比重（%）
东部地区	9 314.6	52.3
鲁中地区	3 238.74	18.4
鲁西北地区	0.21	0
鲁西南地区	5 228.35	29.3
全省	17 825.9	100

在山东省耕地中，有灌溉设施的耕地 5 290 275.95 公顷，比重为 69%，无灌溉设施的耕地 2 378 011.57 公顷，比重为 31%。分地区看，东部地区的无灌溉设施耕地比重大（表 2-3）。

表 2-3　山东省有灌溉设施和无灌溉设置耕地面积分布

地区	有灌溉设施耕地		无灌溉设施耕地	
	面积（公顷）	占比（%）	面积（公顷）	占比（%）
东部地区	968 734.5	43.5	1 257 292.82	56.5
鲁中地区	677 403.96	66.9	335 593.42	33.1
鲁西北地区	1 819 981.62	95.7	81 649.45	4.3
鲁西南地区	1 824 155.87	72.2	703 475.88	27.8
全省	5 290 275.95	69	2 378 011.57	31

三、山东省自然灾害年内季节分布规律

山东省 6 种主要自然灾害的分布，在年内表现出明显的季节性。对照自然灾害月分布百分数，采用集中期和集中度算法，分析山东省主要自然灾害的年内分布情况，结果如表 2-4 所示。由表 2-4 可以看出，山东省旱灾月集中度为 73.6%，季集中度为 87.9%，年均旱灾发生 6.65 次。其中，有 5.85 次都发生在冬春两季，可见冬季和春季是山东省旱灾常发期，春旱和冬春两季连旱

是山东省发生最为频繁，也是影响最广、造成损失最大的自然灾害。

表2-4　山东省各主要自然灾害的月、季分布状况（%）
（李福东，2016）

灾害类型	春季			夏季			秋季			冬季			月集中度	月集中期	季集中度
	3月	4月	5月	6月	7月	8月	9月	10月	11月	12月	1月	2月			
干旱	16.2	15.4	18.5	3.7	2.4	4.4	2.1	2.5	2	10.3	12.5	9.6	73.6	5月	87.9
洪涝	0	0.4	2.4	28.9	31.2	20.1	12.7	3.3	1	0	0	0	53.4	7月	62.5
寒潮	5.8	0.2	0	0	0	0	3.6	12.4	0	20.5	31.5	7.3	68.8	1月	76.8
霜冻	15.9	8.6	1.4	0	0	0	0	2.4	10.5	23.3	24.5	13.4	74.1	1月	88.4
冰雹	4.4	11.7	20.6	18.8	16.5	5.5	5.1	6.5	3.9	3.7	3.4	3.8	46.8	5月	56.3
台风	2.3	1.3	2.5	7.5	13.1	12.4	18.8	19.6	18.5	1.2	1.8	0	55.5	10月	65.9

山东省洪涝灾害的月集中期是7月，月集中度为53.4%，夏秋两季洪涝灾害发生频次占全年洪涝灾害总次数的62.5%。因此，夏季和秋季是山东省洪涝灾害的常发期，也是防范洪涝灾害的重点时期。

寒潮灾害的发生主要集中在秋季和冬季，仅这两个季节内所发生的寒潮频次就占到山东省年内发生总次数的76.8%。这种季节性差异主要是由寒潮形成的自然条件和气象因素决定的。

霜冻灾害是山东省主要自然灾害之一，频发期多集中在冬季和早春，月集中期在1月，月集中度为74.1%，季集中度高达88.4%。呈现出明显的冬春多、夏季无、秋季少的特点。是山东省6种主要自然灾害中发生的月、季集中度最高的自然灾害，也是山东省各种自然灾害中发生的季节性表现最为明显、局地性特征最为显著的一种自然灾害。

山东省冰雹灾害年均发生频次为2.08次，冰雹灾害发生的季集中度为56.3%。其中初夏发生最多，占年发生总频次的35.5%；其次是晚春，占32.3%。冰雹灾害发生最少的季节是冬季，仅占年内发生总频次的10.9%。

山东省台风灾害发生的月集中期为10月，月集中度为55.5%，季集中度为65.9%。说明秋季是山东省台风的集中爆发期，春季和冬季发生较少。

四、山东省自然灾害的空间分布规律

（一）自然灾害的空间分布规律

山东省6种主要自然灾害的空间分布特征十分明显，表现为各种自然灾害发生频次具有鲜明的区域性，在空间上主要呈现出块状或者带状的分布格局。从行政区划上来看，山东省有3个自然灾害频发区和3个自然灾害少发区，3个自然灾害频发区分别为德州、滨州和济南，仅这3个地区在中华人民共和国成立以来所发生的各种自然灾害频次之和占到此时期山东省发生的所有自然灾害频次总量的 23.12%，可见灾情之重。山东省的 3 个自然灾害少发区为日照、青岛和威海。

山东省自然灾害总的分布特点为：鲁北、鲁西平原多，鲁南少；鲁西多，鲁东少；鲁中山区及鲁中山区与鲁西北平原、鲁中山区与胶东半岛丘陵地区交界地带也是自然灾害的多发区；总体表现出西多东少、北多南少的基本格局。

（二）山东自然灾害空间分布规律的成因

由于山东省特定的地理位置、地形条件、特有的大气环流形势和气象变化规律，以及海、陆边界条件的影响，造就了山东省优越的自然环境条件，同时也构成了多种自然灾害的诱发条件。鲁西至鲁西北平原和鲁中山区地带是山东省旱灾发生最为频繁、影响最大的地区，这是由于该地区第四纪地层广泛分布且覆盖层厚度较大，具含沙层，储水能力不强，再加之该地区常受西风低压槽影响，导致大尺度环流异常，年降水量在 500~600 毫米，是山东省降水最少的地区，这些都构成了旱灾形成的自然条件，使之成为山东省的旱灾频发区。

山东省的洪涝灾害主要分布在鲁南和鲁东南内陆等地，其原因可以从气候和地形地貌两方面来加以分析。一方面，鲁南和鲁东南内陆地区因受小尺度大气环流影响较大，导致降水较多；另一方面，该地区地貌以丘陵为主，地形坡度较大，易形成暴雨型洪涝灾害。寒潮灾害和霜冻灾害主要发生区域在山东省的北部、西北部，这是由于该地是山东省距离北寒带最近、受西伯利亚冷风槽影响最大和持续时间最久的地区。当来自西伯利亚的寒流入侵时，鲁北和鲁西北地区首当其冲，是寒流进入山东内陆的通道。另外，鲁西北和鲁北地区地形以平原为主，没有高大的掩体充当阻止寒流入侵的屏障，导致该地区直接处于暴露状态，这也增加了寒潮灾害和霜冻灾害发生的可能性和频次。鲁中南和鲁西南地区均位于鲁中山区尼山-徂徕山-蒙山围成的 U 形山脉向南开口的延伸地带，这一喇叭形的山谷地形有利于冰雹的形成，使得该地区成为山东省冰雹灾害的多发区。

山东省的台风灾害主要集中于胶东半岛和鲁东南沿海地区，这是由台风形成的条件决定的，台风是由热带洋面大气内气旋扰动发展而来，因而受其影响的地域也必然位于沿海地区或者距离海洋较近的地区，山东省的半岛地区和鲁东南沿海地区正在这样的区位内，因而成为台风灾害的频发区。

此外，人类对天然生态系统的人工化改造也在很大程度上改变了山东省原有自然生态环境的分布格局和地形地貌。特别是近年来人类为了满足生存需求，对自然生态环境的改造程度越来越大，这极大地压缩了自然生态维稳的空间，同时也把山东省自然环境的极端脆弱性方面暴露了出来，使得山东省自然灾害发生频次有上升趋势、范围有扩大化趋势、损失有进一步增加趋势。

（三）单种灾害类型分布规律

1. 干旱灾害　山东省复杂的自然地理条件，必然导致旱灾的区位差异。

山东省旱灾区主要集中在鲁西-鲁西北平原和鲁中山区地带，呈块状分布，包括山东省的德州、滨州、聊城、济南、莱芜以及泰安的东平县和肥城市、淄博的利津县和河口区。旱灾发生频次以鲁北、鲁西北和鲁中地区多于鲁西南、鲁东南地区，而鲁西南、鲁东南地区又多于半岛地区。其中，鲁北的滨州市和鲁西北的德州市、聊城市是山东省旱灾灾害最严重的地区，山东省的旱灾频次表现出以鲁北-鲁西北带为基点向鲁南、鲁东南和鲁东呈阶梯状扩散递减的趋势分布，而鲁西主要发生在菏泽市一带。

2. 洪涝灾害 山东省洪涝灾害主要分布在鲁南和鲁东南内陆地区，其次是胶东半岛地区，鲁西北地区洪涝灾害发生频次最少，总体趋势呈现出南部多、北部少，东部多、西部少的态势。其中，鲁南的济宁、枣庄和临沂是山东省洪涝灾害的频发区，这3个地区所发生的洪涝灾害总频次占山东省1949—2008年全部洪涝频次的30.41%。此外，山东省洪涝灾害发生频次以"泰安东平县-泰安肥城市-淄博河口区-潍坊青州市-潍坊寿光市"一线为界划分为两个鲜明的区块，山东省绝大部分洪涝灾害都发生在这条线以南，而该线以北的洪涝灾害发生频次很少。

3. 寒潮灾害 山东省的寒潮灾害具有分布范围广、影响区域多、连片分布的特点，主要发生区域在山东省的北部、西北部，这与该地区是寒潮灾害入侵山东省的通道有关。每年秋冬两季来自西伯利亚的寒流长驱直入，由鲁北、鲁西北两条通道进入山东省，进而向南、东南扩散，在扩散的过程中寒潮也会不断减弱，从而形成了寒潮灾害频次自北向南、自西北向东南扇状递减的分布特征。其中，德州、济南、滨州是山东省受寒潮灾害影响最大的寒潮频发区，鲁中山区的泰安、莱芜以及半岛地区的烟台、威海等地也有不同程度的寒潮灾害分布。

4. 霜冻灾害 山东省的霜冻灾害频次分布表现出明显的北多南少的特点，且呈两个块状分布：鲁北德州、滨州和东营是山东省霜冻灾害发生频次最多的地区，可划分为Ⅰ区；位于鲁中的济南、莱芜、淄博和鲁东的潍坊是山东省的霜冻灾害发生频次次多的地区，可划分为Ⅱ区；相比而言，其他地方的霜冻灾害发生频次相对较少。

5. 冰雹灾害 山东省的冰雹灾害大多分布在鲁西南和鲁南地区，空间分布格局较为规整，体现为全省冰雹灾害频发区主要位于自西南向东北辐射延伸依次平铺开来的3条带状区域内，依次为雹灾最强带、雹灾次强带和雹灾弱强带，其中鲁西南地区的菏泽、济宁和枣庄在中华人民共和国成立后发生冰雹灾害最多，为雹灾最强带；泰安、莱芜、临沂发生冰雹灾害次多，为雹灾次强带；淄博、潍坊和日照为雹灾弱强带。

6. 台风灾害 山东省的台风灾害明显集中于半岛地区及东北、东南沿海地区，内陆地区较少或几乎没有，具体分布形态可划分为"1块1带"。"1块"指位于半岛灾害频次地区集中连片的威海、烟台、青岛，这3个地区1949—2008年发生的台风灾害频次之和为31次，占同期山东省发生台风灾害总数的60.78%，是全省台风灾害的频发区和历次台风灾害的重灾区。"1带"指"东营利津县-潍坊青州市-日照莒县"和"青岛平度市-胶州市-黄岛区"两条线之间的带状区域，这条带状区域是山东省台风灾害的次发区，也是受台风灾害影响较为严重的区域。

五、自然灾害对山东农业的影响

(一)山东农业自然灾害

从图2-2中可以看出，干旱灾害的受灾面积在5种灾害中列居首位，特别是1991年、1997年、1999年、2000年、2001年和2002年尤为突出，从各年的影响情况来看，低温冷害的受灾面积均较小，洪涝灾害略高于病虫害和风雹灾。

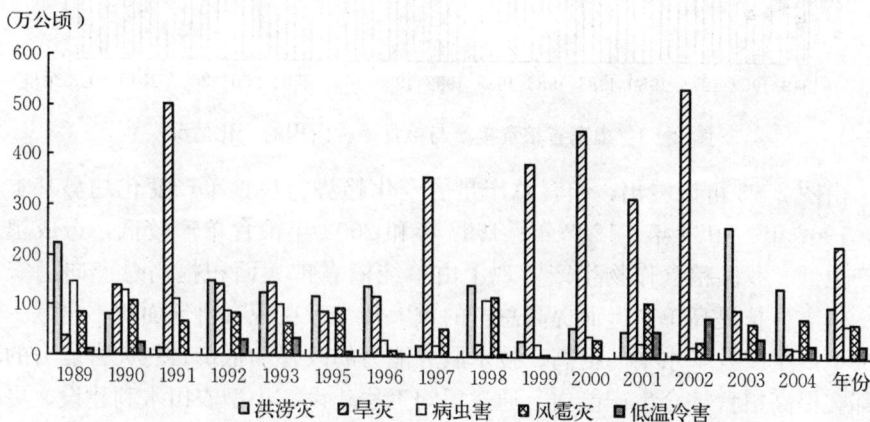

图2-2　山东省各种自然灾害受灾面积比较

(二)山东粮食播种面积、单产

图2-3是山东省1949—2013年粮食单产与粮食播种面积的变化情况，从中可以直观地发现，粮食单产除了1962年、1986年、1992年、1997年、2000年和2002年略低以外，其他年份基本上呈逐渐增加的趋势，2003年以后增长的幅度比较稳定。粮食播种面积在1952—1982年，呈直线下降的趋势；1983—2000年，变化比较平稳，没有太大的波动；2000—2004年又有新一轮的下降；2005年开始，每年基本保持在670万～700万公顷的水平。1949年粮食播种面积在1.098×10^7公顷，1982年粮食播种面积为7.685×10^6公顷，

减少了 29.98%，而同期山东粮食单产则由 795 千克/公顷提高到 3 090 千克/公顷，增长 2.88 倍，粮食总产量则由 8.7×10^6 吨提高到 2.375×10^8 吨，增长 2.73 倍。与 1982 年相比，2011 年的播种面积减少了 7%，单产增加了 1 倍，总产增加了 0.86 倍。经上述分析，在山东省粮食作物播种面积占农作物总播种面积比重逐年减少的同时，粮食总产却在逐年增加。由此可见，单产是影响山东省粮食总量变化的首要因素。

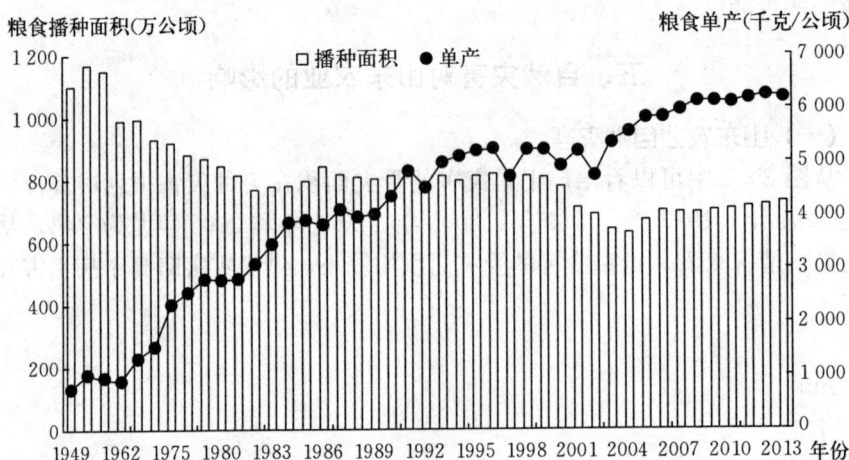

图 2-3　山东省粮食单产与粮食播种面积的变化情况

由图 2-3 可以看出，粮食总产量的变化趋势与粮食单产变化趋势基本一致，1962 年、1986 年、1992 年、1997 年和 2002 年粮食单产较低，造成粮食总产也低。我国粮食作物生产实现了由单纯依靠扩大面积提高总产向稳定面积、依靠科技提高单产进而提高总产的重大转变。在现有耕地面积不再减少的情况下，生产技术水平的提高、技术服务能力的改善和抵御自然灾害能力的增强都会提高粮食综合生产能力。通过田间工程建设、小型农田水利建设、更新改造老化机电设备、完善灌排体系、鼓励节水灌溉、鼓励粮食主产区中低产田盐碱和渍害治理等途径，加强农田水利建设力度，都是提高农业抵御自然灾害能力、降低各种农业生产风险因素影响等的有效措施，是提高粮食综合生产能力、保障粮食安全的基本要求。

（三）影响粮食产量的因素分析

影响我国粮食产量的因素主要包括几方面：作物品种改良及耕作栽培技术、化肥施用量、农业机械、粮食播种面积的变化、农业气象灾害、粮食价格。

1. 作物品种改良及耕作栽培技术　培育优良品种，实现良种化、种子标准化，加之配套的栽培技术，如科学配方施肥技术、节水灌溉技术、地膜覆盖、虫鼠害综合防治技术等，可以显著提高粮食产量。从长远来看，这也是解决我国粮食问题的必由之路。

2. 粮食政策和市场　粮食政策和市场对我国的粮食产量有着较大的影响，粮食价格上扬时，农民的种田积极性很高，一旦价格下跌，农民改种其他经济作物，或抛荒闲置，直接使粮食播种面积减少，从而使粮食产量下降。市场只是一时影响粮食生产，造成粮食产量的波动，如果农业政策制定和实施得好，将能使我国的粮食产量保持稳定。自然灾害造成的粮食损失是直接的，政府职能部门在防灾减灾方面应提供大力支持，使损失降到最低。

3. 化肥施用量　将适量的化肥应用到作物上，粮食产量会显著增长。图2-4显示了山东省1978—2011年，每年在农业上的化肥施用量，可以看出，2010年之前基本上呈直线上升趋势，增加较显著，此后增加缓慢或有下降趋势。徐浪等研究认为，化肥施用量对粮食产量的贡献率沿着抛物线轨迹运行，起初贡献率是上升的，即刚刚使用化肥时，粮

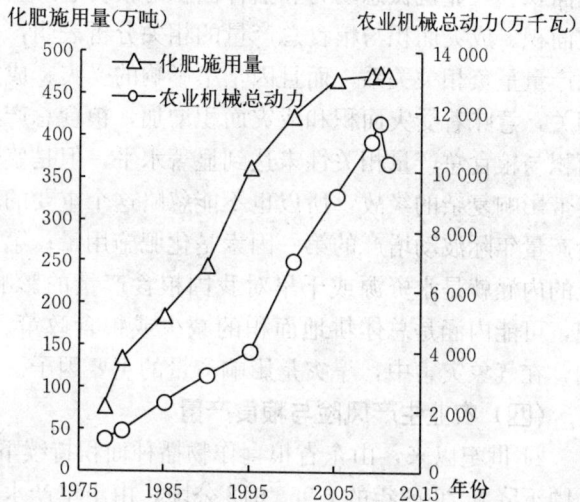

图2-4　各年代平均每年农业化肥及农机动力投入

食增产很多；贡献率达到最高点之后，逐渐向下走，即随着化肥使用年数增多，化肥对粮食的增产效果越来越差，表现出经济上的边际效益递减规律。化肥的大量施入，不仅对土壤和地下水造成污染，而且导致土地板结、水土流失等问题加剧，间接影响未来的粮食单产和总量，图中最后一个点对应于2011年的值，基本体现了这种趋势。因此，在耕地逐渐减少的情况下，靠施用化肥来促进粮食增产，难以确保我国粮食的可持续发展。

4. 农业机械总动力　我国人口众多，农村劳动力比较丰富，而且又有对土地进行精耕细作的传统思想，长期以来我国耕地的动力以人力和畜力为主。随着我国经济的发展及生产水平的提高，农业机械动力投入也在显著增加。"十五"以来，一直以"立足大农业，发展大农机"为战略指导思想，把农业机械化置于农业和农村经济的整体发展中来考虑，放在城乡统筹发展的大环境中来筹划，以适应农业结构战略性调整和大农业发展的需要。自1978年以来，

农业机械总动力的投入直线上升，符合我国发展农业机械化的思想。但由于国际能源市场变化多端，我国的能源消耗日益吃紧，频频出现的电荒、油荒、拉闸限电等严重制约了农业的能源机械投入。

5. 各种因素对粮食产量的贡献　以上对粮食产量的影响因素进行了阐述，这些因素中有些会直接促使粮食产量增加，有些会导致粮食产量降低，在粮食的年际波动中，各因子具体的影响如何，以下对此进行了分析。粮食总产量与化肥施用量相关系数最大为 0.937，与有效灌溉面积、农业机械总动力和粮食播种面积相关系数分别为 0.872、0.837 和 0.790，说明化肥施用量、有效灌溉面积、农业机械总动力和播种面积对粮食总产量的影响均较大。山东省的受灾面积、成灾面积与粮食总产量的相关分析表明，受灾面积、成灾面积与粮食总产量呈负相关关系，而且因干旱影响的受灾、成灾面积均与粮食总产量呈负相关，意味着受灾面积和成灾面积增加，粮食总产量会减少。虽然受灾、成灾面积与粮食总产量相关性未达到显著水平，但是鉴于计算单位很大以及灾害的连带影响复杂的缘故，所以也不能忽略这个重要的影响因素。可见对山东省粮食产量年际波动增产的第一因素是化肥施用量；第二因素是有效灌溉面积，可能的内涵就是水资源或干旱对我国粮食产量的影响；第三因素是粮食播种面积，可能内涵是总体耕地面积的减少或粮食政策、价格对我国粮食产量的影响，在气象灾害中，旱灾是影响产量的主要因子。

（四）农业生产风险与粮食产量

21 世纪以来，山东省粮食作物播种面积持续下降，由 1999 年的 8 099 254 公顷下降到 2008 年的 6 955 612 公顷，由于单产水平的提高，全省粮食总量呈上升趋势。农业生产风险因素的变化对粮食总产量有巨大的影响，1991 年、1997 年、2000 年和 2002 年是受灾较严重的年份，仅 2000 年因灾损失的粮食产量就达 1.607×10^7 吨，2002 年旱灾较为严重，粮食减产量达到 2.545×10^7 吨。比较近年来灾害的发生与粮食减产可以发现，受灾面积与粮食总产的减少有较好的对应关系，总体上全省每年因自然灾害而减少的粮食产量约为总产量的 10%。

近几年受灾面积与成灾面积有缩小的趋势，这可能反映了农业生产基础设施建设使生产保障程度有所提高，也说明粮食安全的风险水平在降低。

（五）山东受灾、成灾面积及因干旱受影响的面积

自然灾害是山东省目前主要的粮食风险影响因素，对山东省粮食综合生产能力具有显著影响。面对山东省大面积的干旱环境、水资源供需矛盾日益突出、人口多、耕地少且质量不高及全国统一大市场的背景下，要进一步保护和提高粮食综合生产能力，合理利用和有效保护农业资源，必须对全省粮食综合生产能力重新进行系统的评价，以适应新形势下确保农业的基础地位和粮食生

产的战略地位。

20世纪90年代以来，因降水量减少，黄河断流，旱情日趋严重。1989—2004年，山东省平均每年受灾面积209.73万公顷，1991年、1997年、1999年、2000年、2001年、2002年受旱面积都在350万公顷以上，显著高于平均值。特别是1999—2002年，连续4年大旱，造成农业减产，工矿、企业停工停产，城乡供水危急。干旱灾害波及工业、农业、服务业和人民生活的方方面面，对经济和社会发展产生了重大影响。

山东省历年平均每年受灾面积占作物总播种面积的26.77%，成灾率为14.8%，因干旱影响而受灾的面积占总播种面积的11.44%，占总受灾面积的42.75%，说明干旱灾害居各种自然灾害的第一位（图2-5、图2-6）。

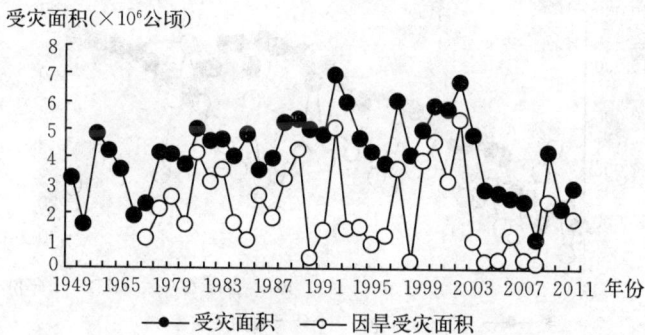

图2-5　山东历年受灾面积及因旱受灾面积比较

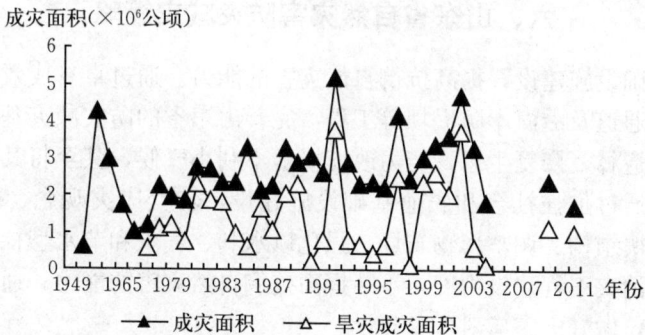

图2-6　山东历年成灾面积及因旱成灾面积比较

（六）农田成灾率与粮食总产量

山东省地形复杂，加上受大气环流和季风的影响，自然灾害发生频率较高，给粮食生产带来严重影响，是制约山东经济发展的重要因素之一。由图2-7可以看出，农田成灾率对粮食总产量具有明显的影响，二者呈明显的负相关关系。表现在两个方面：其一，粮食总产量较上一年减少的年份恰是农田成灾率增加的年份，如典型的有 1997 年、2000 年、2001 年和 2002 年，农田成灾率分别达到 38%、43.2%、48.3% 和 67.7%，粮食总产量在逐年增加的趋势下，却较上一年分别减少 11.1%、10.1%、3.05% 和 11.5%。其二，在农田成灾率较小的年份，粮食总产量呈明显增加趋势，如典型的有 1990 年、1993 年、1995 年和 2004 年，农田成灾率分别为 32.1%、28.1%、26.4% 和 30.1%，同期粮食总产量分别较上一年增长 9.8%、21.3%、3.8% 和 2.4%。由此可见，粮食总产量的变化也来自自然灾害的间接影响，且农业自然灾害是造成粮食总产量减损的主要因素。

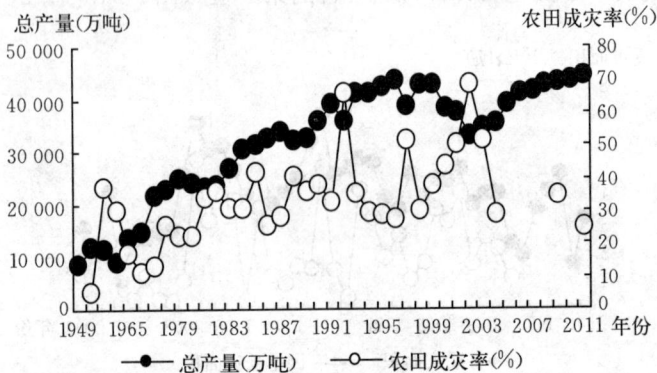

图 2-7 农田成灾率与总产量的关系

六、山东省自然灾害防灾减灾策略

加强基础设施建设，提高抗御自然灾害的能力。通过卓有成效的大型水库建设、排涝通道及沿海岸防堤坝等工程，完善山东省的防灾减灾基础设施；通过大量植树造林，恢复生态，努力改变局地不利小气候，甚至将其向有利方向实施诱导；通过加强社会和农业基础设施建设，转变应灾观念、提高防灾意识、改良土壤结构、调整作物布局，强化以水利、气象和节水型社会和农业建设为中心的治灾工程建设力度，不断提高抗御自然灾害的能力；通过把防灾和减灾相结合，做好灾害应对配套建设。

加快完善自然灾害预警预报系统，深化综合防治体系建设。要加快完善自然灾害预警预报系统，最大限度地攻克突发性自然灾害在预报方面的难关。可以考虑将地理信息系统中的遥感遥测技术引入到自然灾害的监测中，提高预报精度。可以在山东省防汛抗旱领导办公室的基础上，组建山东省特异气象防治指挥中心，运用气象站通讯技术对全省重大寒潮、霜冻灾害发生的可能性及影响范围进行精确预测，并对灾后减灾工作展开对口指导、统一安排，最大限度地降低气象灾害损失。另外，还要深化综合防治体系建设，自然灾害是一个复杂的系统工程，只有有的放矢、全面规划、综合防治，才能起到相应作用。

进一步加强灾害研究，强化对灾害防治工作的理论指导。自然灾害的发生都有一定的时间和区域性规律，或者都是在一定的条件下发生的。因此，加强对自然灾害形成条件和分布规律的研究，有助于提高对灾害本质的认识水平，有助于强化对灾害防治工作的理论支持，有助于帮助人们更好地制订防灾减灾策略和最大可能减少灾害损失。只有拥有先进的灾害学理论及完备的灾害防治体系，才能在自然灾害发生时从容应对，实现快速组织、快速反应、快速救助、快速恢复。

提升灾害保险能力，优化灾害防治思路。将灾害保险重点纳入到山东省自然灾害防灾减灾的机制中，扩大灾害投保力度，提高灾害保险补偿比例，充分发挥保险公司在灾害补偿和灾后恢复中的作用；要通过巨灾保险和再保险市场手段进一步分散灾害风险，从而进一步提高承保能力，这样可以分散灾区群众和保险公司的承灾风险，起到应有的灾害防治功能。此外，还要充分履行政府职责，加强防灾减灾科普宣传，动员公众参与，加强防灾减灾管理体制建设和运行机制改革，提升灾害综合管理能力，提高社会、经济和生态效益并重的防灾减灾综合效益。

第三节　农业生产风险预警分析关键技术

一、农业生产风险因子早期识别技术

农业生产风险识别是科学有效管理农业生产风险的基础，是农业生产部门、涉农企业、保险公司等进行风险防御和风险管理相关决策的重要依据。自然灾害是造成大田粮食作物产量波动的主要因素，但不同自然灾害对作物产量造成的损失大小、不同作物致灾因子时空分布的量化统计、气象灾害对作物产量的综合影响等还需要进一步研究明确。

开展的风险识别技术主要有3个方面，一是农作物自然灾害风险损失识别技术。利用山东省的自然灾害数据对农业自然灾害风险进行分析评估，对农业自然灾害风险及不同种类自然灾害风险的大小、构成、演变趋势和空间分布等特征进行准确分析，识别作物生产过程中由干旱、洪涝等自然灾害事件所导致的产量损失的程度。重点是利用作物历年因灾损失率的估算、作物因灾损失率概率分布的拟合和作物年均损失率的估算等问题。二是作物生产自然灾害风险因子和风险识别技术。根据作物生产的特点和自然灾害危害程度与危害频率，选取表征孕灾因子、致灾因子、承灾体因子的不同指标，构建作物自然灾害风险评价指标体系；利用小麦的灾情数据和自然灾害风险区，研究小麦自然灾风险的时空分布特征，识别自然灾害风险区。重点突破小麦自然灾害风险评估指标体系构建、不同致灾因子时空格局量化分析、自然灾害综合风险评估和风险区的识别等问题。三是小麦生产气象风险综合度量与产量预报技术。根据不同生育阶段的生长发育对光照、温度和水分生理指标需求，建立合理的气象综合风险评价指标，度量气象因素风险大小，预估气象风险可能造成的产量损失。重点进行小麦作物生产气象风险度评价模型构建、参数估算、作物气象风险度与产量变化的关系等分析。农业生产风险识别技术可用于分析主要作物自然灾害风险因子构成、时间分布、综合风险区的识别、灾害损失的大小、历史演变等，为农业生产自然灾害风险的监测、预警、评估提供科学的参考，作物生产气象风险综合度量与产量预报技术可为作物气象灾害风险的监测预警和产量早期预测提供技术支撑。

二、农业生产风险评估技术

农业生产风险评估技术是在全球气候变化大背景下，我国农业稳定发展急需解决的现实问题，同时又是农业风险评估学科亟待解决的科学问题。目前学术界主要从基于风险因子、基于风险损失和基于风险机理的不同视角对农业生产风险评估技术的理论和方法加以研究，但对农业常规灾害和极端灾害损失的最优概率分布模型问题未能给出明确答案。

农业生产风险评估技术研究的作用是针对农业生产风险评估技术的核心问题开展科学探讨，研究建立农业生产常规灾害和极端灾害风险的最优模型，进一步完善和发展农业风险评估理论和方法，实现对农业常规灾害和极端灾害风险的有效度量，将有助于推进我国农业生产风险管理实践、促进农业的稳定发展。具体而言：一方面，可以为农业灾情预测预报提供技术支撑。通过对农业生产风险的准确评估来提高农业灾情预测预报的效果，为政府部门提供决策参考，满足社会各界对农业灾情预测预报的准确率、精细化和及时性要求，从而最大限度地减少农业灾害损失。同时，提前做好抗灾救灾的预案，以减轻各行各业应对农业灾害特别是极端性灾害的恐慌。另一方面，可以为农业保险费率的厘定和农业巨灾风险分散机制的构建提供技术支撑。通过对生产风险的准确评估来把握农业灾害损失时空分布的规律和特征，准确厘定农业保险产品的费率，实现保险费率和保险责任的对等，以确保农业保险经营的"一致性"和"公平性"；同时估计农业保险相关主体之间风险承受能力和分担比例，有效分散农业巨灾风险，确保农业保险的持续稳定发展。

(一) 小麦生产风险评估

掌握农业自然灾害风险水平是进行有关决策的重要依据，基于灾情数据的评估方法具有更好的效果。研究以山东省 17 个地（市）的农业灾情数据对农业自然灾害风险进行评估，试图定量地对山东省农业自然灾害风险及不同种类农业自然风险的大小、构成、演变趋势和空间分布等特征进行准确分析。评估作物生产过程中由干旱等自然灾害事件所导致的产量损失程度，以期为我国农业自然风险的有效管理和政府相关决策提供技术支持。

考虑到数据的连贯性和一致性，该研究采用了1980—2012年的农作物灾情数据对农作物灾害风险进行评估。具体指标包括农作物种植面积、成灾面积、受灾面积和绝收面积，数据来源为山东统计年鉴和山东农业统计年鉴。

播种面积是影响灾害发生的主要环境因子，对于一个地区来说，播种面积越大，灾害发生时易造成的损失也越大。面积影响指数为各地区播种面积占全省总播种面积的比例，所用播种面积为近5年的平均值。面积影响指数计算公式为：

$$A_j = \frac{a_j}{A} \times 100$$

式中：A_j——j 地区小麦作物的面积影响指数；

　　　a_j——j 地区小麦作物的近5年的平均面积；

　　　A——全省小麦作物的近5年的平均面积。

单产影响指数和脆弱性影响指数用来表征承载体因子，一种单产影响指数为各地区作物单产与全省作物单产的比值，所用单产数据为近5年平均值，脆弱性影响指数为减产年份单产平均减产率。计算公式为：

$$Y_j = \frac{y_j}{Y}$$

$$C_j = \frac{\sum \dfrac{y_{jl} - y_{j(l-1)}}{y_{j(l-1)}}}{m} \times 100$$

式中：Y_j——单产影响指数；

　　　y_j——j 地区小麦作物的近5年的平均单产；

　　　Y——山东省近5年的小麦平均单产；

　　　C_j——j 地区小麦作物灾害脆弱性指数；

　　　y_{jl}——j 地区小麦的实际单产；

　　　m——j地区小麦作物单产减少年份的数量；

　　　l——小麦单产较上一年减产的具体年份。

为了综合评价不同地区总体自然灾害风险状况，为灾害风险监测预警提供科学依据，建立不同作物自然灾害综合风险评价指标。选取灾害影响指数、面积影响指数、产量影响指数、脆弱性影响指数4个因子，为消除不同量纲的影响，将每个指标极差化处理，使各风险指标介于0~1，然后将极差化后的各风险指标相加，得到包括原来几个风险要素综合影响的新指标，作物自然灾害综合风险评价指标（表2-5、表2-6）。最后利用GIS技术制作山东省自然灾害风险地图。

表2-5　小麦单产影响指数、面积影响指数、自然灾害影响指数
和脆弱性影响指数划分标准

低风险	较低风险	中等风险	较高风险	高风险
0~0.2	0.2~0.4	0.4~0.6	0.6~0.8	0.8~1.0

表2-6　自然灾害综合评价指标划分标准

低风险	高风险	极高风险
0~1.0	1.0~2.0	2.0以上

（二）山东小麦自然灾害发生频次及影响指数分布

以小麦为研究对象，开展农产品生产风险识别技术、农产品生产风险评估技术研究。主要通过拟合作物因灾损失率序列的概率分布，估算不同灾害因子对小麦生产的危害程度；基于自然灾害风险评价理论和GIS技术，把握小麦自然灾害风险的时空分布特征，绘制自然灾害风险地图，明确生产风险监测重点；应用生态位适宜度理论和基于模糊数学的评价模式，构建了气象综合风险度评价模型。构建了农业常规灾害风险度评估最优模型；确定小麦单产的波动值、拟合小麦单产波动值的概率分布和计算小麦单产损失概率；在此基础上，针对山东省开展小麦常规灾害风险评估实证研究。利用小麦受灾面积、成灾面积、绝收面积，建立农业巨灾损失的广义Pareto分布模型和基于VaR方法的农业巨灾风险的精确度量模型，对山东省小麦生产风险进行评估研究。

1. 小麦灾害发生频次分布　统计15年内小麦各种灾害，发生总频次较高地区为济南、泰安、枣庄、聊城和菏泽；灾害发生加权频次最高的是青岛，烟台和聊城次之。灾害加权频次与总频次的差，可以反映灾害平均危害程度，差值大、危害重。从表2-7可以看出，青岛的差值最大为14，其次是烟台，说明沿海地区气象灾害的风险较大。

表2-7　山东省小麦各种灾害发生频次分布情况

地区	轻灾	中灾	重灾	巨灾	灾害发生总频次	灾害发生加权频次
济南	10	4	1	—	15	21
青岛	4	4	2	3	13	27
淄博	7	3	3	1	14	25
枣庄	9	4	1	1	15	23

（续）

地区	轻灾	中灾	重灾	巨灾	灾害发生总频次	灾害发生加权频次
东营	10	1	3	—	14	21
烟台	6	1	4	2	13	26
潍坊	8	2	2	1	13	21
济宁	12	1	1	—	14	17
泰安	10	3	1	1	15	22
威海	6	1	1	3	11	20
日照	9	1	3	1	14	23
临沂	2	3	—	1	6	11
德州	8	3	1	1	13	20
滨州	4	1	4		9	18
聊城	8	3	3	1	15	26
菏泽	9	2	2	2	15	25
莱芜	1	2	1	3	7	17
全省	9	2	2	1	15	25

2. 小麦生产风险影响指数分布 根据前文建立的作物生产自然灾害风险评价指标体系，综合考虑孕灾环境因子、致灾因子、承灾体因子，分析山东小麦生产风险因子时空分布，并利用 GIS 技术绘制风险地图，识别小麦生产自然灾害风险区。

从致灾因子角度分析，全国范围内小麦从播种到收获不同生育阶段均可能受到不同种类自然致灾因子的影响，其中 4～6 月灾害发生频次占总灾害频次的 58.74%，危害程度也较大。从致灾因子种类来看，干旱灾害频次占总灾害频次的 65.22%，风雹灾害占 9.49%，洪涝和低温灾害分别占 5.77% 和 4.02%，病虫害频次占 14.43%；相对而言，干旱易导致较严重程度的危害。10 月至翌年 6 月均有可能有小麦干旱灾害发生，其中 4～6 月旱灾发生频次最高，4～6 月严重程度较高；4～6 月小麦开花灌浆期间和 10 月冬小麦播种期间洪涝灾害频发；3～5 月低温灾害发生频次较高；小麦风雹灾害集中于 4～6 月且危害程度较为严重；小麦病虫害集中高发于 3～6 月，尤以 4～5 月发生频次最高。

根据前人对灾害理论的研究，区域灾害系统是由致灾因子、孕灾环境与承灾体共同组成的地球表层系统结构体系，以及由致灾因子危险性、孕灾环境不稳定性和承灾体脆弱性共同组成的地球表层系统功能体系。对区域灾害系统进行审视，无论从其结构体系，还是功能体系，都可以在时空两个方面对其进行划分。这种区划或者类型划分，对于建立因害设防，防、抗、救一体化的综合减灾体系有着极为重要的作用，对确定具有不同灾害风险水平的地区可持续发展模式提供重要的科学依据，为建立区域综合减灾模式提供在空间布局上的依据。研究对小麦作物的生产风险因子从时空上进行分析，以此为基础进行风险区划，为生产风险的监测预警提供监测重点和监测时空布局的依据。科学有针对性地进行作物生产风险监测，必须考虑到不同作物在不同区域的灾害因子实际情况，根据这些致灾因子的布局、危害程度确定生产风险监测和风险管理的内容。

本书构建了由灾害影响指数、面积影响指数、单产影响指数和脆弱性影响指数的自然灾害综合风险评价，对小麦作物绘制了山东省内自然灾害风险综合平均区划图，利用作物产量和灾情历史数据，能够基本把握小麦生产风险监测预警研究和实践所应关注的因子类别、监测时期和监测区域（图 2-8）。只有从系统论的角度出发，全面考虑风险因子的危害性和承载体的脆弱性，才能较为科学全面地认识风险和管理风险。研究发现，农业生产风险评估研究中要关注多灾种风险的综合评估问题。一方面是因为在一个特定地区和特定时段内会有多种致灾因子并存或并发的情况；另一方面是因为作为生命有机体，作物具有一定自我恢复和补偿生长效应，而不同致灾因子的影响可能存在一定的因果关系，作物的产量损失通常是由多种致灾因子叠加和相互影响造成的，在分灾种评价的基础上，进行科学合理的综合评估越来越重要。

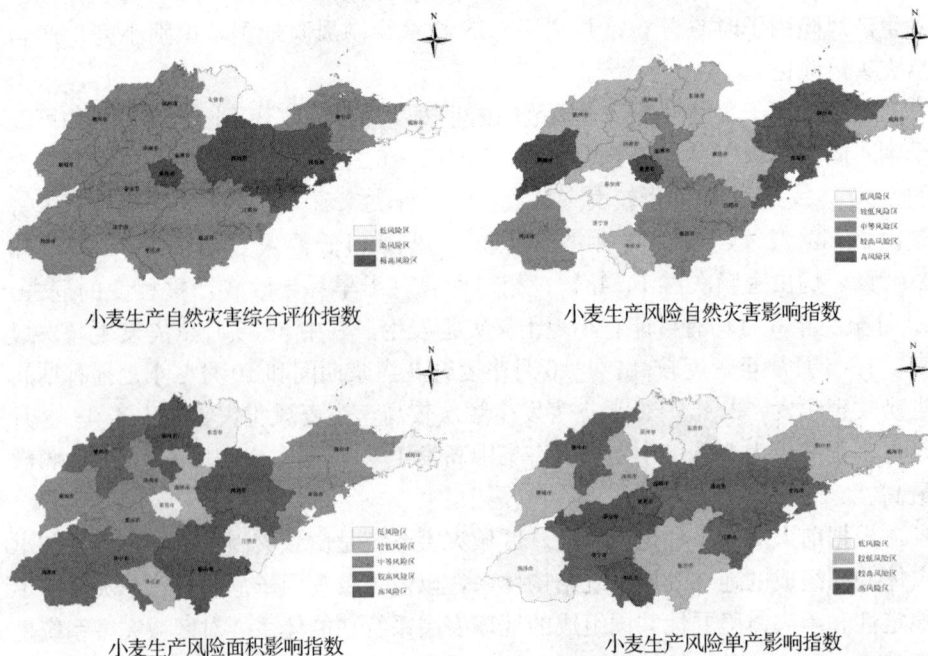

小麦生产自然灾害综合评价指数

小麦生产风险自然灾害影响指数

小麦生产风险面积影响指数

小麦生产风险单产影响指数

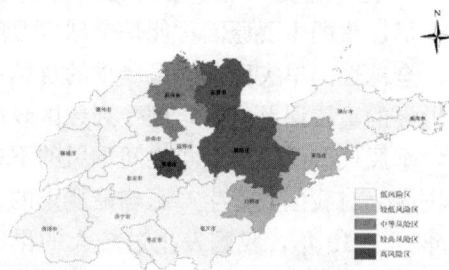

小麦生产风险脆弱性影响指数

图 2-8　小麦生产风险灾害影响指数分析

　　研究结果显示，不同区域灾害风险影响因素不同。作为承载体因子，作物单产越高，灾害易造成的产量损失越大。枣庄、莱芜和泰安单产水平较高，所以对灾害风险而言，其单产影响指数较大，为单产影响指数高风险区。相对而言，作物面积越大，发生灾害时易导致的产量损失越大。临沂、潍坊、滨州小麦播种面积较大，此区域为灾害风险面积影响高风险区。相对而言，作物面积越大，发生灾害时导致的产量损失越大。

　　作为承灾体因子，作物单产越高，灾害易造成的产量损失越大。脆弱性代表了灾害发生时承灾体的易损性，承灾体越脆弱，灾害发生时的易损性越大。将灾害影响指数、面积影响指数、单产影响指数和脆弱性影响指数 4 个因子经过极值化后加权平均，得到不同地区的灾害风险综合评价指数。青岛、潍坊和莱芜为极高风险区。

三、农业生产风险模型

　　自然灾害是随机发生的风险事件，具有可被测量的不确定性。20 世纪 80 年代以来，国内外在开展自然灾害风险分析研究方面已取得了一定成果。

　　农业是风险性产业，农业气象灾害是危害农业生产最主要的自然灾害种类。当前农业气象灾害风险研究既是灾害学领域中研究的热点，又是政府当前急需攻克的应用性较强的课题。

（一）农业干旱风险

　　1. 旱灾对我国的影响　旱灾是一种由短期的气候异常所造成自然灾害，与其他自然灾害相比，旱灾具有发生频率高、影响范围大、持续时间长、危害性大的特点。从全球范围来看，旱灾发生次数仅占整个自然灾害数量的 5%，但其造成的人员损失却达 30%，占各种自然灾害之首。气候变化所带来的风险一直是国际社会关注的重点领域，研究表明，随着全球气候变化的加剧，旱灾的发生频率和影响面积也在不断增加。国际大气研究中心（NCAR）的分析显示，1970—2000 年，世界遭受严重干旱的地区占全球陆地面积的百分比增长了 2 倍，而造成干旱加重的主要原因可能是全球气温的升高。未来干旱风险有不断增加的趋势，全球性的旱灾已成为最严重的自然灾害之一，预防和减轻干旱灾害成为当今世界的重要课题之一，已受到各国政府和相关学者的普遍关注。我国地处东亚，季风气候明显，逐年之间季风的不稳定性造成了我国旱灾的频繁发生，使旱灾成为对我国农业生产影响最严重的气象灾害。据不完全统计，从公元前 206 年到 1949 年，我国发生过较大的旱灾有 1 056 次，平均每两年就发生一次大旱，如 1928—1929 年陕西大旱，全境 940 万人中因受灾死亡达 250 万人。1949—2001 年，平均每年受旱面积约 219 万公顷，约占各种气象灾害受灾面积的 60%；每年因旱灾减产粮食 50 亿千克。其中，20 世纪 50～80 年代，因旱灾损失的粮食占全国粮食损失总量的 50%。随着社会经济发展和人口膨胀，水资源短缺现象日趋严重，加之全球气候变化的加剧，我国农业干旱形势存在不断恶化的趋势。根据国家统计局最新统计数据，1970—2013 年，全国平均每年受灾面积为 23 817.89 公顷，成灾面积是 10 953.4 公顷。从趋势线角度分析，旱灾受灾面积从 1970—2013 年呈下降趋势，最严重旱灾出现在 2000 年，受灾面积为 40 541 公顷，成灾面积为 26 784 公顷；成灾面积在 1970—2013 年呈现显著上升趋势。旱灾受灾面积占总受灾面积的比例总体呈现下降趋势，但平均比值在 40% 以上，旱灾成灾面积占总成灾面积的比例下降速度低于前者，比值与前者趋于一致。我国当前农业干旱管理面临着巨大挑战，急需发展基于机理过程的区域农业旱灾监测预警技术，探讨干旱的时空分布格局，加强干旱风险管理，为我国农业干旱的科学管理及防灾减灾决策制订提供理论和技术支撑。

干旱是全球最常见的自然灾害之一，它具有分布广、持续时间长和后延性等特点，对人类的危害十分巨大，已经成为一个世界范围的重大环境问题。我国是世界上受干旱灾害影响最严重的国家之一，特殊的地理位置和人均水资源匮乏使得旱灾成为我国影响范围最广、发生最频繁的气象灾害，严重制约着国民经济的可持续发展。干旱灾害已经成为影响我国农业快速稳步发展的重要因素，也是限制粮食生产的重要胁迫因子。特别是 20 世纪 90 年代来，在全球变暖和北方干旱化的背景下，社会经济迅速的发展和人口数量膨胀使得水资源短缺现象日趋严重，超强特大干旱等极端天气气候事件发生的频率越来越高，破坏程度越来越强，影响的范围也越来越广泛，全国旱灾受灾面积、成灾面积呈增加趋势。

2. 干旱对山东省农业的影响　冬小麦是山东省重要的粮食作物之一，而干旱则是制约冬小麦产量的重要因子。由于受季风气候的影响，降水量季节分布不均，而冬小麦的生育期为 10 月上中旬到翌年 6 月上旬，此时期恰逢北方地区少雨季节，整个生育期的降水量不足 200 毫米，关键时期的降水量仅有 50～60 毫米，均不能满足冬小麦生长发育的需水需求。加之灌溉条件不足，导致麦田水资源短缺，干旱频发，冬小麦成为受干旱灾害威胁最严重的作物。1961—2010 年，山东省几乎每年都有不同程度的干旱发生，尤以冬春连旱、春旱最为严重。资料统计表明，自 2008 年 11 月初至 2009 年 2 月中下旬，我国北方小麦的主要产区由于冬季无雪雨、降水偏少、蓄水不足等原因，大范围的地区出现干旱，其中山东麦田受旱面积高达 136 万公顷。

山东省由于受大气环流和季风气候不稳定的影响，各种自然灾害的发生频率较高。特别是山东年平均降水量只有 640 毫米，而农作物需水量全年约 900 毫米，相差 250 毫米左右，且降水的年际变化大，受季风气候的影响，降水量年内分配极不均匀，全年降水量的 70% 以上集中在 6～9 月，其他季节降水稀少，因此干旱的出现概率高、地理范围广、持续时间长，造成农作物受灾面积居各种自然灾害之首。据 1996—2000 年灾情统计资料，山东省平均每年因干旱使农作物受灾面积 290.5 万公顷，成灾面积 177.2 万公顷，绝收面积 36.3 万公顷，减产粮食 416.9 万吨，造成直接经济损失 92.6 亿元，其中农业直接经济损失 80 亿元。干旱灾害作为山东省最主要的自然灾害之一，给国民经济造成了重大损失和影响。就全省而言，不同范围、不同程度的干旱灾害几乎每年都有发生，两季连旱经常发生，三季四季连旱时有发生。此外，各地区地理和气候条件的差异，使得旱灾具有明显的季节性和地区差异性，旱灾的轻重程度和出现的几率不尽相同，在年度干旱的总次数中，干旱的强度和比例也有很大的差别。

旱灾居山东省各种自然灾害第一位。20 世纪 90 年代以来，因降水量减少，黄河断流，旱情日趋严重。1989—2004 年，全省平均每年受灾面积 209.73 万公顷，1991 年、1997 年、1999 年、2000 年、2001 年、2002 年受旱面积都在 350 万公顷以上，显著高于平均值。特别是 1999—2002 年，连续 4 年大旱，造成农业减产，工矿、企业停工停产，城乡供水危急。干旱灾害波及工业、农业、服务业和人民生活方方面面，对经济和社会发展产生了重大影响。

3. 旱灾成灾机理研究 干旱灾害系统具有复杂性和非线性，尤其是农业干旱，其发生和发展有着极其复杂的机理，不但受到各种自然因素的影响，如气象条件、水文条件等，而且受到农作物布局、耕作制度、管理投入等人为因素的影响。依据灾害系统论的观点，灾害系统是由孕灾环境、致灾因子和承灾体三者共同组成的地球表层变异系统，灾情是这个系统中各子系统相互作用的产物。其中，致灾因子决定了灾害的发生，反映了灾害发生的物质能量基础；孕灾环境指灾害孕育发生的环境背景，从整个地球系统来讲，大气圈、水圈、岩石圈和生物圈都是孕灾环境；承灾体是孕灾环境和致灾因子作用的客体，人类社会是承灾体的主体部分，这三个因素综合作用产生了自然灾害。林海滨等指出致灾因子是自然灾害直接引发因素，现实中的自然灾害往往是多个致灾因子共同作用而成，这些因子组合起来成为致灾空间。在农业干旱中，致灾因子主要有降水量和蒸发量；承灾体是农作物，其中，作物需水量是关键要素之一，统计量有成灾或受灾面积，孕灾环境主要包括大气圈的气候特征、水圈的水文情况和水利情况，岩石圈的地形地貌等。何艳芬等认为致灾因子是指导致灾害发生的条件和原因；孕灾环境是孕育灾害发生的环境背景条件，灾害类型不同、孕灾环境不同；承灾体是致灾因子作用的对象，是蒙受灾害的实体。

任何地理现象都有其空间分异性，自然灾害也不例外，其空间分异性表现在随空间尺度的不同，特征有所不同。比如，从宏观角度来说，农业干旱或旱灾的空间分布由纬度、海陆位置、气候、季风、副热带高压和西风带环流等因素决定；从小尺度来说，地表、地下水资源的差异、地形特征的差异，均可导致农业旱灾形成的空间差异；而对于地形较为一致的地表，也存在由于土壤类型和作物种类不同导致的灾害的空间差异性，甚至在田间尺度都存在干旱条件下的农作物产量的差异。不同空间尺度反映的旱灾规律是不同的。旱灾空间分异性的空间尺度特征也是和自然地理综合规律体现出的宏观地带性规律和微观非地带性规律是一致的，即存在宏观上的相对一致性和微观上的绝对差异性，而且这种差异性是由构成农业旱灾系统的致灾因子、孕灾环境和承灾体在空间上的耦合作用形成的。

农业旱灾被认为是一种气象灾害，主要是因为降水是农作物供水的主要来源之一，是影响农业干旱的重要因素。由于农业旱灾的发生是在特定孕灾环境下形成的，地域环境的气候背景条件决定了干旱及旱灾的频繁性；地形和地貌对降水进行着重新的分配；土壤保墒能力的高低，径流和排灌条件决定了农业系统对缺水的调节和缓解能力；植被覆盖不同决定了区域水源涵养、径流调节、水土保持等方面的能力不同；人为因素的作用，如耕作制度、土地利用的合理程度等、土地投入水平的差异、农业政策、经济发展水平、水利设施状况、农业科技管理水平等，这些因素都可能导致农业旱灾的空间分异性的增强。因此，对于区域旱灾监测预警应因地制宜，根据特定环境要素特点分别建立区域适宜的旱灾监测预警模型。

4. 农业旱灾监测技术研究 农业干旱和旱灾的复杂性决定了农业干旱指标的多样性，农业干旱指标的确立是进行农业旱灾研究的基础。对于旱灾监测的方法，国内外学者已经开展了大量研究，并针对不同的研究对象提出不同的监测指标。目前应用广泛的干旱监测指标主要有两大类：一类是地面气象、水文数据的干旱指数，即传统干旱监测指数，这些指数都是基于单点观测，很难反映大面积的干旱状况；另一类是基于卫星遥感信息的干旱监测指数，主要是应用多时相、多光谱、多角度遥感数据，从不同侧面定性或半定量地评价土壤水分分布状况，具有范围广、空间分辨率高等优点。干旱的种类不同，相应的干旱指标也不同。

传统的干旱监测指数包括帕尔默干旱指数（Palmer drought severity index，$PDSI$）、作物湿度指数（crop moisture index，CMI）、地表水分供应指数（surface water supply index，$SWSI$）、标准化降水指数（standardized percipitation index，SPI）、土壤相对湿度干旱指数（relative soil moisture index，$RSMI$）、综合气象干旱指数（compound drought index，CDI）等。其中，帕尔默干旱指标是一种被广泛用于评估旱情的干旱指标。该指标不仅列入了水量平衡概念，考虑了降水、蒸散、径流和土壤含水量等条件，同时也涉及系列农业干旱问题，考虑了水分的供需关系，具有较好的时间、空间可比性。用该指标的方法基本上能描述干旱发生、发展直至结束的全过程。因此，从形式上用帕尔默干旱指数方法可提出最难确定的干旱特性，即干旱强度及其持续时间。由降水亏缺计算得到 $PDSI$ 对监测长期干旱状况是一个非常有用的指标。然而，农作物在关键生长季节对短期的水分亏缺是高度受影响的，并且降水亏缺的发生与土壤水分引起的农业干旱之间有滞后时间。为此，帕尔默在 $PDSI$ 的基础上开发了 CMI 作为监测短期农业干旱的指标，CMI 主要是基于区域内每周或旬的平均温度和总降水来计算，能快速反映农作物的土壤水分状况，CMI 已被美国农业部（USDA）采用并在其《天气和作物周报》上作为短期作物水分需求指标发布。$SWSI$ 是对 $PDSI$ 的一个补充，由 Shafer 和 Dezman 在 1982 年设计开发，用来监测美国科罗拉多州地表湿度状况，$SWSI$ 的最大优点是计算简单，能够反映流域内的地表水分供应状况，但由于 $SWSI$ 在每个地区或流域的计算都不一样，因此流域之间或地区之间的 $SWSI$ 缺乏可比性。$PDSI$ 模型是主要基于地形相对均一地区的地表湿度算法，它不考虑地形差异，也不考虑地表积雪及其产生的径流。SPI 是 Mckee 等人 1993 年提出的一个相对简单的干旱指数，其基本特点是根据降水累积频率进行干旱等级划分，从而反映出不同时间和地区的降水气候特点。作物水分亏缺指数（crop water deficit index，$CWDI$）是以作物潜在蒸散量为实际需水量，以自然降水量为供水量的一种作物指标，它是以两者之差占作物需水量的比例来衡量作物水分亏缺状况。

前人对作物实际需水量进行了较多研究。农业干旱是水分持续亏缺造成的，所以当作物水分亏缺指数超过一定阈值，就认为发生了作物缺水干旱。作物水分亏缺指数能较好反映土壤、植物和气象三方面因素的综合影响，还能比较真实地反映出作物水分亏缺状况，是常用的作物干旱诊断指标之一。在该指数应用研究方面，黄晚华等利用湖南省 96 个气象站多年逐日的气象观测资料，分析了湖南省春玉米干旱时空特征，效果较好；隋月等利用南方 15 省 268 个气象站点的 60 年逐日气象资料，对该区域越冬作物（冬小麦和油菜）进行气候变化背景下的季节性干旱特征分析，其中在计算累积 CWDI 时，对黄晚华提出的水分盈余系数作了进一步改进。董秋婷等利用东北地区 70 个气象站点多年的日气象资料得到该指数，分析了东北地区近 50 年的春玉米干旱的时空演变特征；杨小利等利用甘肃省陇东地区 15 个县的多年、旬气象资料，对该区域冬小麦生育期内的水分亏缺特征进行了系统分析。这些研究认为作物累积水分亏缺指数是以累计的作物供需水偏差来衡量作物水分状况的，它既考虑了当前的水分亏缺影响，也不同程度考虑了前期水分亏缺影响，符合干旱的持续性、累积性特点，指出该方法计算简便且较为准确，所需气象要素易于获取，能较客观地反映出作物水分亏缺程度，可以为农业干旱监测提供便于应用的方法。

农业干旱的本质是土壤含水量太低，无法满足植被（包括作物）对水分的需求。近几十年遥感技术的发展，为大尺度监测评价土壤水分提供了有效途径。根据土壤在不同光谱波段呈现不同的辐射特性，基于土壤水分的遥感干旱监测主要分为可见光-近红外法、热红外法、地表温度-植被指数特征空间法和微波遥感法四大类型。基于可见光-近红外法包括土壤水分光谱法及植被指数法等，其中土壤水分光谱法是应用遥感估算光学植被度利用分解像元排除法来提取土壤水分光谱信息，刘培君等研究表明，土壤水分含量大于 5% 时，随土壤水分含量的增加反射率有呈指数下降的趋势，在此基础上，引入"光学植被盖度"，可建立基于 TM 数据的 2、3、4 波段的光学亮度的比值式关系表达式。李建龙等根据分解复合像元原理，建立了 TM 反演土壤水分的模型；植被指数是反映地表生态物理状况的重要参数，也被用来监测干旱。Liu and Kogan 指出如与地表温度、降水量及作物生长期结合起来，效果会更理想。Kogan 认为，气候状况、土壤类型质地、植被类型分布及地形条件都会影响植被指数值的高低，因此应考虑地形地貌及气象等因子的变化。Richardson 和 Weigand 根据植被在红光-近红外光谱特征空间的分布规律，用在红光、近红外光谱特征空间任一点到土壤线的垂直距离来描述植被覆盖情况，提出了垂直植被指数（PVI），同时，由于水体对红光和近红外波段吸收都很强，土壤含水量是影响土壤在红光和近红外反射率的主要因素。Jackson 和 Idso 等描述了水分在红光、近红外光谱特征空间的分布特征，前者从理论基础到数学模型已经相对成熟，在植被、作物长势监测和遥感估产等方面得到广泛使用。詹志明等通过进一步研究提出了"土壤线"的概念，并构建了 Nir - Red 特征空间。乌拉木先后提出了改进型垂直干旱指数（MPDI）和基于近红外-短波红外特征空间构建的垂直干旱指数（SPDI），其缺点在于模型反演的是植被冠层叶片含水量，由于农业干旱的滞后效应，只有作物叶片严重缺水、枯萎甚至死亡之后，该类模型才能反映出旱情。基于热红外的土壤水分反演方法以热惯量法为代表，Watson 和 Rowan 等最早应用了土壤热惯量模型，但由于模型参数难以用遥感手段获取，未得到有效推广，Price 根据地表热量平衡方程和热传导方程进行了模式改进，提出了表观热惯量法，该方法得到了广泛应用。地表温度-植被指数特征空间法以温度植被干旱指数（TVDI）和条件植被温度指数（VTCI）为代表，其主要缺点是必须保证温度-植被指数特征空间具有区域代表性，即地表覆盖从裸土变化到植被完全覆盖，土壤表层含水量从萎蔫系数到田间持水量的变化，因此需要研究气象条件、地表覆被类型、土壤属性数据、水系分布以及作物种植等相关信息。基于微波遥感法反演土壤水分主要有三个途径，包括统计法、正向模型法、神经网络法。Bindlish 和 Barros 在积分模型基础上将实测土壤水分与微波雷达数据进行了关系分析，相关系数达到0.95。Moeremans 和 Dautrebande 利用微波雷达监测田间和区域尺度的土壤含水量，认为裸地或植被稀疏地区的近地表土壤含水量与后向散射系数有很高相关性。Dd Frate 和 Ferrazzoli 等利用微波遥感获得的比辐射率经过 BP 神经网络训练得到土壤含水量。

5. 农业旱灾预警技术研究 农业旱灾预警是防旱、抗旱决策的重要依据。徐启运等通过分析我国干旱预警现状，探讨了干旱预警系统建设的目标、行动计划以及干旱预警系统建设内容等，并认为建立国家干旱监测预警和评估标准体系是提高减灾能力的重要途径。农业旱灾的预测预警主要是根据地面站点的观测数据，结合农业干旱指标等确立农业干旱状况。目前，农业干旱预测的方法有很多，使用较多的方法是在灾害指标基础上，应用时间序列分析、多元回归分析等数理统计方法建立预测模型。另外，也有模糊数学方法的应用，如灰色理论和神经网络模型等。

刘引鸽应用波谱分析与逐步自回归方法，分别建立了西北地区干旱指数的拟合回归预测模型和农业旱灾面积、成灾面积和绝收面积预测模型，并对西北地区干旱灾害的趋势进行了预测。孙秀邦等从与土壤相对湿度相关的气象因子出发，利用逐步回归分析方法，分析 1990—2001 年干旱时段土壤相对湿度与气象因子之间的关系，主要应用逐步回归分析建立干旱预警模型。Paulo 和 Pereira 等基于 67 年的标准化降水指数，利用马尔可夫链模型，对葡萄牙南部地区干旱风险进行了评价预测，为干旱风险管理在方法上提供了参考。Bacan-li 和 Firat 等以位于土耳其境内的安纳托利亚中部的 10 个雨量站作为研究对象，以月平均降水量和 SPI 构建神经网络-模糊理论预测模型（ANFIS），将预测值与实测值比较，用神经网络模型校验，结果表明 ANFIS 能够准确和可靠地进行干旱预测。Moreira 和 Coelho 等利用葡萄牙南部两个地区的 14 个雨量站数据，计算 SPI 值，并根据干旱等级划分标准，利用对数线性模型结合三维列表进行干旱等级预测，结果表明该对数线性模型预测效果良好，适用于该地区短期预测。

近年来，国内外学者进行了农业气象模式与气候模式结合，以及将作物生长模型应用于农业干旱灾害预测的尝试。结合田间观测实验和作物生长模拟模型，研究农业干旱成灾机理，建立农作物干旱灾害识别模型已经成为农业干旱研究的一个重要方面。其中，在作物生长模型应用中，CERES 是针对不同作物开发的系列模型，包括小麦、玉米、水稻、高粱、大麦、谷子等作物，该系列模型已经被许多国家广泛应用。赵艳霞等考虑作物生长和发育对水分的不同需求和敏感性，利用冬小麦发育模式，建立了冬小麦干旱识别和预测模型。刘建栋等对华北地区冬小麦进行了水分胁迫实验，提出了农业干旱状况指数和农业干旱预警指数两个基本概念，在此基础上建立了华北农业干旱预测数值模式，并对北京等 4 省（直辖市）农业干旱状况进行模拟，验证了该方法具有较高的准确率。鲍志伟等将干旱模拟模型密切结合农业干旱特点，通过把降水等多种因素联系起来，对干旱的发生发展过程进行模拟计算，从而确定旱情等级。邬定荣等利用便携式光合作用测定仪 LICOR - 6400 测定冬小麦生理生态参数，建立了作物干旱模式，并连接区域气候模式（RegCM - NCC），在区域气候模式驱动下，对华北地区 2002—2003 年冬小麦生长过程中的农业干旱过程进行了单点和大范围逐日实时滚动预报，验证了采用气候预测与农业气象作物模式结合对区域农业旱灾进行实时预报的可能性。总之，对于旱灾的预警研究基本可以归成三类：其一，基于作物和墒情的预警研究；其二，基于气象观测数据的预警研究；其三，基于气陆耦合模式的预测预警研究。

利用采样点数据对未采样点进行估计的插值方法被广泛用于连续空间的数值计算。多种插值方法用于同一组气候数据的研究表明，数据密度、分布和空间异质性对插值方法效果起关键作用，Wahba G 将样条法与 kriging 法对比认为，由于插值原理不同，两者实用性有所差异。Kriging 法以变量间的空间平稳性为统计前提，根据空间协方差和半变异函数进行插值。样条法有不受空间尺度影响和不直接依赖空间平稳的协方差优点，利用光顺参数来确定数据逼真度和拟合曲面光顺度之间的优化平衡，数据结构和计算方法简便，因此更为实用。用于拟合气候曲面的程序 ANUSPLIN 具备了样条插值的所有功能，它可以平稳处理比二维空间维数更多的样条，如高程、海岸线距离等。对于山区的气温、降水等要素，可以根据这些要素随高程变化的关系，通过数据自动确定线性子模型系数，温度变量曲面被拟合为三元局部薄板光顺样条函数，降水量时空变化成因更为复杂，因此其曲面采用原型薄板光顺样条函数拟合，即把海拔作为自变量而非协变量。利用该程序插值的过程是一个诊断迭代过程，每轮拟合都要对 10 个剩余误差最大的数据点的地理和气候数据根据地图和临近点资料进行交叉验证，直到误差达到可接受水平。由于其线性模型不是一个固定的经验比值表达，有表达气候变量随着位置和时间变化的比降参数，使得山区气候信息在精确 DEM 的基础上表达真实准确。

以对农作物产量影响程度为指标进行干旱预警对于及时制定国家粮食政策，确保我国粮食安全具有重要意义。由于农业旱灾是渐发性且成因复杂的灾害，除受到降水、蒸发等自然因素影响外，灌溉管理水平、作物品种选择、水利工程等人为活动状况也起着至关重要的作用。因此，进行干旱预警，应综合考虑各类因素的影响，尽可能反映水文循环中各组成部分之间复杂的相互关系及作用。张丹等认为农业干旱主要是土壤水分对作物供给不足造成的，土壤含水量的多少与作物生物量之间存在相互依赖和制约的关系。在诸多环境胁迫对作物生产力影响研究中，闫志利等认为干旱胁迫导致产量的损失超过其他各种胁迫因素造成损失的总和。有研究表明干旱胁迫使作物地表部分的指标，如茎高、总叶面积、总生物量干重、籽粒干重和比叶面积等降低，严重时会引起植株死亡。近几年，已有研究将干旱指数与生物量损失量构建关系模型来进行监测预警。作物产量机理模型的发展为计算机模拟作物产量和生物量奠定基础。分布式水文模型（soil and water assessment tool，SWAT）将水文模型与作物生长模型有机结合，不仅具有准确描述复杂区域水文过程的优势，还为流域尺度农作物生长提供了模拟工具，得到了广泛应用。Immerzee 和 Gaur 等结合遥感和 SWAT 模型分析了印度南部 Bhima 集水区上游主要作物的水分生产率分布特征；代俊峰等基于 SWAT 构建灌区分布式水文模型，模拟了湖北漳河灌区小流域和区域尺度的水分平衡和水稻产量；何飞基于灾害风险理论，利用该模型对湖南水稻进行了旱灾监测预警。这些研究为建立基于作物生物产量变化率的旱灾预警方法提供了有利的实践基础。

6. 干旱风险评估方法研究 干旱灾害在全球范围内普遍存在，并且由于发生频率高、范围广、造成损失大，引起了各个国家的重视。由于干旱灾害具有复杂性和不确定性，国内外学者从干旱灾害的定义、干旱灾害的形成、干旱灾害的评估、干旱灾害的预防等多个方面进行研究。特别是针对不同地区、不同时段进行的干旱风险评估，能为各地政府制订更为科学有效的干旱预防措施提供实际参考。因而，国内外学者从干旱指标选择及干旱风险评估模型等方面对干旱风险评估进行了丰富的研究。

山东省作为我国重要的小麦产地，对我国粮食生产安全具有重要的影响。然而，干旱灾害的频繁发生给山东省农业生产特别是小麦生产带来了严重的损失。干旱风险评估作为干旱风险管理的基础，能为干旱灾害的预测及防治提供科学依据。然而，干旱灾害的形成是多方面的，是由气候变化、天气条件和海陆分布、地形地貌等自然因素以及人类活动综合作用的结果。因此，基于自然灾害风险评价理论，从干旱致灾危险性、承灾体暴露性、承灾体易损性及防灾减灾能力4个方面构建干旱灾害风险评估模型，对山东省粮食生产面临的干旱风险进行了评估，并依据干旱风险评估指数大小，采用GIS统计分析技术对山东省干旱风险进行区划，从而为山东省进行干旱灾害损失评估及防御治理，以及山东省作物政策性农业保险的分区规划提供依据。

(1) 干旱指标　干旱指标是旱情描述的数值表达。不同领域的专家对干旱的定义不同，所制订的干旱指标也不相同。美国气象学会在总结各种干旱定义的基础上，根据干旱的形成及表现将干旱分为气象干旱、水文干旱、农业干旱以及社会经济干旱。累积降水量是最简单的干旱指标，它通过累计相应时段的降水量来描述该地区的干旱程度，易于理解、便于操作。Alley提出降水距平百分率指标，通过计算某一时段降水与同期平均降水偏离程度来描述干旱程度，实现了不同地区及不同时间干旱的对比。1965年Palmer提出了帕尔默干旱指数，帕默尔干旱指数利用温度、降水来决定干旱，能对几个月的长期干旱进行有效分析，被广泛应用于干旱监测、干旱风险评估等多个方面。作为PDSI的延续，Palmer还基于月平均温度和降水提出了用于在较大空间尺度上的作物湿度指数（CMI），实现了对干旱的发生程度进行更为准确地监测。Kite根据研究认为某一时段内的降水量服从泊松分布，因而对降水量进行Z坐标转换，并划分旱涝等级，得到了Z指数用于干旱描述。Moran等结合作物的不同生长习性，建立了水分亏缺指数（WDI），为农业干旱的研究提供了新的思路和视角。现在国际上应用最多的是联合国粮农组织（FAO）推荐的根据能量平衡、水汽扩散以及热传导原理建立的"改进的彭曼（Penman）公式"。

而在中国将降水距平百分率及降水量标准差作为干旱指标应用最多。中国学者在干旱指标研究方面主要是对国外学者的一些指标进行实际应用，并在此基础上进行比较与修正。例如，格桑等运用降水距平百分率对西藏的干旱程度进行了判断和修订。田宏等根据土壤水分盈亏原理及土壤蒸发三阶段理论，建立了只涉及当前资料的干旱动态评估指标。高波等利用Z指数确定了江南南部—华南北部的严重旱涝年。杨青、李兆元从常规的历史气候资料入手，建立了适合干旱半干旱地区大范围、长时期干旱监测的干旱指数作为衡量干旱的指标。曹永强、苏阳等学者为研究浙江省干旱分布的区域性和年际性规律，基于下次降水平均等待时间指数（averaged waiting timefor precipitation，AWTP）来描述干旱程度，结合小波分析和克里金插值方法对浙江省的干旱时空特征进行了分析。王明田、王翔等学者收集相关降水、气温等气象数据，采用相对湿润度指数，对我国西南地区不同地域、不同时节的干旱特征进行了研究。

（2）干旱致灾危险性指标　干旱致灾危险性是指干旱灾害发生的可能性及其可能造成的损失大小。干旱灾害是否发生及其影响程度不仅与致灾物理因子（即降水等气象条件）有关，而且与人类所处的自然地理环境（如河流、植被等）相关。因此，研究从致灾因子风险性及孕灾环境敏感性两个方面来描述干旱致灾危险性。

① 致灾因子是导致干旱灾害发生的风险源。一般说来，干旱灾害发生的强度越大、发生灾害的概率越大，则干旱灾害的危险性越大。采用国家气象标准中的降水量距平百分率（P_a）作为气象干旱指数，对山东省各市面临的干旱灾害危险进行划分，表达式为：

$$P_a = \frac{(P - \overline{P})}{P} \times 100\%$$

式中：P_a——降水量距平百分率，单位为百分率（%）；

P——某时段降水量，单位为毫米（mm）；

$\overline{P}$——计算时段同期气候平均降水量，单位为毫米（mm）。

当降水量距平百分率小于 0 时，降水量距平百分率越小则所对应的干旱强度越大。为了对各县（市）的干旱强度进行评估与区划，设定无旱的干旱指数值为 0，轻旱的干旱指数值为 1，中旱的干旱指数值为 3，重旱的干旱指数值为 5，特旱的干旱指数值为 8（表 2-8）。基于信息扩散法统计各市不同干旱强度的发生概率之和，即为干旱的发生概率。因而，干旱致灾因子危险度为：

$$Z_j = \sum_{i=1}^{n} I_{ij} \times P_{ij}$$

式中：Z_j——j 县（市）干旱致灾因子危险度；

I_{ij}——j 县（市）i 强度的干旱指数值；

P_{ij}——j 县（市）1981—2016 年 i 强度干旱指数出现的概率；

i——干旱强度等级的划分，

n——总年份数 30。

表 2-8　降水量距平百分率气象干旱等级划分表

降水量距平百分率（%）	$-15 < P_a$	$-30 < P_a \leq -15$	$-40 < P_a \leq -30$	$-45 < P_a \leq -40$	$P_a < -45$
干旱类型	无旱	轻旱	中旱	重旱	特旱
干旱指数	0	1	3	5	8

② 孕灾环境是指干旱灾害形成的自然环境。干旱灾害的孕灾环境主要包括水文因素、土壤因素、地形地貌及植被状况等因素。由于孕灾环境对旱灾作用十分复杂，考虑到指标可获得性及代表性，将各县（市）的湿地面积指数

（wetland area index，WAI）以及绿化覆盖面积指数（gamut area index，GAI）作为孕灾环境敏感性的评估指标，即：

$$WAI_j = \frac{WA_j}{TA_j}$$

$$GAI_j = \frac{GA_j}{TA_j}$$

式中：WAI_j、GAI_j——j 县（市）湿地面积指数与绿化覆盖面积指数；

WA_j、GA_j——j 县（市）2008 年湿地面积以及 2003—2016 年绿化覆盖面积的平均值；

TA_j——j 市的国土面积。

当各县（市）的湿地面积比重越大，绿化覆盖面积比重越大，则发生干旱灾害的强度与频率会越小，干旱灾害的危险性也越小。因而，孕灾环境的敏感性评估应为：

$$E_j = w_1 \times (1 - WAI_j) + w_2 \times (1 - GAI_j)$$

式中：E_j——j 地区的干旱孕灾环境敏感性指数；

WAI_j、GAI_j——j 地区湿地面积指数与绿化覆盖面积指数；

w_1、w_2——其相应的权重。

干旱致灾因子危险度越大，孕灾环境敏感性越强，干旱灾害的危险性也越大。反之，干旱灾害危险性则越小。因而，干旱致灾危险性评估模型为：

$$H_j = Z_j + E_j = w_1 \times Z_j + w_2 \times (1 - WAI_j) + w_3 \times (1 - GAI_j)$$

式中：H_j——j 县（市）干旱致灾危险性指数；

Z_j——j 县（市）干旱致灾因子危险性指数；

E_j——j 县（市）的干旱孕灾环境敏感性指数；

WAI_j、GAI_j——j 县（市）湿地面积指数与绿化覆盖面积指数；

w_1、w_2、w_3——其对应的权重。

③ 承灾体暴露性指标。承灾体暴露性是指暴露在自然环境中的可能遭受灾害危害的承灾体数量。对干旱灾害而言，即可能遭受干旱灾害的作物数量。因此，该研究以粮食种植暴露指数（ZWI）以及粮食生产效率指数（ESI）作为物理暴露性的评价指标。

$$ZWI_j = \frac{EW_j}{TW_j}$$

$$ESI_j = \frac{ES_j}{TS_j}$$

式中：ZWI_j、ESI_j——地区粮食种植暴露指数与粮食生产效率指数；

EW_j、ES_j——j 市 2003—2016 年粮食总播种面积的平均值和粮食单产的平均值；

　　TW_j——j 县（市）2003—2016 年农作物播种面积的平均值；

　　TS_j——2003—2016 年山东省粮食平均单产值。

　　粮食暴露指数越高，粮食生产效率指数越高，则遭受干旱灾害的承灾体数量越大，可能遭受干旱灾害的危险性越大。因而，承灾体暴露性指数为：

$$V_{ej} = w_1 \times EWI_j + w_2 \times ESI_j$$

　　式中：V_{ej}——j 地区的干旱灾害承灾体暴露性指数；

　　EWI_j、ESI_j——j 地区粮食种植暴露指数与粮食生产效率指数；

　　w_1、w_2——其相应的权重。

　　④ 承灾体易损性指标。承灾体易损性是指承灾体受到灾害破坏的可能性以及对破坏的敏感性。干旱灾害的承灾体易损性则是指作物遭受干旱灾害时所表现出来的可能受到的影响和破坏的一种度量。采用粮食产量历年平均减产率（S）与粮食产量变异系数（C_v）作为干旱灾害承灾体易损性评价指标：

$$S_j = \frac{(Y_{ij} - Y_t)}{Y_{ij}} \times 100 \quad (Y_{tj} < Y_{ij})$$

$$C_{vj} = \frac{1}{Y_j} \sqrt{\frac{\sum_{i=1}^{n}(Y_{ij} - Y_{ij})^2}{n-1}}$$

　　式中：S_j、C_{vj}——j 地区的粮食产量历年平均减产率与粮食产量变异系数；

　　　　　Y_{ij}、Y_{tj}——j 地区 1981—2016 年粮食实际产量、粮食趋势产量以及粮食多年平均产量；

　　　　　Y_j——粮食多年平均产量；

　　　　　n——总年份数，为 36。

　　粮食产量历年平均减产率越高，粮食产量变异系数越大，则产量随干旱灾害的波动较大，粮食可能遭受干旱灾害的损失越大，因而面临较高的作物干旱灾害风险。因此，干旱灾害承灾体易损性评价指标为：

$$V_{dj} = w_1 \times S_j + w_2 \times C_{vj}$$

　　式中：V_{dj}——j 县（市）粮食干旱灾害承灾体易损性指数；

　　　　S_j、C_{vj}——j 县（市）的粮食产量历年平均减产率与粮食产量变异系数；

　　　　w_1、w_2——其相应的权重。

　　⑤ 防灾减灾能力指标。防灾减灾能力是影响灾害风险的社会因素，是指人类防御和减轻灾害发生及损失对策和措施。采用有效灌溉面积指数（YGI）、旱涝保收面积指数（HBI）、农业机械动力指数（NJI）以及地方国民生产总值指数（DGI）4 个指标来评价防灾减灾能力。

$$YGI_j = \frac{YGA_j}{TW_j}$$

$$HBI_j = \frac{HBA_j}{TW_j}$$

$$NJI_j = \frac{NJQ_j}{TW_j}$$

$$DGI_j = \frac{DG_j}{TG}$$

式中：YGI_j、HBI_j、NJI_j、DGI_j——j县（市）的有效灌溉面积指数、旱涝保收面积指数、农业机械动力指数和地方国民生产总值指数；

YGA_j、HBA_j、NJQ_j、DG_j——2003—2016 年 j 县（市）有效灌溉面积平均值、旱涝保收面积平均值、农业机械动力数量平均值以及地方国民生产总值平均值；

TW_j、TG——j 县（市）2003—2016 年农作物播种面积平均值以及山东省各市国民生产总值的平均值。

有效灌溉面积指数越大、旱涝保收面积指数越大、农业机械动力指数越大、地方国民生产总值指数越大，则该地防灾减灾能力越强。因而，防灾减灾能力评价指标为：

$$C_{dj} = w_1 \times YGI_j + w_2 \times HBI_j + w_3 \times NJI_j + w_4 \times DGI_j$$

式中：C_{dj}——j 地区防灾减灾能力指数；

YGA_j、HBA_j、NJI_j、DGI_j——j 地区的有效灌溉面积指数、旱涝保收面积指数、农业机械动力指数和地方国民生产总值指数；

w_1、w_2、w_3、w_4——其相应的权重。

（3）干旱风险评估模型与方法　干旱风险评估是通过构建干旱风险评估模型，从干旱灾害的危险性、灾害强度、灾损大小等方面对一定时期内不同地区遭受不同强度干旱灾害的可能性及其造成的损失进行评估。构建灾害评估模型就是根据灾害损失评估的要求和准则、综合指标体系、灾害损失评估目标和层次建立起数字模型的过程。因而，在对干旱指标进行选择与确立的基础上，要对干旱灾害进行评估，需要选择相应的评估模型与方法。

国外干旱评估模型的研究方面，具有代表性的模型有 AKWA 模型、Hydrocycle - 1.0 模型和 Granier 的水分平衡模型、BROOK90 模型等。Santos 提出点干旱和区域干旱的差异，准确定义了区域干旱的概念，提出了一些描述其特征的变量。Cotreia 将恢复力、易损性等概念引入干旱，并将 Santos 的理念用于工程风险的定量分析研究。Dennis Nullet 和 Thomas W. Giambelluca

提出了一种可应用于农业生产的干旱灾害评估方法；Blaikei 认为灾害是承灾体脆弱性和致灾因子综合作用的结果。

　　国内学者也对干旱评估模型进行了研究。孙宁等基于 Wheat SM 模型对冬小麦产量气候风险进行了评估。张雪芬等运用 WOFOST 模型对冬小麦晚霜冻害进行了评估。干旱灾害风险评估的方法主要包括概率和统计方法、灾害风险评价指数法以及综合评价法。其中灾害风险评价指数法认为干旱灾害风险受自然、社会、经济等多种因素的影响，提出从灾害危险性、承灾体暴露性、承灾体脆弱性及防灾减灾能力 4 个方面对干旱灾害风险进行评估，应用最为普遍。此外，张星等将灰色系统理论引入到农业气象灾害的评价与预测中，依照关联度排序结果对农业气象灾害进行等级划分。黄崇福对我国自然灾害风险评估的模型与方法进行总结，并将模糊数学的理论与方法引入灾害风险评估中，对湖南农业自然灾害进行了实证风险估算。李文亮等采用信息扩散理论对黑龙江省干旱气象灾害进行了风险评估与区划研究。魏一鸣等将灾害风险评估视为一个模式识别问题，通过研究人工神经网络模型的原理与算法，借鉴其在分类、容错方面的优点，研究了用于灾害风险评估的人工神经网络模型，并进行了实证研究与论证。此外，GIS、RS 等模拟技术的应用，使得干旱灾害风险评估更加直观、方便、灵活，为区域干旱灾害风险评估提供了广阔的前景。

　　干旱灾害的风险由干旱致灾危险性、承灾体暴露性、承灾体易损性和防灾减灾能力 4 个方面共同决定。当干旱致灾危险性越强，承灾体暴露性越强，承灾体易损性越强，防灾减灾能力越弱时，干旱灾害的风险将越大。因而，干旱灾害的风险评估模型为：

$$R = H \times V_e \times V_d \times (1 - C_d)$$

　　式中：　　　R——干旱灾害风险评估值；
H、V_e、V_d、C_d——干旱灾害危险性、承灾体暴露性、承灾体易损性及防灾减灾能力的评估值。

　　由于各个评估指标与评估因子的单位不一致，为了消除各指标的量纲和数量级的差异，需对每一个指标值进行规范化处理，标准化公式为：

$$D_{ij} = 0.5 + 0.5 \times \frac{A_{ij} - min_i}{max_i - min_i}$$

　　式中：D_{ij}——j 地区第 i 个指标的标准化值；
A_{ij}——j 地区第 i 个指标的实际值；
min_i 与 max_i——第 i 个指标值中的最小值与最大值。

　　此外，各评估指标对评估因子的作用程度不同，对干旱灾害风险的影响程度也不相同。因此，要根据各个指标对干旱灾害的影响大小确定其权重。基于层次分析法的原理和步骤，根据山东省干旱风险评估指标体系（图 2-9），构造干旱风险评估的递阶层次结构（A-C层）以及各个评价指标的判断矩阵，计算得到了各个评价层次单排序，完成相应的一致性检验，最终得到各个评价指标及权重（表2-9），用于山东省干旱风险评估与区划。

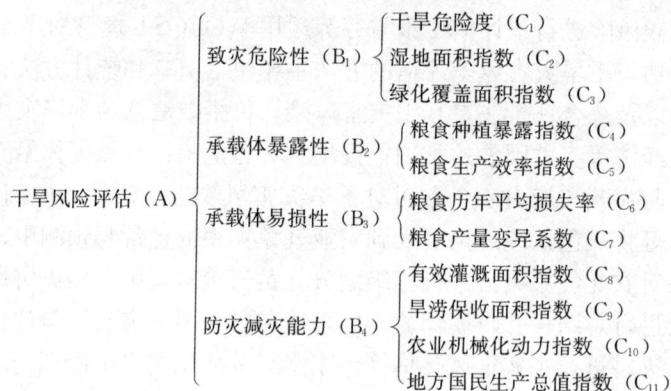

干旱风险评估（A）
- 致灾危险性（B_1）
  - 干旱危险度（C_1）
  - 湿地面积指数（C_2）
  - 绿化覆盖面积指数（C_3）
- 承载体暴露性（B_2）
  - 粮食种植暴露指数（C_4）
  - 粮食生产效率指数（C_5）
- 承载体易损性（B_3）
  - 粮食历年平均损失率（C_6）
  - 粮食产量变异系数（C_7）
- 防灾减灾能力（B_4）
  - 有效灌溉面积指数（C_8）
  - 旱涝保收面积指数（C_9）
  - 农业机械化动力指数（C_{10}）
  - 地方国民生产总值指数（C_{11}）

图2-9　山东省干旱风险评估指数

表2-9　AHP法确定的权重指数

（杨丽，2013）

层次	CR（检验系数）	评价指标	层次单排序权重值	层次总排序权重值
A-B	0.062 9	B_1	0.588 9	0.588 9
		B_2	0.123 0	0.123 0
		B_3	0.238 3	0.238 3
		B_4	0.049 8	0.049 8
B_1-C	0.001 9	C_1	0.789 1	0.469 3
		C_2	0.103 1	0.061 3
		C_3	0.107 8	0.064 1
B_2-C		C_4	0.750 0	0.103 1
		C_5	0.250 0	0.034 4
B_3-C		C_6	0.750 0	0.163 1
		C_7	0.250 0	0.054 4
B_4-C	0.016 2	C_8	0.390 8	0.019 6
		C_9	0.390 8	0.019 6
		C_{10}	0.150 9	0.007 6
		C_{11}	0.067 5	0.003 4

（二）小麦干热风风险

小麦作为喜凉的 C_3 作物，在生长期间易受高温胁迫的影响，从而造成籽粒品质变劣及产量下降。一般来说，小麦籽粒灌浆过程中气温在 20～24 ℃、相对湿度在 60%～80% 较为适合其生长发育。但小麦整个生长发育过程中并不是一直处于适宜条件下，尤其是在小麦灌浆至成熟阶段，常有 2～5 天的气温＞32 ℃、相对湿度＜30%、风速＞2 米/秒的天气，此时小麦蒸发量大，体内水分失衡，籽粒灌浆受抑制或不能灌浆，造成小麦提早枯熟，即干热风危害。干热风在我国小麦主产区时常发生，对小麦的生长发育、品质及产量的形成产生极为不利的影响。目前我国根据干热风的发生情况将其分为高温低湿型、雨后热枯型和旱风型；根据干热风对小麦的危害程度，又可将其分为轻、重 2 级。干热风每年可造成小麦减产 5%～10%，严重年份可达 20% 以上。因此，加强对其研究并培育耐高温、抗干热风小麦品种以及做好综合防治工作十分必要。

1. 干热风对产量的影响　干热风可使小麦的功能叶光合速率下降，蒸腾强度骤然加强，从而造成小麦植株迅速脱水，并导致小麦叶片蛋白质破坏，旗叶总氮、蛋白质含量减少，氮代谢被破坏。此外，还可导致小麦根系活力减弱，使小麦灌浆速度减慢、时间缩短，造成高温"逼熟"，从而影响小麦产量。

小麦拔节至开花期，如遇高温、干热风，常导致单株穗数、穗粒数、小穗数和粒重减少，株高和总干物质下降，开花期提前，产量明显下降。研究发现，开花后 1～3 天的高温、干热风可使小麦产生单性结实籽粒和皱缩籽粒，开花后 6～10 天的高温、干热风会产生发育不全和灌浆不饱的籽粒。封超年等研究发现，花后 1～3 天、5～7 天、12～14 天的高温（干热风），虽会在短时间内提高籽粒胚乳细胞的分裂速率，加速胚乳细胞发育进程，但胚乳细胞分裂时间会显著缩短。Bruckner 等研究表明，在籽粒灌浆期间，日均气温每增加 1 ℃，籽粒灌浆持续期缩短 3.1 天，籽粒重量下降 2.8 毫克。

2. 干热风对品质的影响　小麦品质性状为复杂的数量性状。研究表明，遗传因素虽对淀粉品质起决定作用，但除直链淀粉和糊化温度外，淀粉其他性状受环境因素的影响更大，部分性状间存在着显著的基因型与环境互作变异。研究表明，小麦籽粒品质既受遗传控制、又受生态环境的影响，生态条件对其起着非常重要的作用。

干热风可使小麦的灌浆期缩短、粒重降低、品质变劣。随着全球气候变暖，小麦受到高温、干热风的危害将明显加重。温度主要通过影响小麦生化反应及对营养物质的吸收强度而影响小麦籽粒品质。在小麦种植区超过 25 ℃ 以上的高温就会造成籽粒灌浆期缩短，使灌浆提前结束；在灌浆期间，短时间高温（1 小时，35 ℃）就可导致面包体积变小、面团强度降低，且使面团形成时间缩短，其与高温胁迫的时间明显相关。Stone 等通过对 75 个小麦品种研究发现，小麦开花后短时间的高温胁迫（日最高 40 ℃，3 天）就可以使小麦品质变劣，面条膨胀势变小。Sofield 等研究表明，灌浆期间升高温度可以提高蛋白质与淀粉的相对比例，当温度升高到 30 ℃时，蛋白质和淀粉的合成速度都降低，但对蛋白质的影响要相对较小，这似乎表明高温提高蛋白质含量不是因为含氮量的改变而是由于淀粉合成受抑制造成的。另外，高温也会促进籽粒中醇溶蛋白的合成，提高醇溶蛋白与麦谷蛋白的比率，从而使小麦的面团强度、面包体积和评分等有关烘烤品质变劣。

高温胁迫在小麦灌浆期内有其时空分布特点，不同灌浆阶段的高温胁迫对小麦品质的影响有所不同，不同灌浆阶段（前期、中期、后期）高温胁迫（36 ℃，3 天）对最大抗延阻力均有影响，但中后期高温胁迫的影响不显著；前期高温胁迫使蛋白质含量显著降低，对产量影响较大；中后期胁迫对蛋白质含量的影响较小，对小麦品质影响较大。高温不仅加快籽粒的灌浆进程，而且影响淀粉的形成过程，同时更为重要的是高温能够影响与淀粉合成有关的各种酶的活性。William 等在小麦籽粒生长期间研究了高温对淀粉积累、颗粒数量及合成途径中关键酶活动的影响，结果表明，开花至成熟期高温可以缩短淀粉积累的持续时间，使淀粉合成关键酶的活性高峰提前，且降低了关键酶的活性。Keeling 等对温度影响可溶性淀粉合成酶（SSS）活性的研究表明，该酶活动的最适温度为 20～25 ℃，当用 35 ℃处理小麦种子 30 分钟后，SSS 活性可降低 50%，这种现象称为 "Knock-down"。研究表明，高温提高了灌浆初期小麦籽粒中蔗糖合成酶（SS）和结合态淀粉合成酶（GBSS）的活性，但降低了灌浆后期 SS、GBSS 和可溶性淀粉合成酶（SSS）活性。

3. 干热风对小麦生理生化的影响 当植物在高温、干热风的危害下，外部形态表现出损伤前，其内部的生理生化过程往往早已受到明显的影响。灌浆期高温、干热风胁迫会影响小麦许多生理生化过程，研究较多的是光合作用、信号转导和衰老凋亡等。光合作用可能是高温伤害的首要生理过程。据研究，高温对光合作用的主要效应是加速小麦的衰老过程，包括光合强度的下降及其组成成分的降低。高温胁迫可以激活类囊体膜上的脂肪酶，降解富含不饱和脂肪酸的类囊体膜脂，形成自由的不饱和脂肪酸，从而钝化光合系统 Ⅱ 的活性中心，诱导其转化为无活性中心。王晨阳等在小麦开花后进行 38 ℃的高温胁迫处理，发现高温胁迫使小麦旗叶及倒二叶净光合速率显著下降。研究发现，小麦的耐热突变体生长发育各阶段的最大净光合速率在高温胁迫下至少降低23%，在抽穗期影响最小，开花期影响最大。

而且开花期高温导致的最大净光合速率降低，在去除高温胁迫 3 天后，仍然无法恢复，高温对耐热突变体最大净光合速率的影响在生理上表现为叶绿素含量的下降，对质膜过氧化的影响主要表现在使丙二醛含量增加，而丙二醛是细胞膜脂过氧化的主要产物，含量多少代表膜脂过氧化水平，高温明显促进了小麦膜脂过氧化，这必然加速细胞生物膜结构的破坏；高温胁迫还使细胞质膜相对透性增加，说明高温破坏了胞膜结构，加速了小麦植株后期衰老。小麦高温胁迫下的信号转导则主要是脱落酸（ABA）、细胞分裂素（CTK）、乙烯（ETH）等植物激素以及 Ca^{2+} 对高温胁迫的响应，由此产生对小麦生长发育的影响，高温胁迫造成小麦衰老凋亡则主要表现为叶片衰老变黄和籽粒早熟。

（三）小麦冷冻害风险

1. 低温冷害对我国的影响 低温冷害是中国主要的农业气象灾害之一，尤其是中国东北地区，1972 年的低温冷害造成了严重减产。而且随着 CO_2 浓度的升高，温度对作物产量的影响大于降水的影响。在全球变暖的背景下，作物生育期内热量资源逐年增多，这可能导致人们对低温冷害的防御程度有所下降。但是，随着作物种植界限的北移东扩和作物品种人为地由中晚熟代替早中熟，区域性或局地低温冷害的发生增加，其造成的损失也在增加。而且，随着干旱的加剧，由灌溉导致的致冷效应可能也会增加低温冷害的发生。国外关于冷害研究多集中于作物幼苗时期生理生化方面，研究内容多与如何缓解冷害胁迫等有关。20 世纪 80 年代，以中国科学院华南植物研究所为代表，中国的作物低温冷害生理机制研究取得了一定进展；20 世纪 90 年代至 21 世纪初，有关作物低温冷害监测、模拟、预警和评估的工作取得更大进展。

（1）低温冷害的定义和类型

① 低温冷害的定义。采用的温度标准不一样，低温冷害的定义也不同。较早的低温冷害定义，是在作物生育期内遇到 0 ℃以上甚至 20 ℃的低于作物所需临界温度的气温而造成减产的灾害。若在作物遭遇 0 ℃以上低温期间又遭遇寡照等情况而造成减产，也可定义为低温冷害。若在作物生育期内出现 10~23 ℃（或低于 10 ℃）的天气过程而造成作物减产的一种农业气象灾害称为冷害。从机理上定义，是在作物生育期内遇到 0 ℃以上持续性低温过程或者在后期遇到较强短时低温过程，在此阶段气温低于作物所需的生物学下限温度，最终造成减产的一种灾害，而幼苗期光照会加重低温伤害。冻害指越冬作物和果树在越冬期间或冻融交替的早春或深秋，遭遇 0 ℃以下甚至 -20 ℃的低温或者长期处于 0 ℃以下，植物因体内水分结冰或者丧失生理活力，从而造成植株死亡或部分死亡，低温是导致组织结冰而引发植株死亡的原因。地面温度或者植物体温下降到 0 ℃以下，植物体内水分冻结，代谢过程受到影响，甚至死亡，这种低温危害称为霜冻。霜冻是一种短时间的冻害，短则几分钟长则几小时都可能造成霜冻，是由组织结冰造成细胞膜损伤引起的。从上述定义和发生机理来看，冷害和冻害、霜冻是不一样的，从采用的温度标准、受害作物、受害时间和是否结冰等就可以区分它们之间的不同。

② 低温冷害的类型。从冷害形成机理上可以分为延迟型冷害、障碍型冷害及混合型冷害 3 类。延迟型冷害，是指作物在营养生长期内遇到持续低温导致积温不足，使作物无法正常成熟而减产。障碍型冷害，是指作物在生殖生长期遭受短时异常低温，使生殖器官的生理活动受到破坏而减产。混合型冷害，是指延迟型冷害和障碍型冷害均有所发生而造成减产。

从冷害发生时间可以分为前期、中期、后期和并行冷害。对于水稻，前期冷害主要发生在水稻分蘖期，若此时遭遇低温会使水稻有效分蘖减少，发育期延迟；中期冷害发生在水稻幼穗形成至抽穗开花期，此时的低温寡照天气使水稻幼穗发育受阻；后期冷害发生在水稻灌浆至成熟期，冷害使灌浆速率下降，灌浆期延长，空秕率增多，千粒重减小。并行冷害指前、中、后期冷害并发类型。按照冷害发生时间并考虑后期初霜冻的影响，冷害分别为 A、B、C、D 四类，划分标准与上述类似。考虑到其他气象因子（如日照、降水、干旱等）的影响，可将冷害分为低温寡照型、低温多雨型、低温干旱型、低温早霜型和低温型等。

低温冷冻是指在作物的主要生长发育阶段，气温降至影响作物正常生长发育甚至造成减产的灾害。小麦在孕穗期，当气温下降到 1～3 ℃时，将会有 5% 的小穗受冻不孕，扬花期气温下降至 4～6 ℃时，即有 13% 的穗部受冷害而不能结实。在小麦作物上，低温冷害主要分为障碍型冷害和延迟型冷害。

2. 低温冷害对山东的影响　山东是一个农业大省，3～5 月是全省多数农作物播种、发芽，果树开花结果的重要时期，此期间的天气对农业生产有重要影响。春季低温冷害可导致作物严重减产。通过山东省的月平均资料可发现春季低温冷害的气候特征。从表 2-10 中可以看出，1961—2002 年山东省春季（3～5 月）出现严重低温冷害的年份是：1963 年、1969 年、1970 年、1976 年、1979 年、1980 年、1985 年和 1991 年。山东省春季的每个月都可能出现严重低温冷害。3～5 月各月出现严重冷害的年份分别有 5 年、8 年、6 年。1970 年 3 月和 1963 年 5 月达到了异常低温的水平，是 1961 年以后山东省春季低温冷害最严重的月份。

表 2-10　山东省春季低温冷害年表

(1961—2002 年)

等级	7 级	8 级	9 级
3 月	1971 年、1985 年、1988 年、1991 年	1969 年	1970 年
4 月	1962 年、1963 年、1964 年、1969 年、1976 年、1980 年	1965 年、1979 年	
5 月	1972 年、1973 年、1977 年、1985 年、1990 年、1991 年		1963 年
3～5 月	1963 年、1969 年、1970 年、1976 年、1979 年、1980 年、1985 年、1991 年		

从 1961—2002 年山东省春季每个月的平均气温演变情况来看，20 世纪 70 年代 3 月的气温等级多小于 5 级，气温偏高；80 年代 3 月的气温等级多大于 6 级，明显气温偏低；到 90 年代（1991 年后），3 月未出现低温天气。20 世纪 60 年代的 4 月气温严重偏低；70 年代则冷暖交替；从 80 年代以后，4 月的气温总是偏高，连续 20 年没有出现过低温。与前两个月相同的是，从 1991 年以后，20 世纪 90 年代的 5 月也没有低温年份，但是 5 月在 20 世纪 90 年代以前还是以偏冷年份居多。

山东省春季气温变化有显著的阶段性。严重低温冷害集中出现在 20 世纪 60～80 年代，1991 年以后没有发生冷春现象，春季气温呈现变暖趋势。在严重低温冷害年，亚洲中高纬度盛行经向环流，极涡在亚洲活动面积明显偏大，强度偏强，东亚大槽位置偏西，强度也偏强。太阳黑子相对数与山东省春季气温异常关系密切。低温冷害年的太阳黑子相对数明显偏多。赤道东太平洋海温变化可以作为山东省春季气温变化的一个信号。当该区域海温由前秋和前冬偏低逐渐升温至春季偏高时，山东省可能出现冷春。

山东省农作物在 1990—2000 年，其中 1991 年、1992 年、1993 年，低温冷害的受灾面积较大，分别达到 2.39×10^5 公顷、3.18×10^5 公顷和 3.30×10^5 公顷；2000 年、2001 年、2002 年、2003 年和 2004 年，低温冷害的受灾面积更大，分别为 5.14×10^5 公顷、7.88×10^5 公顷、3.67×10^5 公顷和 2.45×10^5 公顷。

（四）风雹和台风灾害风险

风雹灾害是气象灾害的一种，在我国发生频率高、范围大，造成的农业损失也特别严重。尤其是在我国北方冬小麦生长关键期 4～6 月，正逢风雹灾害的频发期，所以风雹灾害对冬小麦的丰产丰收影响最大。

风雹天气产生于强对流天气系统，是大气的动力条件和热力条件共同作用而成。表现为高空能量积聚而形成的强烈上升气流以及中低空大气辐合而形成的丰富水汽带。就目前观测手段而言，风雹天气致灾因素表现为 3 个方面：冰雹直径、降雹时间和降雹时的风速。首先，固体雹粒由高空落下，到达地面时，获得很高速度，高速度所产生的冲量，能将冬小麦的根、茎、叶砸烂，使麦穗折断、麦粒脱落，雹粒直径越大，落地动量越大，所致灾情越重。其次，降雹的持续时间与灾情呈正比例关系，降雹时间越长，灾情越重。再次，雹云后部所产生的下击暴流，往往形成很大的风速，大风能将麦株刮倒、麦茎折断，风速越大，致灾越重。最后，也受降雹密度因子影响。

我国有 8 个省（自治区、直辖市）风雹灾情况重于全国平均水平，23 个省（自治区、直辖市）小于平均水平。其中 1 个省为特重灾，4 个省（自治区、直辖市）为重灾，3 个省份为中灾，13 个省（自治区、直辖市）为轻灾，10 个省（自治区、直辖市）为微灾。风雹灾严重的 5 个省（直辖市）依次是浙江、北京、海南、青海、河北。江西、西藏、广西、广东的风雹灾程度很轻，不到全国平均水平的 0.3 倍。从近 20 年的资料来看，山东省的风雹灾害每年都有发生，基本上是每隔一年发生比较严重。1998 年和 2001 年受灾面积分别达到 1.193×10^6 公顷和 1.076×10^6 公顷。

2016 年 9 月 11 日，山东省有滨州、淄博、日照、济南、烟台、潍坊、莱芜、临沂遭受风雹灾害。据统计，山东省受灾人口 28.6 万人，紧急转移安置人口 12 万人；农作物受灾面积 2.82 万公顷，成灾面积 1.06 万公顷，绝收面积 0.28 万公顷；倒塌房屋 7 间，严重损坏房屋 9 间，一般损坏房屋 158 间；直接经济损失 4.2 亿元，其中农业损失 4.1 亿元。

我国有 7 个省（自治区）台风灾害情况重于全国平均水平，24 个省（自治区、直辖市）小于平均水平。其中 4 个省为特重灾，1 个省为重灾，2 个省为中灾，4 个省为轻灾，20 个省（自治区、直辖市）为微灾。台风灾害严重的 5 个省（自治区）依次是浙江、海南、广东、福建、广西，都是东部和南部沿海省份。西藏、黑龙江、甘肃、河南的台风灾害程度很轻，不到全国平均水平的 0.1 倍。整个中西部各省市受灾程度均较轻微。

（五）病虫草害风险

病虫草害风险是指病、虫、杂草、鼠害等在一定环境下暴发或流行，严重破坏小麦生产的灾害统称为病虫害。一般利用病情指数和发病率来统计。从统计的资料来看，除了 1993 年、1998 年和 2000 年的病虫害受灾面积较大外，其他年份病虫害受灾面积的总体变化趋势是逐渐降低的。

我国有 10 个省（自治区、直辖市）农作物病虫害受灾情况重于全国平均水平，21 个省（自治区、直辖市）小于平均水平。其中，4 个省（直辖市）为重灾，6 个省（自治区、直辖市）为中灾，13 个省（自治区、直辖市）为轻灾，8 个省（自治区、直辖市）为微灾。农作物病虫害受灾严重的 4 个省（直辖市）依次是上海、江苏、浙江、河北。上海历年受灾最为严重，成灾指数均在 2.3 以上，即农作物病虫害受灾程度是全国平均水平的 2.3 倍以上。西藏、云南、贵州、新疆的农作物病虫害受灾程度很轻，不到全国平均水平的 0.4 倍。

我国有 16 个省（自治区、直辖市）农田草害情况重于全国平均水平，15 个省（自治区、直辖市）小于平均水平。其中，特重灾和重灾的省（自治区、直辖市）没有，16 个省（自治区、直辖市）为中灾，12 个省（自治区、直辖市）为轻灾，3 个省（自治区、直辖市）为微灾。农田草害较重的 6 个省（直辖市）依次是山东、湖南、江苏、河北、北京、浙江。山东、湖南历年受灾较重，成灾指数均在 1.4 以上，即农田草害程度是全国平均水平的 1.4 倍以上。西藏、贵州的农田草害程度很轻，不到全国平均水平的 0.4 倍。

第三章 小麦生产风险数据采集及 灾害预警指标规范

本章从小麦生产风险数据采集及灾害预警指标标准制定的意义出发，依据选择和设置小麦生产风险因子和气象灾害预警指标的基本原则，进行数据的采集与指标的制定，规范适用范围。在此基础上，提出了2个地方标准，分别为《小麦生产风险数据采集规范》和《山东小麦气象灾害预警指标》。

一、制定标准的重要意义

（一）制定小麦生产风险数据采集规范的意义

粮食生产预警是对未来粮食产量状况做出评估和预测，并提前发布预报。因此，筛选符合中国国情的粮食生产预警指标，建立一个科学合理的、包括警情指标和警兆指标在内的粮食生产指标体系，是建立粮食生产预警系统的一项基础工作。指标体系就是导向标，只有确立了指标体系，才能有效地进行基础数据的收集、分类，才能恰当地选择预警模型和设置模型变量，才能很好地对模型结果进行处理并发出预报。同时为政府决策部门及时、准确、高质量地提供具有整体性、全局性和权威性的信息产品。

由多种灾害因子造成的农作物区域产量低于预期正常产量所产生的随机不确定性，构成了粮食生产风险。影响小麦生产的外部因素主要有自然因素、市场因素、政策因素、投入因素和人为因素，内部因素主要由小麦自身的生长特性决定。可以说小麦生产是在多种因素影响下的投入产出过程，涉及微观到宏观多个层面，因而必须从多角度设置指标才能对生产状况进行衡量和评估。同时，建立科学、合理的指标体系，是开发粮食安全预警系统的一项重要工作。小麦生产风险征兆分析、小麦生产态势预报、数量预警模型变量的选择，基础数据的收集整理等均离不开指标体系。

因此，为了更好地进行小麦生产预警，有必要对影响小麦生产的风险因子进行规范化采集。标准不仅包括影响小麦生产的地形地貌、土壤条件、气候综合条件等自然和生态环境因子以及农作物生产的技术装备状况、农作物减灾防灾服务体系等方面的结构性风险因子，而且也包括政策和市场因素、农用资金投入、技术投入及栽培管理措施等。小麦是山东省最主要的粮食作物之一，在山东乃至全国范围内，小麦干旱灾害和干热风灾害发生频率均比较大。因此，重点对这两种灾害进行致灾因子的确定及等级划分，具有普遍适用性，而且标准涉及的主要技术内容均是目前的最新研究成果或国内外目前业务上使用比较普遍的技术方法。

（二）制定山东小麦气象灾害预警指标的意义

农业是风险性产业，农业气象灾害是危害农业生产最主要的自然灾害种类。当前农业气象灾害风险研究既是灾害学领域中研究的热点，又是政府当前急需且应用性较强的课题。山东省是我国第二大小麦主产区。山东小麦的产量变化，将影响省内乃至整个国家的粮食安全问题。如何对未来小麦产量状况做出评估和预测，并提前发布预报，是当前小麦生产的关键性技术问题。小麦生产除了受体制、投入、价格等因素的影响外，另一个重要因素就是气象因子。纵观我国20多年的情况来看，各种自然灾害发生的面积越来越大，对农业与粮食生产的危害程度也越来越重。分析气象灾害的发展变化规律，分析气象灾害对农业与粮食生产的危害，是粮食预警系统必不可少的内容。气象因素主要影响小麦单产，一般把小麦实际单产分为趋势单产与气象单产两部分，趋势单产主要受物质投入、科技进步等因素影响；气象单产则主要受降水、温度、光照等气象因子的影响。因此，筛选符合本地的小麦生产气象灾害预警指标，建立一个科学合理的小麦气象灾害预警指标体系，是小麦生产预警的一项基础工作。有了指标体系才能有效地进行收集、分类，才能恰当地选择预警模型和设置模型变量，才能很好地对模型结果进行处理并进行预报。同时为政府决策部门及时、准确、高质量地提供具有整体性、全局性和权威性的信息产品。

标准主要针对小麦的气象灾害预警指标进行分析，主要包括小麦干旱灾害指标及等级、小麦干热风灾害及等级、小麦冷冻害灾害及等级，对几种引起气象灾害的指标进行分析明确，然后根据综合指标确定灾害的严重程度。

二、标准制定的基本原则

一方面，要能有利于全面有效地衡量与评估小麦产量状况；另一方面，应能反映粮食生产的主要因素，以便对粮食产量态势进行预测。

三、选择和构建的指标体系的特点

1. 全面 粮食生产涉及从宏观到微观的各个层次，包含同步性的影响因素和先导性的影响因素，所选的指标要覆盖粮食生产动态变化的各方面。

2. 层次分明 指标的设置要根据粮食生产各因素之间的结构关系，归类分层。这将有利于弄清粮食生产各种影响因素间的时间序列和因果关系，谁影响谁、谁在前、谁在后，哪个是因、哪个是果，哪些是短期因素、哪些是长期因素。

3. 确定明了 每项具体指标含义明确、内容清晰。

4. 可行、易操作 指标设置充分考虑数据可得性。

四、标准适用范围

标准规定了小麦各生产风险因子的定义、表征指标及其计算方法、等级划分、数据采集的具体内容等。

标准适用于山东省小麦生产风险因子采集及气象灾害预警评估,黄淮海其他气候相近地区可参照执行。

五、小麦生产风险数据采集规范

(一)范围

该标准规定了小麦各生产风险因子的定义、表征指标及其计算方法、等级划分、数据采集的具体内容等。

该标准适用于山东省小麦生产风险预警中风险数据采集,其他黄淮海相似地区可参照执行。

(二)规范性引用文件

下列文件对于本文件的应用是必不可少的。凡是注日期的引用文件,仅注日期的版本适用于本文件。凡是不注日期的引用文件,其最新版本(包括所有的修改单)适用于本文件。

QX/T 81—2007 小麦干旱灾害等级率

(三)术语及定义

下列术语和定义适用于本标准。

1. 生产风险(production risk) 是指由于多种灾害因子造成的农作物区域产量低于预期正常产量所产生的随机不确定性。

2. 农作物生产的结构性风险因子(structural risk factors of crops production) 是指地形地貌、土壤条件、气候综合条件等自然和生态环境因子以及农作物生产的技术装备状况、农作物减灾防灾服务体系等。

3. 受灾面积(disaster area) 指因灾害造成小麦产量比正常年份减产一成以上的播种面积(含成灾、绝收面积)。如果同一地块的当季小麦多次受灾,只统计其中受灾最重的 1 次,不重复计灾。

4. 成灾面积(damaged area) 指因灾害造成小麦产量比正常年减产三成(含三成)以上的播种面积(含绝收面积)。

5. 绝收面积(failure area) 指因灾害造成小麦产量比正常年减产八成(含八成)以上的播种面积。

6. 减产率（yield reduction rate） 某年的小麦实际产量与其趋势产量的差占趋势产量的百分比，单位为百分率（%）。

7. 降水量距平百分率（percentage of precipitation anomalies） 某时段的降水量与常年同期气候平均降水量之差占常年同期气候平均降水量的百分比，单位用百分率（%）表示。

8. 经济阈值（economic threshold） 害虫的某一密度，达到此密度时应采取控制措施，否则，害虫将引起等于这一措施期望代价的期望损失。

9. 病情指数（disease index） 根据一定数目的植株或植株器官各病级（把植株或植株某一器官感染病害的轻重程度划分为等级），合计其发病株（器官）数所得平均发病程度的数值为病情指数。

（四）采集指标及方法

1. 采集指标

（1）小麦面积 小麦的播种面积、收获面积、有效灌溉面积、旱涝保收面积。

（2）小麦产量 小麦总产量、平均单产、最高单产、最低单产、产量变化率、单产变异系数。

（3）农田土壤 农田土壤的类型、质地、耕层厚度、养分含量、水分含量、微量元素含量、土壤水势、土壤容重、土壤 pH 及农田的空间地理位置。

（4）气象数据 光合有效辐射、日照时数、日最高气温、日最低气温、日平均气温、日相对湿度、日最大风速、降水量、活动积温、有效积温、作物系数和作物需水系数。

（5）生产投入及产出 活化劳动投入和物化劳动投入；农业生产需投入的其他费用；年末拥有的固定资产原值；农用资金项目情况；技术投入；农产品出口；生产效益。

（6）农业自然灾害 发生在一定区域内的干旱、洪涝、风雹、冬季冻害、倒春寒、低温冷害和雪灾、干热风等各类自然灾害。不论何种自然灾害，一旦发生即调查统计上报，主要内容包括：灾害发生时间、结束时间、受灾区域、发生频度，小麦受灾、成灾、绝收面积（公顷）及其比率，并估算因灾损失粮食产量（万吨）和直接经济损失（万元）情况，以及百株虫量、百株蚜量、百穗蚜量、米单行蜘蛛数和每平方米头数等指标调查病虫鼠害。

2. 采集方法

（1）小麦面积

① 播种面积。按全年小麦大田单作种植面积及其与其他农作物间套种植时所占比例折算之和，并与上年实际种植面积比较，分析增减情况；单位为公顷，数字精确到小数点后一位。小麦播种面积在 11 月底前以村为单位进行统

计，然后逐级进行上报，由专人负责完成。

② 收获面积。按能获得小麦产量的面积进行统计。单位为公顷，数字精确到小数点后一位。小麦收获面积在 7 月底前以村为单位进行统计，然后逐级进行上报，由专人负责完成。

③ 有效灌溉面积。统计在一般年景可以进行正常灌溉的小麦田面积。单位为公顷，数字精确到小数点后一位。以村为单位进行统计，然后逐级进行上报，由专人负责完成。

④ 旱涝保收面积。按灌溉设施的抗旱能力，应达到 30～50 天，除涝达到五年一遇以上标准，防洪一般达到二十年一遇标准的有效灌溉面积。单位为公顷，数字精确到小数点后一位。以村为单位进行统计，然后逐级进行上报，由专人负责完成。

（2）小麦产量

① 最高、最低、平均单产。按一定区域内小麦的最高、最低、平均单产统计。单位为千克/公顷，数字精确到小数点后一位。以村为单位进行统计，然后逐级进行上报，由专人负责完成。

② 总产量及其变化率。统计一定区域内小麦全部收获后实际入库的产量，并计算与上年对应产量的增减绝对值和变化率，单位为吨和百分率，数字精确到小数点后一位。以村为单位进行统计，然后逐级进行上报，由专人负责完成。

③ 减产率。粗略评估当年气象灾害减产率可采用当年小麦产量与前 3 年同期产量的平均值之比，计算公式为：

$$Y_d = \left(1 - \frac{Y}{\overline{Y}}\right) \times 100$$

式中：Y_d——小麦减产率（%）；

Y——小麦当年实际产量（千克/公顷）；

$\overline{Y}$——前 3 年同期小麦平均产量（千克/公顷），由县统计局获取。

精确评估气象灾害对小麦产量的影响，可采用较长时段逐年的实际产量偏离其趋势产量的相对气象产量的负值。

④ 单产变异系数。衡量单位面积小麦产量年际变动幅度的综合性指标。

（3）农田土壤

① 土壤类型、质地、结构及耕层厚度。按文本描述，字数不限，耕层厚度以厘米为单位。统计上报完成。通过向专家咨询，在小麦播种前进行统计上报，由专人负责完成。

② 土壤养分。调查土壤全氮的含量、碱解氮含量、全磷含量、有效磷含

量、全钾含量、速效钾含量、有机质含量。全氮、全磷、全钾及有机质单位为克/千克，碱解氮、有效磷、速效钾单位为毫克/千克，数字精确到小数点后两位，采用常规方法测定获取数据。

③ 土壤水分。土壤有效水含量、土壤含水量、土壤田间持水量、渗透系数、凋萎系数等单位均为百分率，数字精确到小数点后一位。采用常规方法测定或计算获取数据。

④ 土壤 pH。土壤 pH 是代表土壤溶液中氢离子活度的负对数，又称为土壤的活性酸度，是土壤酸性的强度指标。pH 是阳离子在土壤固相与液相之间平衡状况的综合反映。采用常规方法测定获取数据。

（4）气象数据

① 光合有效辐射。对植物光合作用有效的、集中在可见光波段的太阳辐射。其计量单位既可采用能量单位（瓦/平方米），也可采用量子单位（微摩尔·平方米·秒）。统计时间段为小麦生长季节的日、旬、月。由光合有效辐射计等仪器测量，专人负责完成。

② 日照时数。太阳在一地实际照射的时数。在一给定时间，为太阳直接辐照度达到或超过 120 瓦/平方米的各段时间总和，即每日实际存在符合日照定义时段的总和，单位为小时。统计时间段为小麦生长季节的日、旬、月。从气象部门获取数据。

③ 日最高气温、日最低气温、日平均气温。统计小麦生长季节的日最高气温、最低气温和日平均气温，单位均为摄氏度（℃）。从气象部门获取数据。

④ 相对湿度。相对湿度用 RH 表示。计算方法是：实际的空气水气压强（用 p^1 表示）和同温度下饱和水气压强（用 p^2 表示）的百分比，即 RH（%）= $p^1/p^2 \times 100$。单位为百分率。统计时间段为小麦生长季节每日的相对湿度。

⑤ 日最大风速。单位为米/秒。统计时间段为小麦生长季节。从气象部门获取数据。

⑥ 降水量。降水量的单位为毫米。统计全年的日、旬、月、年降水量。从气象部门获取数据。

⑦ 活动积温。统计全年平均气温在 5℃ 以上的温度之和，单位为摄氏度（℃）。从气象部门获取每日气温后通过计算获得该数据。

⑧ 有效积温。小麦生长的最低温度为 5℃，统计小麦各生育时期及全生育期有效温度的总和，单位为摄氏度（℃）。从气象部门获取每日气温后通过计算获得该数据。

（5）作物系数　在土壤水分充足供应的条件下，作物的实际蒸散量与作物参考蒸散量的比值。

① 作物需水系数。作物全生育期内蒸发蒸腾水量与收获的干物质量或产

量之比，单位为毫米/千克。通过计算获取数据。

② 生产投入及产出。

a. 活化劳动投入。主要统计单位面积上的投工量（日），其中包括雇工（日）、雇工费用（元）。

b. 物化投入。包括种子、肥料、农药、水电及柴油等农用物资的数量及金额。

种子。指实际播种使用的自留种子和购买种子等数量及支出。自产的按正常购买期市场价格计算，购入的按实际购买的价格计算。采集研究区域内包括典型种植大户在内的80％以上农户的单位面积种子费用。

肥料。指小麦生产过程中，所使用的化肥、复合肥、饼肥、绿肥和农作物副产品（如秸秆还田用作肥料）。化肥按实际购买价格计算；各种化肥用量必须按其有效成分含量折成纯量计算，绿肥和农作物副产品的计算按现行制度执行，核算单位为千克或元。农用物资中土杂肥、有机肥按常规中等质量以立方米计算，1立方米约为1吨。统计研究区域内，包括典型种植大户在内的80％以上农户的单位面积施用肥料情况。

农药。购买的按实际购买价格计算，自产的按市场价或成本价作价。除草剂费用计入此项。统计研究区域内，包括典型种植大户在内的80％以上农户的单位面积农药使用情况。

农业生产需要投入的其他费用。畜力费（元）、半机械化农具和机械化农具作业费用（元）、固定资产折旧及修理费（元）、土地租赁费用（元）、小农具购置费（元）及其他间接费用（元）。

农户年末拥有生产性固定资产原值。役畜、种畜、产品畜，大中型铁木农具，农业机械，运输机械，生产用房，年末拥有主要生产性固定资产，役畜头数（头）和年末役畜拥有量增长率，产品畜头（只）数（头），大中型铁木农具件数（件），农业动力机械台数（台），农业机械总动力及农业机械总动力增长率。从统计年鉴中获取数据。

农用资金项目情况。农业基本建设投资（规模）及变化率、农技推广资金、地方财政预算中支援农业支出及占地方财政总支出的比重（％）、农业贷款及占贷款余额比重、农业存款及占存款余额比重及其他支农资金。

c. 生产效益。统计生产某种产品的单位面积纯收益或单位产品纯收益。

$$每亩纯收益＝每亩总产值－亩生产成本。$$

$$单位产品纯收益＝单位产品价值－单位产品成本。$$

农产品生产效果统计内容包括小麦当季生产成本和平均每亩纯收益，并与上期比较。单位农产品价格以当季收获期市场平均价格为依据计算，或以某一特定年份和不变价格为依据计算。调查统计年鉴中农业生产资料价格分类指数表和小麦生产价格分类指数表获取各项数据。

d. 农产品出口。农产品出口包括直接生产的初级产品加工制成品、半制成品。但不包括以农产品为原料的工业产品的出口。统计内容包括产品名称、产地或企业名称、出口数量（吨）以及创汇额（万元）等。调查山东省内小麦出口的大、中、小型企业的相关情况。

e. 技术服务。

农技推广组织。指县及县以下农业技术推广组织，包括县级农技推广机构以及乡（镇）（或区、片）农技站、村级农技组织、农村经济合作组织、农村经济技术协会等，主要统计其机构设置，定编、定员情况以及基础设施、推广手段等。

科技示范。指采取综合措施，推广农业技术成果而设置的科技示范户、示范片和示范区等示范活动。统计上报内容包括科技示范项目名称、科技示范户数、科技示范面积以及要求达到的产量指标等。采集研究区域内的相关情况。

技术推广。指在一定时期内，在研究区域内现有的生产条件基础上，把增产增收效果显著的科技成果和适用技术推广应用于大面积示范、生产的活动。农业技术推广应用情况统计上报内容为：年初安排、当年预计推广应用面积、新增经济效益等。

其他指标。主要包括小麦良种覆盖率；农民家庭人口、劳动力情况及文化程度〔调查户数（户）、常住人口（人）、整半劳动力数（人）、每百劳动力中文盲/半文盲、小学人数、初中人数、高中人数、中专人数、大专以上人数〕。

3. 农业自然灾害

（1）冻害。

（2）干热风 山东省小麦干热风类型主要是高温低湿型和雨后青枯型。

（3）干旱 土壤湿度占田间持水量的百分率（%），参见 QX/T 81—2007 小麦干旱灾害的致灾因子及其量值计算。

（4）病害

① 发病率。计算公式：植株发病率＝（染病株数/调查总株数）×100%。

② 病情指数。

（5）虫害

① 百株虫量。利用百株虫量进行虫口密度统计：百株虫量＝（查得虫量/调查株数）×100%。

② 百株（穗）蚜量。利用百株蚜量和百穗蚜量进行蚜虫数量统计。百株（穗）蚜量＝〔查得虫量/调查株（穗）数〕×100%。具体调查方法采用小麦蚜

虫测报调查规范（NY/T 612—2002）。

③ 米单行蜘蛛数。利用米单行蜘蛛数进行小麦红蜘蛛数量统计，即小麦单行 1 米长度范围内红蜘蛛的数量。

④ 每平方米头数。利用每平方米头数进行地下害虫数量统计，即统计 1 平方米范围内某一种或几种地下害虫的数量。

4. 生产管理 按小麦各生态区的种植方式采集，统计单位面积上的生产管理情况。

（1）种子 包括用种量的确定及播种前种子处理（包括晾晒及农药拌种）。

（2）施肥 包括肥料类型、施肥方法（基肥施用方法和追肥施用方法）、肥料用量（单位面积上所用肥料的施用量，单位是千克/公顷）。

（3）灌溉 确定小麦的灌水次数、灌水时间、灌水定额等。计算小麦水分利用率，单位为克/千克。

（4）主要病虫草鼠害 根据小麦的病虫草害种类，确定用药种类及用量、用药时间、用药方法、用药次数。主要调查小麦纹枯病、赤霉病、条锈病、白粉病、叶锈病、根腐病、黑穗病、吸浆虫、麦叶蜂、麦蚜虫、麦蜘蛛、地下害虫、杂草及鼠害情况。

（五）小麦减产率的计算方法

小麦减产率计算采用逐年的实际产量偏离其趋势产量的相对气象产量的负值，计算公式为：

$$y_w = (y - y_t)/y_t \times 100 \quad (y < y_t)$$

式中：y_w——小麦减产率，单位为百分率（％）；

y——小麦实际产量，单位为千克/公顷（kg/hm²）；

y_t——小麦趋势产量，单位为千克/公顷（kg/hm²）。

小麦趋势产量的计算参见《小麦干旱灾害等级》（QX/T 81—2007）中附录 B。

（六）小麦单产变异系数的计量经济学模型

将历年小麦单产对时间趋势 t 做回归，并记录残差 $\ddot{y}_t$。则

$$Y = f(t)$$

式中：Y——小麦单产水平；

T——年数；

$f(t)$——小麦单产与时间趋势的二次式函数关系式。

$\ddot{y}_t = y - y_t$ 为剔除了时间趋势的产量，可以利用其计算小麦单产的波动水平，即变异系数（CV）。

$$CV = \sqrt{\sum (y - y_t)^2/(T-1)}/\bar{y}$$

式中：y——小麦实际产量，单位为千克/公顷（kg/hm²）；

y_t——小麦趋势产量，单位为千克/公顷（kg/hm²）；

T——年数；

$\bar{y}$——小麦平均产量，单位为千克/公顷（kg/hm²）。

趋势产量的计算参见小麦干旱灾害等级（QX/T 81—2007）中附录 B。

（七）空气相对湿度的计算方法

1. 相对湿度的计算公式 空气相对湿度用 RH 表示。计算公式为：

$$RH（\%）=e_a/e_s\times100$$

式中：e_a——实际水汽压，单位为百分率（%）；

e_s——饱和水汽压，单位为百分率（%）。

2. 实际水汽压（e_a） 实际水汽压计算公式：

$$e_a=e^0(T_{dew})=0.618\times\exp\left[\frac{17.27T_{dew}}{T_{dew}+273.3}\right]$$

式中：e_a——实际水汽压露点温度 T_{dew}（℃）下的饱和水汽压，单位为千帕（kPa）。

3. 饱和水汽压（e_s） 饱和水汽压与气温相关，计算公式：

$$e^0(T)=0.618\times\exp\left[\frac{17.27T_{dew}}{T+273.3}\right]$$

式中：$e^0(T)$——气温为 T 时的饱和水汽压，单位为千帕（kPa）；

T——空气温度，单位为摄氏度（℃）。

由于饱和水汽压方程的非线性，日、旬、月等时间段的平均饱和水汽压应当以那个时段的日最高气温、日最低气温计算出来的饱和水汽压的平均值来计算：

$$e_s=\frac{e^0(T_{\max})+e^0(T_{\min})}{T+273.3}$$

式中：$T_{\max}$——日最高气温，单位为摄氏度（℃）；

$T_{\min}$——日最低气温，单位为摄氏度（℃）。

（八）作物系数（Kc）的计算方法

作物系数（Kc）是计算农田实际蒸散量的重要参数之一，其基本定义为在土壤水分充分供应时，作物的实际蒸散量（ET_m）与可能蒸散量（ET_0）的比值。作物系数通常是采用田间试验的方法确定，作物的实际蒸散量和可能蒸散量都是用仪器测定得到的，由于不同的气候区、不同的作物以及作物生长的不同阶段，作物的实际蒸散量是不同的，因此作物系数也是不同的，有条件的地区可以根据实验数据来确定本地的作物系数，无条件地区，可以根据下式的方法确定：

$$Kc=\frac{ET_m}{ET_0}$$

式中：ET_m——实际蒸散量；

　　　ET_0——可能蒸散量。

小麦不同生育阶段的作物系数 Kc 值见附表 3-1。

表 3-1　小麦不同生育阶段的作物系数 Kc 值

时段	初期阶段	前期阶段	中期阶段	后期阶段	收获期	全生育期
界定	从发芽到覆盖土地 10%	从覆盖土地 10%到80%	从覆盖土地 80% 到 开 始成熟	从开始成熟到收获		
取值	0.3~0.4	0.7~0.8	1.05~1.20	0.65~0.75	0.20~0.25	0.8~0.9

注：取值第一个数字表示高湿（最小相对湿度＞70%）和弱风（风速＜5 米/秒）条件下；第二个数字表示低湿（最小相对湿度＜20%）和弱风（风速＞5 米/秒）条件下。

（九）小麦冻害

1. 冻害分类指标　小麦冻害分为冬季冻害（小麦进入冬季后至越冬期间由于寒潮降温引起的冻害）、低温倒春寒（小麦在过了"立春"节气进入返青拔节这段时期，因寒潮到来降温，地表温度降到 0 ℃以下，发生的霜冻危害）和低温冷害（小麦生长发育进入孕穗阶段，因遭受℃以上低温发生的危害称为低温冷害）。

2. 指标计算方法　选取抗寒锻炼天数、冬季负积温、入冬最大降温幅度、冬季极端最低温度和返青期最低温度 5 个气象因子来综合评价山东省冬麦区小麦的冻害风险，并赋以权重分别为 30%、25%、20%、15%和 10%。

（1）抗寒锻炼天数　用 5 日滑动平均法确定滑动通过 5 ℃、0 ℃的日期，算出之间间隔的天数，即为抗寒锻炼天数。

（2）冬季负积温　整个冬季低于 0 ℃的逐日平均气温累加之和（滑动通过0 ℃之前以及滑动回升到 0 ℃之后的负积温往往危害更大，也应计算在内）。

（3）入冬最大降温幅度　以日期为横坐标，各个站点的日平均气温为纵坐标画出气温变化折线图，找出入冬前后（滑动通过 0 ℃以后），一次天气过程降温幅度较大的几天，算出其最高与最低之间的差值，即为入冬最大降温幅度。

（4）冬季极端最低温度　越冬期间（滑动通过 0 ℃到滑动回升至 0 ℃期间）出现的逐日最低气温的极端最低值。

（5）返青期最低温度　以日期为横坐标，各个站点的日平均气温为纵坐标画出气温变化折线图。找出春季回暖以后（滑动回升到 0 ℃以后，进入返青期）由于寒潮或者冷空气入侵造成的降温幅度较大的一天，以其降到的低温值作为返青期最低温度。

(十) 小麦干热风灾害

我国小麦干热风主要分为高温低湿型、雨后青枯型、旱风型3种类型，山东省小麦干热风主要是前两种类型。

采用日最高气温、14时相对湿度和14时风速组合确定干热风指标，见表3-2～表3-5。

表3-2 高温低湿型干热风等级指标

区域	时段	天气背景	轻干热风			重干热风		
			日最高气温（℃）	14时相对湿度（%）	14时风速（米/秒）	日最高气温（℃）	14时相对湿度（%）	14时风速（米/秒）
黄淮海冬麦区	在小麦扬花灌浆过程中都可能发生，一般发生在小麦开花后20天左右至蜡熟期	温度突升，空气湿度骤降，并伴有较大的风速	≥32	≤30	≥3	≥35	≤25	≥3

表3-3 雨后青枯型干热风指标

区域	时段	天气背景	日最高气温（℃）	14时相对湿度（%）	14时风速（米/秒）
北方麦区	小麦灌浆后期，成熟前10天内	有1次小至中雨或中雨以上降水过程，雨后猛晴，温度骤升	≥30	≤40	≥3

注：雨后3天内有1天同时满足表3-3中的指标。

根据干热风指标判定干热风日，用干热风天气过程中出现的干热风日等级天数组合取得过程等级，用过程等级组合确定年型的轻重。

表3-4 干热风天气过程等级指标

等级	指　　标
重	连续出现≥2天重干热风日
轻	在1次干热风天气过程中出现2天不连续重干热风日，或1个重日加2个以上轻日；除重干热风天气过程所包含的轻干热风日外，连续出现≥2天轻干热风日；连续2天1轻1重干热风日，或出现1天重干热风日

表 3-5　干热风年型等级指标

等级	指标	危害参考值
重	1年中有2次以上重干热风过程，或2轻1重，或4次以上轻过程 过程中重干热风日连续4天以上，或轻干热风日连续7天以上	小麦千粒重一般下降1克以上，减产10%～20%或20%以上
轻	1年中有2次以上轻干热风过程，或1次重过程，或轻干热风连续≥4天	小麦千粒重一般下降2～4克，减产5%～10%。

（十一）病情指数

病情指数（DI）计算公式为：

$$DI = \frac{\sum\limits_{i=0}^{n}(y_i \times i)}{\sum\limits_{i=0}^{n} y_i \times i_{\max}} \times 100$$

式中：DI——病情指数；

　　　y_i——各级病（株）数，单位为株；

　　　　i——各级值；

　　　n——各级病（株）分类数。

（十二）小麦生产信息采集汇报表式

见表 3-6～表 3-19。

表 3-6　小麦作物种植面积统计（公顷）

项　　目	播种面积	收获面积	有效灌溉面积	旱涝保收面积
面积				
比上年实际增减情况				

表 3-7　小麦产量统计

项目	总产量（吨）	最高单产（千克/公顷）	最低单产（千克/公顷）	平均单产（千克/公顷）	比上年增减绝对值（吨）	比上年增减变化率（%）
数值						

表 3-8 农田空间信息及土壤调查

项目		内容
农田空间信息	海拔高度（米）	
	经度	
	纬度	
土壤类型		
土壤质地		
土壤耕层厚度（厘米）		
土壤养分含量（%）	全氮	
	碱解氮	
	全磷	
	有效磷	
	全钾	
	速效钾	
	有机质	
	微量元素	
土壤水分（%）	有效水含量	
	饱和含水量	
	质量含水量	
土壤水势（帕）		
土壤水溶性盐含量（%）		
土壤容重（克/立方厘米）		
土壤 pH		

表 3-9 气象信息统计

全年指标	内容	生长季节指标		内容
活动积温		积温	有效积温（℃）	
		日指标	光合有效辐射〔微摩尔/（平方米·秒）〕	
			日照时数（时）	
			最高气温（℃）	
			最低气温（℃）	
			平均气温（℃）	
			大气相对湿度（%）	
			最大风速（米/秒）	
			日降水量（毫米）	

（续）

全年指标	内容	生长季节指标		内容
活动积温		旬指标	光合有效辐射［微摩尔/（平方米·秒）］	
			日照时数（时）	
			最高气温（℃）	
			最低气温（℃）	
			平均气温（℃）	
			旬累积降水量（毫米）	
		月指标	光合有效辐射［微摩尔/（平方米·秒）］	
			日照时数（时）	
			最高气温（℃）	
			最低气温（℃）	
			平均气温（℃）	
			月累积降水量（毫米）	
作物系数				
作物需水系数				

表 3-10　小麦亩生产投入

分类	项目	内容
活化劳动投入	投工量（日）	
	雇工（日）	
	雇工费用（元）	
物化投入	种子用量（千克）	
	种子费用（元）	
	化肥费用（元）	
	农家肥折价（元）	
	农药费用（元）	
	水电费用（元）	
	畜力费（元）	
	饲草饲料费用（元）	
	机械作业费（元）	
	固定资产折旧及修理费（元）	

（续）

分类	项目	内容
物化投入	土地租赁费用（元）	
	半机械化农具（元）	
	机械化农具作业费用（元）	
	小农具购置费（元）	
	其他间接费用（元）	

表 3-11　年末拥有主要生产性固定资产

项目		内容
役畜头数（头）和年末役畜拥有量增长率（%）		
产品畜头数（头）		
大中型铁木农具件数（件）		
农业动力机械台数（台）		
农业机械总动力及农业机械总动力增长率（%）	耕作机械	
	农用排灌机械	
	收获机械	
	植保机械	
	农产品加工机械	
	农用运输机械	
	其他农用机械	

表 3-12　农用资金项目情况

项目	内容
农业基本建设投资（规模）及变化率（%）	
农技推广资金（万元）	
地方财政预算中支援农业支出（万元）	
农业贷款（万元）	
农业存款（万元）	
其他支农资金（万元）	

表 3 - 13　每亩生产效益调查表

指标	内容
主产品产量（千克）	
主产品产值（元）	
副产品产值（元）	
总成本（元）	
生产成本（元）	
物质与服务费用（元）	
人工成本（元）	
家庭用工折价（元）	
雇工费用（元）	
土地成本（元）	
流转地租金（元）	
自营地折租（元）	
用工数量（日）	
主产品出售数量（千克）	
主产品出售产值（元）	
商品率（%）	
补贴收入（元）	
成本外支出（元）	
净利润（元）	
现金成本（元）	
现金收益（元）	
成本利润率（%）	

表 3 - 14　小麦生产价格分类指数

农业生产资料价格分类指数（以上年为100）	内容	小麦产品价格分类指数（以上年同期价格为100）	内容
农用手工工具		一季度	
饲料		上半年	
产品畜		前三季度	
半机械化农具		全年	
机械化农具			
化学肥料			

(续)

农业生产资料价格分类指数 （以上年为100）	内容	小麦产品价格分类指数 （以上年同期价格为100）	内容
氮肥			
磷肥			
钾肥			
复合肥料			
农药及农药械			
化学农药			
农药器械			
农用机油			
其他农业生产资料			
农业生产服务			
排灌费			
机械作业费			

表 3－15　农产品出口

项目	统计内容
产品名称	
产地或企业名称	
出口数量（吨）	
创汇额（万元）	

表 3－16　技术服务

分类	指标	机构设置	定编（人）	定员（人）	基础设施	推广手段
农技推广组织	县级农技推广中心					
	乡镇（或区、片）农技站					
	村级农技组织					
	农村经济合作组织					
	农村经济技术协会					
	山东省老科学技术工作者协会 （包括各市老科学技术工作者协会）					

(续)

分类	指标	机构设置	定编（人）	定员（人）	基础设施	推广手段
科技示范	科技示范项目名称					
	科技示范户数					
	科技示范面积					
	要求达到的产量指标					
技术推广	年初安排					
	当年预计推广应用面积					
	新增经济效益					
	新增经济效益与上年实际进行比较					

表 3–17 农民家庭人口、劳动力情况及文化程度

项目		内容
户数（户）		
常住人口（人）		
整半劳动力数（人）		
每百劳动力中	文盲/半文盲人数（人）	
	小学人数（人）	
	初中人数（人）	
	高中人数（人）	
	中专人数（人）	
	大专以上人数（人）	

表 3–18 农业自然灾害统计

项目		干旱	洪涝	风雹	冻害	干热风	病虫草鼠害
发生时间（年-月-日-时-分）							
结束时间（年-月-日-时-分）							
发生地点							
发生频度（次）							
受灾	面积（公顷）及比率（%）						
	损失产量（吨）						
	直接经济损失（元）						
成灾	面积（公顷）及比率（%）						
	损失产量（吨）						
	直接经济损失（元）						

（续）

项目		干旱	洪涝	风雹	冻害	干热风	病虫草鼠害
绝收	面积（公顷）及比率（%）						
	损失产量（吨）						
	直接经济损失（元）						
经济阈值							
病情指数		—	—	—	—	—	
发病率（%）		—	—	—	—	—	
百株虫量（头）		—	—	—	—	—	
百株蚜量（头）		—	—	—	—	—	
百穗蚜量（头）		—	—	—	—	—	
米单行红蜘蛛数（头）		—	—	—	—	—	
头/平方米		—	—	—	—	—	

表 3-19　小麦种植方式调查

种植方式	种植区域	种植面积（公顷）	平均单产（千克/公顷）	总产量（吨）
水浇地小麦栽培				
小麦精播高产栽培				
旱地小麦栽培				
晚茬麦栽培				
稻茬麦栽培				
盐碱地小麦栽培				
小麦间套复种				
小麦套种玉米				
小麦套种棉花				
小麦、油料间套复种				
小麦与蔬菜及瓜果的间套复种				

表 3-20　小麦种子准备、施肥决策及灌溉管理

项目	指标	内容
种子管理	用种量的确定	
	播种前种子处理	
施肥管理	肥料类型	
	施肥方法	
	肥料用量	

(续)

项目	指标	内容
灌溉管理	灌水次数	
	灌水时间	
	灌水定额	
	水分利用率（克/千克）	

表 3 - 21　小麦常见病虫草鼠害管理

种类	药剂种类	用量	方法	次数	综合措施
小麦纹枯病					
小麦赤霉病					
小麦白粉病					
小麦条锈病					
小麦叶锈病					
小麦根腐病					
小麦蚜虫					
小麦红蜘蛛					
小麦吸浆虫					
麦叶蜂					
黑穗病					
地下害虫					
小麦杂草					
鼠害					

六、山东省小麦气象灾害预警指标

（一）范围

本标准规定了小麦各生产风险因子的定义、表征指标及其计算方法、等级划分、数据采集的具体内容等。

本标准适用于山东省小麦气象灾害预警评估，黄淮海其他气候相近地区可参照执行。

（二）规范性引用文件

下列文件对于本文件的应用是必不可少的。凡是注日期的引用文件，仅注日期的版本适用于本文件。凡是不注日期的引用文件，其最新版本（包括所有的修改单）适用于本文件。

QX/T 81—2007 小麦干旱灾害等级

QX/T 82—2007 小麦干热风灾害等级

(三) 术语及定义

下列术语和定义适用于本文件。

1. 生产风险（production risk） 由于多种灾害因子造成的农作物区域产量低于预期正常产量所产生的随机不确定性。

2. 最高温度（maximum temperature） 一定时段内空气温度的最高值，单位为摄氏度。常用的有日最高温度、月最高温度和年极端最高温度。

3. 相对湿度（relative humidity） 在当时温度下空气中实际水汽压与饱和水汽压的比值，单位为百分率。

4. 风速（wind speed） 空气水平移动所经过的距离与其所用时间的比值，单位为米/秒。

5. 干热风日（day of dry‐hot wind for wheat） 在小麦扬花灌浆期间，某日内实际观测到的气象要素组合达到干热风发生的条件要求。

6. 小麦干热风灾害（disaster of dry‐hot wind for wheat） 在小麦扬花灌浆期间出现的一种高温低湿并伴有一定风力的灾害性天气，它可使小麦失去水分平衡，严重影响各种生理功能，使千粒重明显下降，导致小麦显著减产。

7. 小麦干热风类型（type of dry‐hot wind for wheat） 根据干热风气象要素组合对小麦的影响和危害的差异，对小麦干热风所作的分类。

8. 干热风天气过程（weather process of dry‐hot wind for wheat） 在小麦扬花灌浆期间，一次天气过程中出现1个或1个以上的干热风日。

9. 小麦干旱灾害（drought disaster of wheat drought disaster on wheat） 由于土壤干旱或大气干旱，小麦根系从土壤中吸收到的水分难以补偿蒸腾的消耗，使植株体内水分收支失衡，小麦正常生长发育受到严重影响乃至部分死亡，并最终导致减产和品质降低的现象。

10. 生育阶段的有效降水量（effective precipitation during the growing stage） 小麦某一生育阶段内，自然降水实际补充为小麦根层土壤中的净水量，以毫米表示。

11. 降水量（precipitation） 从天空降落到地面上的液态或固态（经融化后）水，未经蒸发、渗透、流失，而在水平面上积聚的深度。

12. 作物系数（crop coefficient） 小麦在不同发育期中的需水量与可能蒸散量之比值。

13. 小麦需水系数（crop evapotranspiration coefficient） 小麦全生育期内蒸发蒸腾水量与收获的干物质量或产量之比。

14. 生育阶段的土壤有效底墒（effective soil moisture during the growing stage)　小麦某一生育阶段内麦田 0～100 厘米土层中凋萎湿度以上的土壤含水量，单位为毫米。

15. 生育阶段的需水量（water requirement during the growing stage）　小麦获得高产时某一生育阶段的植株蒸腾、棵间蒸发以及构成植株体的水量之和，单位为毫米。

16. 小麦需水临界期（critical period of wheat water requirement）　小麦全生育期中因需水得不到满足，最易影响生长发育并导致减产幅度最大的时期。

17. 作物水分亏缺指数（crop water deficit index）　外界水分不能满足作物需水量的部分占作物需水量的比值，以百分率表示。

18. 生育阶段的自然供水量（natural water supply during the growing stage）　小麦某一生育阶段内的土壤有效底墒水、有效降水量及地下水供给量之和，单位为毫米。

19. 降水量距平百分率（percentage of precipitation anomaly）　某时段的降水量与常年同期气候平均降水量之差占常年同期气候平均降水量的百分比，单位用百分率（%）表示。

20. 气候平均值（climatic normal）　气象要素 30 年或 30 年以上的平均值。本标准根据 WMO 有关规定取最近三个年代的平均值作为气候平均值。如 2001—2010 年期间，气候平均值取 1971—2000 年共 30 年的平均值。

21. 气候适宜降水量　[climatically appropriate for existing conditions precipitation（CAFEC precipitation）]　保持与某地区已确定的水分利用相适应的水资源所需要的降水量，单位为毫米。

22. 洪涝灾害（flood disaster）　由于强降水、冰雪融化、冰凌、堤坝溃决、风暴潮等原因引起江河湖泊及沿海水量增加、水位上涨而泛滥以及山洪暴发所造成的灾害称为洪水灾害；因大雨、暴雨或长期降水过于集中而产生大量的积水和径流，排水不及，致使土地等渍水、受淹而造成的灾害称为雨涝灾害。由于洪水灾害和雨涝灾害往往同时或连续发生在同一地区，有时难以准确界定区别，所以常统称为洪涝灾害。

23. 风雹灾害（wind and hail disasters）　强对流发展成积雨云后出现狂风、暴雨、冰雹、龙卷风、雷电等所造成的灾害，因有时难以区别界定，统称为风雹灾害。沙尘暴所造成的灾害，也一并计入风雹灾害。

24. 晚霜冻害（late frost disaster）　晚霜冻害是指在冬小麦拔节期内，出现气温低于 0 ℃或叶面温度低于−4 ℃时，就可能遭受霜冻害，但拔节后的日数不同，冬小麦的耐寒能力也不同，则其受害程度、部位和症状也不同。其中以拔节后 10～15 天小麦雌雄蕊分化期耐寒能力最差（即低温敏感期），此时出现低温，则受冻最重。

（四）小麦干旱灾害预警指标及其量值计算

1. 总则

（1）本标准所制订的小麦干旱灾害等级，采用相对变化指标，具有普遍适用性。同时对于小麦干旱灾害比较严重的山东麦区，编制了一套计算比较简便的等级指标，形成统一配套体系，以方便不同用户的使用。标准涉及的主要技术内容均是目前的最新研究成果或国内外目前业务上使用比较普遍的技术方法，经适应性修正，确定了小麦干旱灾害等级指标。

（2）选取小麦生育阶段的作物水分亏缺率、降水量负距平百分率作为小麦干旱灾害预警的致灾因子。

2. 作物水分亏缺率

（1）总则

① 依据农田水分平衡原理，小麦某一生育阶段的水分亏缺率可以描述为小麦生育阶段的自然供水量与需水量的差占需水量的百分比。

② 小麦某一生育阶段的作物水分亏缺率计算见下式：

$$G = \frac{W-E}{E} \times 100\%$$

式中：G——小麦生育阶段的水分亏缺率，单位为百分率（%）；

　　　　W——小麦生育阶段的自然供水量，单位为毫米（mm）；

　　　　E——小麦生育阶段的需水量，单位为毫米（mm）。

（2）小麦生育阶段的需水量

① 小麦某一生育阶段的需水量计算见下式：

$$E = K_C \times ET_0$$

式中：K_C——作物系数，小麦不同生育阶段的取值见表 3-1，全生育期平均 K_C 取 0.85；

　　　　ET_0——可能蒸散量，采用联合国粮农组织推荐的 FAO Penman - Monteith 公式求得，单位为毫米。

② 山东地区不同年型小麦全生育期的需水量见表 3-22。

表 3-22　山东地区不同年型小麦全生育期的需水量

年型	需水量（毫米）
干旱年	375~750
平水年	330~600
湿润年	300~525

（3）小麦生育阶段的自然供水量

① 总则。小麦某一生育阶段的自然供水量（W）包括三部分：生育阶段内的土壤有效底墒、有效降水量和地下水供给量。计算式为：

$$W=W_1+W_2+W_3$$

式中：W_1——小麦生育阶段内的土壤有效底墒，单位为毫米（mm）；

　　　W_2——小麦生育阶段内的有效降水量，单位为毫米（mm）；

　　　W_3——小麦生育阶段内的地下水供给量，单位为毫米（mm）。

② 小麦生育阶段内的土壤有效底墒（W_1）。小麦生育阶段内某一厚度土层的土壤有效底墒计算见下式：

$$W_1=(W_t-W_d)\times\rho\times h\times0.1$$

式中：W_t——小麦生育阶段开始时的实际土壤湿度，单位为百分率（%）；

　　　W_d——凋萎湿度，单位为百分率（%）；

　　　ρ——土壤容重，单位为克/立方厘米（g/cm³）；

　　　h——土层厚度，单位为厘米（cm）；

　　　0.1——单位换算系数。

③ 小麦生育阶段内的有效降水量（W_2）。

a. 自然降水中实际补充到小麦根层土壤水分的部分，计算见下式：

$$W_2=P-V-Q-F$$

式中：P——实际降水量，单位为毫米（mm）；

　　　V——植物截留量，单位为毫米（mm）；

　　　Q——径流量，单位为毫米（mm）；

　　　F——深层渗漏量，单位为毫米（mm）。

b. 在微雨的情况下，植物截留量可达 3 毫米左右。在山东地区，小麦生育期内降水量较小，强度也不大，故忽略径流量、深层渗漏量和植被截留量，近似取小麦全生育期的降水量为有效降水量。

c. 小麦生育阶段内的地下水供给量（W_3）。

地下水进入小麦根层中的水量。小麦根层部界面上下某一厚度的地下水供水量（W_3）计算公式为：

$$W_b=(W_x\pm\rho_x-W_s\times\rho_s)\times h\times0.1$$

当 $W_b<0$ 时，$W_3=0$；当 $W_b>0$ 时，见下式：

$$W_3=(W_{i+1}-W_i)\times\rho_s\times h\times0.1$$

式中：W_b——小麦根层底部界面下层与上层土壤含水量的差，单位为毫米（mm）；

　　　ρ_x——小麦根层底部界面下层的土壤容重，单位为克/立方厘米（g/cm³）；

W_x——小麦根层底部界面下层的土壤湿度，单位为百分率（%）；

W_s——小麦根层底部界面上层的土壤湿度，单位为百分率（%）；

ρ_s——小麦根层底部界面上层的土壤容重，单位为克/立方厘米（g/cm³）；

h——土层厚度，上下层取值相同，单位为厘米（cm）；

W_i——第 i 时刻小麦根层底部界面上层的土壤湿度，单位为百分率（%）；

W_{i+1}——第 $i+1$ 时刻小麦根层底部界面上层的土壤湿度，单位为百分率（%）。

对于北方麦区，在实际计算小麦供水量时，地下水供水量可忽略不计。

3. 降水量负距平百分率 小麦生育阶段的降水量与常年同期气候平均降水量的差值占常年同期气候平均降水量的百分率的负值，是表征小麦生育阶段降水量较常年值偏少的方法之一，能直观反映降水异常引起的小麦干旱。某一站点小麦某一生育阶段的降水量负距平百分率计算见下式：

$$P_a = \frac{P - \bar{P}}{\bar{P}} \times 100\%$$

式中：P_a——小麦生育阶段的降水量负距平百分率，单位为百分率（%）；

P——小麦生育阶段的降水量，单位为毫米（mm）；

$\bar{P}$——同期气候平均降水量，单位为毫米（mm）。

4. 小麦干旱灾害等级 依据小麦主要发育期、全生育期的作物水分亏缺率、降水量负距平百分率，确定小麦干旱等级指标（表3-23）；其中作物水

表 3 - 23　小麦干旱灾害等级指标

因子	时段	等级			
		轻旱	中旱	重旱	严重干旱
作物水分 亏缺率 (G,%)	全生育期	$G<15$	$15 \leqslant G<30$	$30 \leqslant G<50$	$G \geqslant 50$
	播种期	$G<40$	$4 \leqslant G<50$	$50 \leqslant G<60$	$G \geqslant 60$
	拔节—抽穗期	$G<15$	$15 \leqslant G<45$	$45 \leqslant G<70$	$G \geqslant 70$
	灌浆—成熟期	$G<20$	$20 \leqslant G<35$	$35 \leqslant G<45$	$G \geqslant 45$
降水量负距平 百分率（P_a,%）	全生育期	$P_a<15$	$15 \leqslant P_a<35$	$35 \leqslant P_a<55$	$P_a \geqslant 55$
	播种期	$P_a<40$	$40 \leqslant P_a<60$	$60 \leqslant P_a<80$	$P_a \geqslant 80$
	拔节—抽穗期	$P_a<30$	$30 \leqslant P_a<65$	$P_a \geqslant 65$	
	灌浆—成熟期	$P_a<35$	$35 \leqslant P_a<55$	$P_a \geqslant 55$	

分亏缺率、降水量负距平百分率均适用于山东麦区，将小麦干旱灾害等级分为
轻旱、中旱、重旱、严重干旱四级。表3-24给出了小麦全生育期不同干旱等
级相应减产率的参考值。

表3-24　小麦干旱灾害等级对应减产率参考值

时段	因子	等级				适用麦区
		轻旱	中旱	重旱	严重干旱	
全生育期	作物水分亏缺率（G,%）	$G<15$	$15 \leqslant G<30$	$30 \leqslant G<50$	$G \geqslant 50$	全国麦区
	降水量负距平百分率（P_a,%）	$P_a<15$	$15 \leqslant P_a<35$	$35 \leqslant P_a<55$	$P_a \geqslant 55$	北方麦区
	减产率（y_w,%）	$y_w<10$	$10 \leqslant y_w<20$	$20 \leqslant y_w<30$	$y_w \geqslant 30$	全国麦区

（五）小麦干热风灾害预警指标及其量值计算

1. 总则　小麦干热风是一种高温、低湿并伴有一定风力的灾害性天气，
在山东麦区产量形成关键期极易发生。危害轻的年份，减产在10%以下，危
害重的年份减产在10%～20%或20%以上。各地在进行小麦干热风灾害监测、
预警和评估时，选择的致灾因子、确定的等级指标差异较大，时空可比性较
差，不利于国家农业防灾减灾对策的制定和实施。

2. 不同类型的小麦干热风指标　山东省小麦干热风主要是高温低湿型，
采用日最高气温、14：00相对湿度和14：00最大风速组合确定干热风指标，在
小麦扬花灌浆过程中都可能发生，一般发生在小麦开花后20天左右至蜡熟期。
干热风发生时温度突升，空气湿度骤降，并伴有较大的风速，发生时最高气温
可达32℃以上，甚至可达37～38℃，相对湿度可降至25%～35%或25%以
下，风速在3米/秒或4米/秒以上，小麦受害症状为干尖炸芒，呈灰白色或青
灰色，造成小麦大面积干枯逼熟死亡，产量显著下降。根据表3-2可确定黄
淮海冬麦区干热风等级。

3. 空气相对湿度　空气相对湿度为实际观测值。

4. 干热风年型等级指标　根据干热风指标判定干热风日，用干热风天气
过程中出现的干热风日等级天数组合取得过程等级，用过程等级组合确定年型
的轻重。

（六）小麦冻害指标

1. 冻害分类　山东地区易发生初冬冻害、越冬期冻害、早春冻害和晚霜
冻害。

（1）初冬冻害　一般由骤然强降温引起，常称为初冬温度骤降型冻害。11
月中下旬至12月中旬，最低气温骤降10℃左右，达−10℃以下，持续2～3
天，小麦的幼苗未经过抗寒性锻炼，抗冻能力较差，极易形成初冬冻害。

（2）越冬期冻害　是小麦越冬期间（12月下旬至翌年2月中旬）持续低

温（多次出现强寒流）或越冬期间因天气反常造成冻融交替而形成的小麦冻害。一般分为冬季长寒型和交替冻融型两种类型，冬季长寒型是由于长期受严寒天气的影响而导致的小麦地上部严重枯萎甚至成片死苗；交替冻融型是进入越冬期的麦苗因气温回升而恢复生长，抗寒力下降，又遇到强降温而形成的冻害。当冬季有两个月以上平均气温比常年偏低 2 ℃以上，最低气温在−15～−13 ℃的天数较多，无积雪麦田及积雪不稳定地区，易发生冬季长寒型冻害。

（3）早春冻害　是指小麦返青至拔节期间（2 月下旬至 3 月中旬）发生的冻害。返青后麦苗植株生长加快，抗寒力明显下降，如遇寒流侵袭则易造成冻害，此类冻害发生较为频繁且程度较重，是黄淮麦区的主要冻害类型。

（4）晚霜冻害　是小麦在拔节至抽穗期间（3 月下旬至 4 月中旬）发生的霜冻冻害。这一阶段小麦生长旺盛，抗寒力很弱，对低温极为敏感，若遇气温突然下降，极易形成霜冻冻害。形成的原因主要是由于气温回暖后又突然下降形成的霜冻。

2. 冻害指标　本标准从最低气温、最低地温、最低叶温 3 个方面给出小麦冻害指标。利用公式和多年数据库资料计算逐日 I 值，可得到每站逐年冻害指数 I 的最大值（定义为该年的晚霜冻害发生强度）和 I 达到冻害的天数（定义为该年的晚霜冻害发生天数）。晚霜冻害发生强度与发生天数可反映出当地晚霜冻害的发生情况（表 3-25）。

$$I = f(\Delta d) + g(T_{min})$$

式中：Δd——距小麦拔节期的天数；

　　$f(\Delta d)$——与 Δd 有关的分段函数；

　　　T_{min}——逐日最低气温；

　　$g(T_{min})$——与 T_{min} 有关的分段函数。

小麦未进入拔节期则 $\Delta d < 0$，拔节后则 $\Delta d > 0$；$f(\Delta d)$ 和 $g(T_{min})$ 分段取值见表 3-26。

表 3-25　不同程度的晚霜冻害指标（℃）

项　目		小麦拔节后天数（天）			
		1～5	6～10	11～15	16 以上
轻度	最低气温	−1.5～−2.5	−0.5～−1.5	0.5～−0.5	1.5～0.5
	最低地表地温	−3.1～−4.1	−2.1～−3.1	−1.1～−2.1	0～−1.1
	最低叶温温度	−4.5～−5.5	−3.5～−4.5	−3.0～−3.5	−3.0～−1.0
重度	最低气温	<−2.5	−1.5～−2.5	−0.5～−1.5	0.5～−0.5
	最低地表地温	<−4.1		−2.1～−3.1	−1.1～−2.1
	最低叶面温度	<−5.5	−4.5～−5.5	−4.0～−4.5	−4.0～−1.5

表 3 - 26　$f(\Delta d)$ 和 $g(T_{min})$ 分段函数取值

取值	0	1	2	3	4	5
Δd（天）	<0	1~5	6~10	11~15	>16	
T_{min}（℃）	>1.5	$0.5{\leqslant}T_{min}{<}1.5$	$-0.5{\leqslant}T_{min}{<}0.5$	$-1.5{\leqslant}T_{min}{<}-0.5$	$-2.5{\leqslant}T_{min}{<}-1.5$	<-2.5

第四章　山东小麦主要灾害类型

山东小麦隶属于北方冬麦区，依据山东省内各地的生态条件，将全省分为四个大区和三个亚区，即胶东丘陵冬性晚熟类型区，鲁西北平原冬性、半冬性中晚熟类型区，鲁中山丘川半冬性、冬性中熟类型区，鲁西南平原湖洼半冬性早熟类型区以及半岛东南部丘陵冬性特晚熟亚区，鲁北滨海平洼盐碱冬性晚熟亚区，鲁南山前平洼丘半冬性早、中熟亚区。

胶东丘陵冬性晚熟类型区小麦主要生态类型为冬性品种，从熟期上看，中晚熟、晚熟品种多，小麦播种早，收获晚。一般播种期在"秋分"至10月5日，即日平均气温降至18℃开始播种，翌年3月上旬末小麦开始返青，4月中旬拔节，6月上旬末至下旬中，自西向东陆续成熟。鲁西北平原冬性、半冬性中晚熟类型区小麦以冬性、半冬性为主，熟期以中晚熟、中熟品种为主，小麦播种期在9月25日至10月5日，翌年春季2月下旬至3月初返青，春季气温回升快，小麦5月上旬至中旬初抽穗，成熟期在6月10日至18日。鲁中山丘川半冬性、冬性中熟类型区小麦在熟期上，以中熟、中晚熟较多。小麦适宜播期一般在9月25日至10月10日，收获期在翌年6月5日至6月15日。鲁西南平原湖洼冬性早熟类型区在全省播种最晚，适宜播期在10月1日至"寒露"节气前后，翌年2月下旬小麦返青，在6月5日至10日成熟，是山东省小麦成熟最早的地区。适宜种植半冬性早中熟品种和抗锈病品种。

总之，山东小麦生态类型是长期适应当地生态环境条件而形成的。小麦品种虽无冬性、春性性质的差别，但在冬性强弱中是有明显差别而呈地域性分布的。所以各生态区在选用品种上除考虑综合丰产性状外，还应特别注意选择相应的生态类型，以利高产稳产。

第一节　干　旱

干旱是近年来主要的气象灾害之一。小麦干旱灾害是我国麦区，尤其是北方冬麦区的主要农业气象灾害。冬小麦生育周期经历秋、冬、春三个季节，生育进程中的降水具有明显的时段特征，不同生育时段的降水变化对小麦的产量有不同的影响。在播种期、拔节—抽穗期、灌浆—成熟期等关键时期，小麦生长的需水特性，决定了水分是影响小麦生长和产量最终形成的关键因素。

一、山东地区区域特征

由于山东地域东临大海，西靠内陆，地形复杂，局地气候变异明显，因而造成干旱的发生具有显著的季节性和地域性。分析表明，山东省春、夏、秋三个季节均易发生干旱，并以春季的干旱程度为重，而大部分主要农作物的生长季正好处于春、夏、秋三个季节内。从总体上看，山东降水对农业的满足能力相对较弱，在季节上也存在较大差异，夏季降水对农业的满足程度最高，秋季次之，春季满足程度最差。山东各地区间，因受复杂地形的影响，气候差异明显，干旱发生的频率亦不同。根据多年山东各地区间干旱年次的统计分析，偏旱年以鲁北地区最多。与全省各地区相比，连旱天气也多出现在鲁北地区。近年来，各地区持续干旱次数均有明显的增加趋势。

二、干旱的定义

以往许多学者研究干旱时，多以降水量偏少程度及农业受旱面积作为指标。实际上，干旱的含义比较广泛，归纳各种干旱定义可分为四类，即气象干旱、农业干旱、水文干旱和社会经济干旱。其中，气象干旱是指某时段内大气降水量偏少、天气干燥、蒸发量增大的一种异常现象，气象干旱主要研究天气的干、湿程度，与研究区域的气候变化特征紧密相关，通常用某时段降水量低于常年平均降水量来定义；农业干旱指在作物生长期内少雨或无雨情况下，因蒸发强烈，土壤水分亏缺，致使植物体内水分平衡受到破坏，影响到正常的生理活动，从而使作物正常生长发育受阻而发生的水分供需不平衡现象；农业干旱主要与前期土壤湿度、作物生长期有效降水量以及作物需水量有关。

小麦一生中的总耗水量大致为 3 900～6 000 平方米/公顷，而北方小麦产区因受大陆性气候的影响，降水量在年内的分布很不均匀。小麦生育期间降水量只占全年降水量的 25%～40%，只能满足小麦全生育期耗水量的约 1/3。根据山东省不同生态区干旱的发生特点综合得出，不同生态区条件下，冬小麦生育期一般有以下几个干旱时期：播种期干旱、越冬期干旱、返青拔节期干旱和全生育期干旱。

1. 播种期干旱　作物干旱的发生与播种时的土壤底墒关系比较密切。土壤底墒是作物一生中总需水量的重要来源，而土壤底墒的大小与冬小麦播种前 9 月、10 月的降水关系密切。播种期干旱有可能造成冬小麦播种时间的延长或推迟，导致冬前群体不够，不足以形成壮苗等。

2. 越冬期干旱　土壤的含水量达到 65% 左右时，冬小麦的麦苗就能平安度过越冬期。越冬期干旱将导致冬小麦苗情弱，进而影响初春返青拔节期的生长和最终的产量形成。

3. 返青拔节期干旱 正常生长的小麦，当春季气温上升至 10 ℃以上时，小麦基部节间开始伸长，节间露出地面 1.5～2.0 厘米时称为拔节。进入拔节以后，分蘖迅速向有效和无效两极分化，界限逐渐分明，以拔节期到抽穗前是小麦一生中生长速度最快、生长量最大的时期，穗叶茎等器官同时并进，叶面积及茎穗的长度和体积成倍或几十倍增长，干物质积累也进入迅速增长阶段。该时期是冬小麦的需水旺盛期，一般需要的土壤含水量在 70％左右。而山东各地该时期普遍降水偏少，造成冬小麦的返青拔节期干旱严重。

4. 全生育期干旱 全生育期干旱指小麦自播种开始至收获期，持续处于干旱缺水的状态，土壤水分含量和空气湿度等均不能满足冬小麦的正常生长发育的需求；这种情况一般处于干旱非灌溉的地区。全生育期干旱，导致小麦群体不合理，苗弱，植株发育迟缓，成穗数减少，穗粒数和千粒重降低，导致产量大大降低，甚至绝产。

三、山东地区小麦干旱

小麦生长发育过程有几个比较清晰的发育阶段，在不同阶段，因为其不同的生长发育特性，故对水分需求的敏感性存在明显的差异。同样，在不同的生长发育阶段，降水分布也有着显著特征。小麦生长周期可划分为播种—越冬期、越冬期、返青—起身期、拔节期、抽穗—开花期、灌浆—成熟期共 6 个生育时期。山东不同小麦生态类型区，小麦进入各生育时期的时间不同，各生育时期的持续时间也不同。小麦生育期降水过程复杂多变，不同生育时段降水对小麦生长发育的影响不同。

将作物产量分解为趋势产量和气象产量两部分（利用五点直线滑动平均法来进行趋势产量的模拟），可以看出，在没有较突出的品种改良和较大的种植技术改进的情况下，趋势产量年际间变化较为平稳，气象产量年际间变化幅度较大。因此，山东省的农业产量年际间的变异主要是由气象产量变化引起的，这表明在众多环境生态因子中，气候因子是影响农业产量的主要因子。山东境内作物生长期间，温度适宜，且有相当丰富的光合辐射量，具有较高的光、温生产潜力，但由于单位耕地面积拥有的水资源量较少，水分成为气候资源组合中的薄弱环节，也是山东农业的主要限制因素。

前人运用通径分析方法，通过对作物不同生育时段的主要降水因子对产量的直接、间接影响，得到了各生育时段的定量需水指标和受旱指标，分析得出，小麦水分供需矛盾最大。统计分析山东省历史上发生的各种自然灾害，干旱是发生年份最多、涉及面积最大的一种自然灾害。一般常年遭受的旱害面积为 133.3 万～200 万公顷，占各类自然灾害总受灾面积的 50％左右。长序列的数据资料表明，干旱是连续发展的一项自然灾害，干旱的变化规律随着年代的推进而有所发展，干旱危害有逐年增加的趋势。

四、降水因子及与小麦产量的相关性

根据小麦生育进程阶段发育理论，对小麦生育期 44 个降水因子（小麦生育期逐日、逐旬和不同生育时期的降水因子）的变化及其与产量进行线性回归分析，深入探讨冬小麦产量对各水分因子的敏感度，全面分析降水与产量的关联程度，确定不同因子与小麦产量的相关关系，建立降水产量预测模型，明确不同降水因子对小麦产量形成的影响。

（一）降水因子变化规律及与产量相关性分析

对各水分因子 10 年变化率进行统计。从小麦各关键生育时期来看，越冬期、返青期、拔节期和灌浆—成熟期的降水均呈现出减少的变化，其中以越冬期降水减少最为明显，变化率为 −3.67 毫米/10 年；其次为拔节期，变化率为 −1.16 毫米/10 年；其他两生育时段降水变化较小。播种—越冬和抽穗—开花期的降水变化表现为增加，播种—越冬的 10 年变化率较小，为 0.65 毫米/10 年；抽穗—开花期的降水变化明显，达到 3.06 毫米/10 年。对小麦而言，播种—越冬期前及抽穗—开花期的降水，是影响冬小麦产量形成的关键降水因子，其中 10 月上旬、11 月中旬、11 月下旬及 6 月上旬的降水与产量的偏相关系数均达极显著水平（表 4-1）。

表 4-1 不同水分因子变化规律及与产量相关性分析

	因 子		线性方程	变化率 （毫米/10 年）	与产量相关 系数
逐旬	9 月上旬	X_1	$y=0.004x+1.04$	0.04	−0.1561
	9 月中旬	X_2	$y=0.044x+7.922$	0.44	0.006 1
	9 月下旬	X_3	$y=0.153x+5.164$	1.53	0.3167
	10 月上旬	X_4	$y=0.150x+6.031$	1.5	0.253 5
	10 月中旬	X_5	$y=0.075x+5.106$	0.75	0.476 4**
	10 月下旬	X_6	$y=-0.178x+14.24$	−1.78	−0.228
	11 月上旬	X_7	$y=-0.048x+7.930$	−0.48	−0.072 8
	11 月中旬	X_8	$y=0.125x+5.165$	1.25	0.466 7**
	11 月下旬	X_9	$y=0.069x+5.69$	0.69	0.438 *
	12 月上旬	X_{10}	$y=0.018x+6.52$	0.18	0.331 9
	12 月中旬	X_{11}	$y=-0.418x+16.93$	−4.18	−0.409 7*
	12 月下旬	X_{12}	$y=0.023x+6.963$	0.23	0.286
	翌年 1 月上旬	X_{13}	$y=-0.042x+7.002$	−0.42	0.001 7

（续）

因子		线性方程	变化率（毫米/10 年）	与产量相关系数
逐旬	翌年1月中旬 X_{14}	$y=-0.042x+6.663$	-0.42	0.070 9
	翌年1月下旬 X_{15}	$y=-0.053x+8.231$	-0.53	$-0.058 5$
	翌年2月上旬 X_{16}	$y=-0.008x+7.453$	-0.08	0.025 8
	翌年2月中旬 X_{17}	$y=0.017x+6.025$	0.17	0.115 2
	翌年2月下旬 X_{18}	$y=-0.079x+7.433$	-0.79	$-0.305 7$
	翌年3月上旬 X_{19}	$y=0.185x+5.202$	1.85	0.160 7
	翌年3月中旬 X_{20}	$y=0.056x+5.836$	0.56	0.222 8
	翌年3月下旬 X_{21}	$y=-0.079x+9.570$	-0.79	-0.271
	翌年4月上旬 X_{22}	$y=-0.084x+8.139$	-0.84	$-0.121 8$
	翌年4月中旬 X_{23}	$y=0.078x+7.807$	0.78	0.076 2
	翌年4月下旬 X_{24}	$y=-0.138x+10.14$	-1.38	$-0.345 7*$
	翌年5月上旬 X_{25}	$y=0.334x+3.574$	3.34	0.253 6
	翌年5月中旬 X_{26}	$y=0.040x+7.410$	0.40	0.246 1
	翌年5月下旬 X_{27}	$y=0.052x+7.408$	0.52	0.090 6
	翌年6月上旬 X_{28}	$y=-0.124x+10.17$	-1.24	$-0.529 4**$
逐月	9月 X_{29}	$y=0.201x+24.12$	2.01	$-0.068 6$
	10月 X_{30}	$y=0.047x+25.38$	0.47	$-0.006 3$
	11月 X_{31}	$y=0.147x+18.78$	1.47	$0.430 3*$
	12月 X_{32}	$y=-0.376x+30.42$	-3.76	$-0.259 8$
	翌年1月 X_{33}	$y=-0.138x+21.89$	-1.38	$-0.000 1$
	翌年2月 X_{34}	$y=-0.07x+20.91$	-0.70	-0.079
	翌年3月 X_{35}	$y=0.162x+20.61$	1.62	0.137 7
	翌年4月 X_{36}	$y=-0.144x+26.09$	-1.44	$-0.138 3$
	翌年5月 X_{37}	$y=0.427x+18.39$	4.27	$0.37*$
关键生育时期	播种—越冬期 X_{38}	$y=0.065x+41.77$	0.65	0.177 8
	越冬期 X_{39}	$y=-0.367x+71.11$	-3.67	$-0.143 5$
	返青期 X_{40}	$y=-0.062x+19.55$	-0.62	$-0.124 8$
	拔节期 X_{41}	$y=-0.116x+22.94$	-1.16	$-0.131 1$
	抽穗—开花期 X_{42}	$y=0.306x+6.722$	3.06	0.251
	灌浆—成熟 X_{43}	$y=-0.031x+24.99$	-0.31	$-0.169 5$
小麦生育期	X_{44}	$y=-0.069x+192.6$	-0.69	0.032 4

注：$r_{0.05}=0.344\,0$，表示 y 与 x 之间的线性相关系数在 0.05 水平上的临界值；$r_{0.01}=0.442\,1$，表示 y 与 x 之间的线性相关系数在 0.01 水平上的临界值。* 、** 分别表示在 0.05、0.01 水平上差异显著。

　　以长序列小麦生长发育周期内降水的变化研究表明，不同生育时段降水的10年变化趋势不同，24个因子表现出增长变化，20个因子表现为减少变化。其中，12月中旬和越冬期降水降幅明显，分别达到了-4.18毫米/10年和-3.67毫米/10年，这两个时段存在着交叠效应，因为二者是包含与被包含的关系；5月上旬、5月和抽穗开花期降水增幅明显，分别为3.34毫米/10年、4.27毫米/10年和3.06毫米/10年。对小麦生育周期而言，总降水变化不明显，变化率为-0.69毫米/10年。

　　由相关分析的结果可以看出，小麦生育期44个降水因子中，与小麦产量相关显著或极显著的因子有8个，5个表现为正相关、3个表现为负相关。表现为正相关的因子中，10月中旬降水和11月中旬降水与产量的相关水平极显著，11月下旬、11月和5月降水与产量的相关为显著水平；6月上旬降水和产量为极显著负相关关系，与产量表现为显著负相关的因子是12月中旬降水和4月下旬降水。综合上述相关分析结果可以得出：10月、11月和6月上旬降水是小麦生育时期影响产量形成的关键因素。这一结论可为小麦生育期栽培管理措施的制订提供一定的参考依据。

　　通过对小麦产量与小麦生育期共44个降水因子进行简单的相关分析，结果表明：

　　1. 时段特征　44个降水因子中，与产量相关达到显著或极显著水平的因子有8个，其他大部分水分因子与产量之间的相关均不显著。其中，小麦生育期总降水（0.032 4）与产量相关不显著。这表明，冬小麦生长发育对水分的要求有严格的时段特征，小麦生长过程中，如果能满足其关键时期的用水需求，就能够获得高产；小麦生育期总降水对产量的影响较小，生育期总降水多并不一定会获得高的产量。在水分满足要求的前提下，影响小麦产量的因素可能多来自于土壤特征、肥力和栽培管理水平等。

　　2. 播种前和越冬前是关键　小麦产量与10月中旬（0.476 4**）和11月中旬（0.466 7**）降水呈极显著正相关，与11月下旬（0.438*）、11月（0.430 3*）和5月（0.37*）整月降水呈显著正相关。表现为正相关的因子集中在播种期和越冬前，其次为5月的小麦灌浆期。结果表明，播种或苗期干旱是影响该地区小麦生产的主要气象灾害，越冬前水分充足与否是决定能否形成壮苗的关键。

　　3. 降水与产量呈负相关时段　小麦产量与12月中旬（-0.409 7）和翌年4月下旬（-0.345 7）降水呈显著负相关，与6月上旬（-0.529 4）降水呈极显著负相关。12月中旬正值越冬初期，该时期的大量降水往往伴有气候异常，一般会出现大幅度降温，造成叶片养分难以及时向分蘖节转移，形成弱苗或冻苗，影响冬小麦的安全越冬，进而影响产量。4月下旬，大多数地区处于抽穗开花期，大量降水会显著影响小穗小花的分化过程，降低有效小穗小花数目，导致减产。6月上旬为冬小麦的成熟收获期，该时期的降水往往伴有大风天气，降水后猛晴伴随高温，会导致雨后青枯型干热风或者倒伏的发生，催熟进而使小麦灌浆期缩短，导致减产。

4. 有效降水 降水对小麦产量的影响有着显著的时段特征，生育期总降水量对产量影响较小，决定小麦生长发育状况及产量潜力的是播种—越冬前的水分供给水平，充足的水分供应是形成壮苗和冬前合理群体结构的基础；小麦灌浆期（5月）降水也是影响产量的重要因子之一。小麦生育期不同需水关键时期的降水，称之为生育期间的有效降水，只有生育期降水在不同生育阶段中合理分配，增加小麦生长发育期间的有效降水量，才是小麦高产的关键。

（二）降水因子与小麦产量的最优回归模型

小麦生育期间的各水分因子都会对小麦的产量形成一定的影响，但各因子的影响程度有较大的差异。为了明确对小麦产量有显著影响作用的因子，通过对产量和各因子进行多元逐步回归分析，建立精确的预测模型，即降水对产量的最优回归模型：

$$y = 240.117\,3 + 10.406\,4X_4 + 12.942\,2X_8 + 20.770\,2X_9 - 15.666\,3X_{10} - 13.648\,5X_{28}$$

结果表明，从降水特征和小麦产量的空间地理分布趋势关系来看，10月上旬、11月中旬和11月下旬降水每增加1毫米，小麦产量分别增加10.4千克/亩、12.9千克/亩和20.8千克/亩。

经过变量选择后，小麦产量与10月上旬、11月中旬、11月下旬、12月上旬及翌年6月上旬的5个降水因子的复相关系数为0.798，他们共同决定了小麦产量变异的63.68%。由于标准回归系数消除了量纲的影响，因此它能直接反映自变量对因变量的回归预测作用。偏相关也叫净相关，是指消除其他因子以后，某个因子与小麦产量间的线性相关。从表4-2可以看出，以上5个降水因子对小麦产量的回归预测作用为：11月下旬降水＞12月上旬降水＞11月中旬降水＞10月上旬降水＞翌年6月上旬降水。其中，10月上旬降水、11月中旬降水、11月下旬降水和翌年6月上旬降水与小麦产量的偏相关均达到了极显著水平，说明这4个因子与小麦产量有着内在和独立的真实线性相关关系。因此，它们对小麦产量的回归预测作用较大，而12月上旬降水与小麦产量的偏相关不显著，故其回归预测作用较小。

利用以上产量预测模型对多年小麦降水产量进行预测，结果表明（德州市陵县为例），1978—1992年，降水预测产量在不同程度上低于实际产量。说明在1992年以前，降水增产作用在已有生产状况下得到了一定程度的发挥，其高产主要通过种植优良品种和增施肥料等实现，是通过栽培管理措施和环境因子共同作用而获得的；模型对1993年及以后的产量预测在不同程度上高于实

表 4-2　标准回归系数和偏相关系数表

因子	标准化回归系数	偏相关系数	t 值	概率
X_4	0.402 6	0.524 2	3.198 5	0.003 4
X_8	0.416 1	0.509 0	3.072 3	0.004 7
X_9	0.657 1	0.475 0	2.804 7	0.009 1
X_{10}	−0.427	−0.326 3	1.794	0.083 6
X_{28}	−0.367 5	−0.476 7	2.817 8	0.008 8

际产量，表明这些年降水已不再是小麦高产的限制因子。近年来，降水的增产作用没有被完全发挥出来，主要可能与灌溉条件的改善和灌溉面积的增加有关，使降水增产作用没有得到充分的发挥。同时，当地的光热资源及土壤营养状况与水分条件相互协调配合，是保证获得高产的关键因素，这在一定程度上需要扭转供水量与产量成正比的认识。这一结论将有利于陵县地区小麦生长发育过程中降水资源的高效利用和有效灌溉的管理。

　　通过相关分析和回归分析结果可以看出，对产量影响的因子，在不同统计分析中结果较一致，集中表现在播种—越冬前和抽穗—开花期。从水分各因子变化规律可以看出，对产量影响显著的因子均有一定程度的变化。综合各因子来看：10 月上中旬降水 10 年变化率呈不同程度的升高，这有利于适墒播种和出苗；11 月降水 10 年变化率，除上旬略有下降外，其他两个时段均有上升，这在一定程度上保证了冬前壮苗和合理群体结构的形成；12 月降水对产量的影响整体表现为负效应，而 12 月降水表现出的减少变化趋势有利于小麦的生长发育和安全越冬；其他可能对小麦生产产生显著影响的时段为 4 月下旬至 6 月上旬，这期间的几个关键时段分别是 4 月下旬、5 月和 6 月上旬，它们与产量的关系分别为负相关、正相关和负相关，而几个时段对应的降水变化分别是减少、增加和减少，降水变化均有利于小麦生长和产量形成。

　　由回归模型的构建结果可以看出，10 月上旬降水、11 月中旬降水和 11 月下旬降水将明显有利于小麦产量的形成；12 月上旬降水和 6 月上旬降水因可能影响小麦安全越冬和缩短灌浆期而导致减产。

五、气候干旱指标

　　气候值是指同区域同期一定时间尺度内各气象要素的平均值，一般取有代表性的 30 年尺度。降水距平，分为降水距平和降水距平百分率。降水距平（毫米）＝现阶段总降水量−降水量气候值，降水距平反应的是降水偏离气候值的量。降水距平百分率（％）＝（现阶段总降水量－降水量气候值）/降水量气候值×100％。

降水距平百分率反应的是降水偏离气候值的程度。

作物生产的气候风险是指可被测量的因气候因素变化而对作物生产造成不利影响的可能性，是作物生产过程中，气候要素变化的不确定性和其后果的函数。从降水负距平和冬小麦减产百分率入手，确定冬小麦全生育期和拔节期的气候干旱强度指标。进一步统计分析冬小麦全生育期、拔节期和灌浆期相对气象产量和水分亏缺率之间的关系，研制各时段冬小麦干旱指标。

（一）降水负距平百分率

对山东省 4 个不同生态区的降水数据（1980—2009 年）进行分析，计算不同生育阶段的降水距平百分率，不同生态区的降水负距平百分率发生的频率（表 4-3）。结果表明，4 个生态区冬小麦不同生育阶段的降水负距平频率多发生在 40％～60％。鲁西北和鲁西南的返青拔节期达到了 62％，发生频率最低的胶东也在 40％以上。

表 4-3　冬小麦不同生长发育阶段不同降水负距平（％）发生的频率

距平百分率（％）	鲁西北			鲁西南			鲁中			胶东		
	播期	返青拔节期	全生育期	播期	返青拔节期	全生育期	播期	返青拔节期	全生育期	播期	返青拔节期	全生育期
-55	27.59			34.48	6.90		34.48	13.79		24.14	13.79	
-50	31.03			34.48	13.79		34.48	20.69		27.59	20.69	
-45	37.93	3.45		37.93	24.14	3.45	34.48	24.14	3.45	27.59	27.59	
-40	41.38	13.79		41.38	24.14	3.45	37.93	31.03	3.45	31.03	31.03	3.45
-35	44.83	20.69	3.45	48.28	27.59	3.45	41.38	34.48	6.9	34.48	34.48	10.34
-30	48.28	24.14	6.9	48.28	31.03	13.79	44.83	34.48	6.9	41.38	37.93	13.79
-25	48.28	37.93	10.34	51.72	34.48	17.24	44.83	34.83	20.69	44.83	37.93	20.69
-20	48.28	48.28	13.79	55.17	41.38	27.59	48.28	48.28	31.03	48.28	41.38	27.59
-15	51.72	55.17	17.24	55.17	48.28	31.03	51.72	48.28	34.48	48.28	44.83	27.59
-10	51.72	58.62	34.48	55.17	51.72	34.48	55.17	51.72	44.83	48.28	51.72	37.93
-5	55.17	58.62	51.72	55.17	55.17	44.83	55.17	51.72	51.72	55.17	51.72	37.93
0	58.62	62.07	58.62	55.17	62.07	51.72	62.07	51.72	55.17	55.17	51.72	41.38

为了确定一定的累积频率所对应的降水负距平百分率，以 X_i（$i=1, 2, \cdots,$ n）表示降水负距平百分率，以 Y_i（$i=1, 2, \cdots, n$）表示相应的累积频率，并建立 $X\text{-}Y$ 定量关系，可以求出与各等级累积频率相对应的降水负距平百分率。对山东省 4 个生态区冬小麦全生育期和返青拔节期两个时段，从 -55% 开始将降水负距平（%）及对应的累积频率绘图，找出其间关系进行拟合。从图 4-1、图 4-2、图 4-3、图 4-4 可以看出，不同生态区不同生育阶段的 $X\text{-}Y$ 关系，用四阶多项式拟合效果均较好（表 4-4）。对拟合方程进行求解，即可以得到给定累计频率的降水负距平百分率。

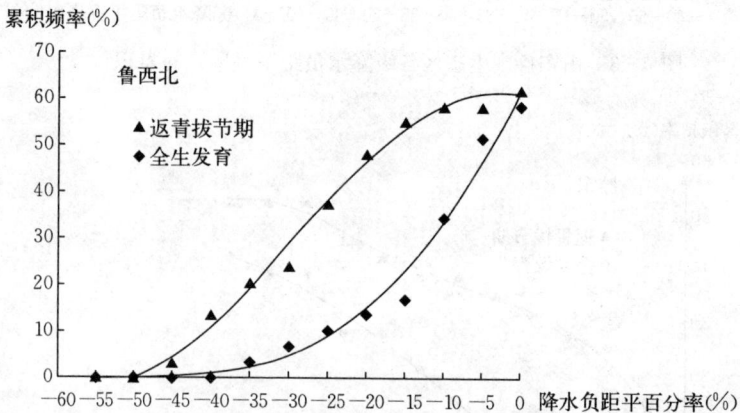

图 4-1 山东鲁西北生态区各级降水负距平（%）的累积频率

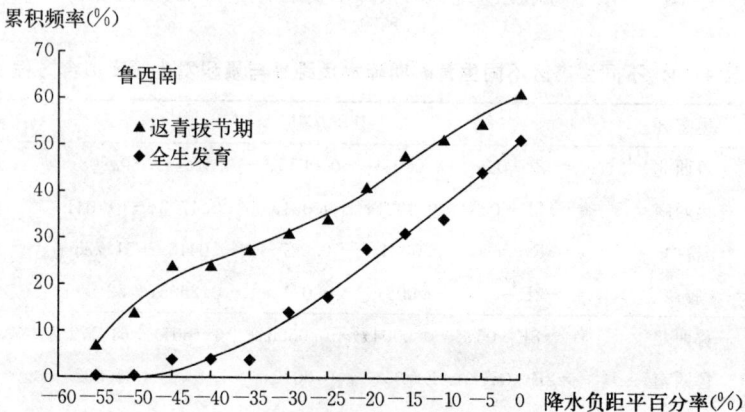

图 4-2 山东鲁西南生态区各级降水负距平（%）的累积频率

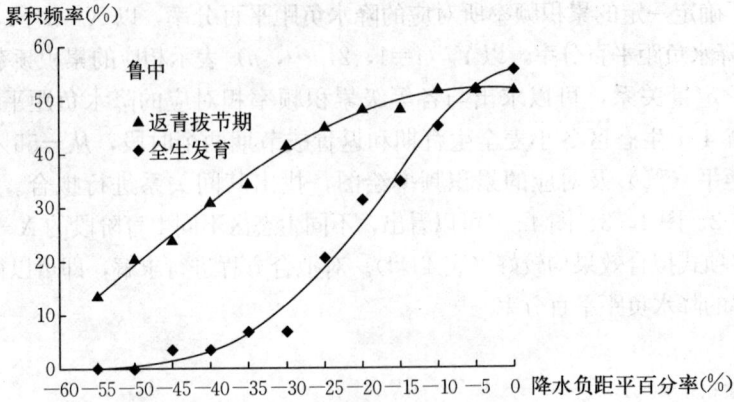

图 4-3　山东鲁中生态区各级降水负距平（%）的累积频率

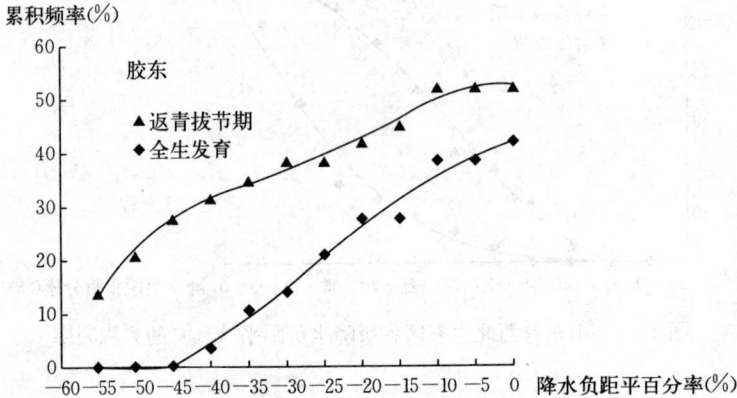

图 4-4　山东胶东生态区各级降水负距平（%）的累积频率

表 4-4　不同生态区不同生育时期降水负距平与累积发生频率拟合方程

生育期	生态区	拟合方程	相关系数
返青 拔节期	鲁西北	$y=5E-06x^4-0.0004x^3-0.0655x^2-0.3764x+60.908$	0.993 1
	鲁西南	$y=-2E-05x^4-0.0021x^3-0.0613x^2+0.4793x+61.041$	0.982 6
	鲁中	$y=5E-06x^4+0.0004x^3-0.007x^2-0.0413x+51.735$	0.991 9
	胶东	$y=-2E-05x^4-0.0021x^3-0.0714x^2-0.2605x+52.089$	0.987 3
全生育期	鲁西北	$y=-8E-06x^4-0.0004x^3+0.0363x^2+3.1601x+61.174$	0.995 7
	鲁西南	$y=2E-06x^4-2E-05x^3+0.0012x^2+1.4075x+51.337$	0.989 8
	鲁中	$y=-3E-05x^4-0.0033x^3-0.125x^2+0.01x+54.797$	0.991 1
	胶东	$y=6E-06x^4+0.0001x^3-0.0169x^2+0.4214x+41.302$	0.990 6

注：式中 y 为降水负距平累积频率，x 为相应累积频率下的降水负距平百分率。

(二) 干旱风险模型

虽然干旱是由降水减少引起的，但在研究过程中发现，产量与降水的相关性并不好，甚至呈现负相关。其原因在于，近 20 年来灌溉面积不断扩大，灌溉已成为土壤水分的另一主要来源，从而掩盖了降水的作用。干旱作为一种气象灾害，降水减少是其发生的首要条件，灌溉可以减少灾害损失，并不能否定干旱的存在。鉴于山东各生态区大部分实现了灌溉供水，故重点分析减产年气象产量和降水负距平的关系；同时，为了确保指标的可比性和应用的广泛性，一律用相对气象产量和降水距平百分率来进行分析和表述。

对冬小麦不同时段降水距平百分率和相对气象产量进行相关分析，明确哪些时段的降水对产量的影响最大，结果见表 4-5。

表 4-5　相对气象产量与不同时段降水量距平百分率的相关分析

生育期	鲁西北	鲁西南	鲁中	胶东
全生育期	0.171 89	0.009 594	0.065 545	0.225 72
返青—拔节期	−0.026 55	0.116 32	0.066 131	0.218 74
播期	0.110 41	0.248 13	0.261 43	0.205 4

由表 4-5 可以看出，不同生态区条件下，不同时段的降水对产量的影响不同。因此，针对不同的生态区需要进行不同时段降水分析。山东各地市的冬小麦大多处于灌溉地区或灌溉面积所占比例较大的地区，灌溉减轻了因降水减少而导致的干旱影响，从降水距平（％）和相对气象产量（％）的序列中选择降水负距平和相应的减产百分率进行相关和回归分析，建立减产百分率和降水负距平百分率的关系模型。相关分析和回归方程见表 4-6、表 4-7。由表 4-6 得出，鲁西北选用全生育期的降水负距平（％）作为该区的干旱指标；鲁西南选用播期降水负距平（％）和全生育期降水负距平（％）作为干旱指标，其中相关系数较大的播期降水负距平（％）作为主要指标，全生育期降水负距平（％）作为辅助指标；鲁中选用返青拔节期降水负距平（％）作为主要干旱指标，播期降水负距平（％）作为辅助干旱指标；胶东选用返青拔节期降水负距平（％）作为主要干旱指标，全生育期降水负距平（％）作为辅助干旱指标。

表 4-6　不同生态区不同时段降水负距平与相应减产相对气象产量的相关分析

生育期	鲁西北	鲁西南	鲁中	胶东
全生育期	0.243 63	0.070 412	−0.091 56	0.145 96
返青—拔节期	−0.281 21	−0.335 58	0.772 82	0.339 76
播期	−0.701 97	0.284 7	0.432 61	−0.438 2

表4-7　不同生态区不同时段降水负距平与相应减产相对气象产量的模拟模型

生态区	生育时期	回归方程
鲁西北	全生育期	$y=0.1755x-2.8762$
鲁西南	播期	$y=0.0504x-3.2271$
	全生育期	$y=0.0222x-3.8638$
鲁中	返青—拔节期	$y=0.2942x+5.8081$
	播期	$y=0.0994x+0.0996$
胶东	返青—拔节期	$y=0.044x-1.6091$
	全生育期	$y=0.0408x-3.2176$

注：y为减产百分率（%），x为不同时段的降水距平百分率。

根据上述模型，可以求出不同降水负距平相对应的减产百分率，如表4-8所示。可以看出，不同生态区，降水负距平对减产的影响基本相同，降水负距平的绝对值越大，减产幅度就愈大；对于同一个降水负距平等级，不同生态区的减产幅度基本上变化不大，因此用降水负距平作为山东省冬小麦的干旱指标是可行的。

表4-8　不同生育时段降水负距平和对应的减产百分率（%）

降水负距平（%）	鲁西北 全生育期	鲁西南		鲁中		胶东	
		播期	全生育期	返青拔节期	播期	返青拔节期	全生育期
10	4.63	3.73	4.09	-2.87	0.89	2.05	3.63
20	6.39	4.24	4.31	0.08	1.89	2.49	4.03
30	8.14	4.74	4.53	3.02	2.88	2.93	4.44
40	9.90	5.24	4.75	5.96	3.88	3.37	4.85
50	11.65	5.75	4.97	8.90	4.87	3.81	5.26
60	13.41	6.25	5.20	11.84	5.86	4.25	5.67
70	15.16	6.76	5.42	14.79	6.86	4.69	6.07
80	16.92	7.26	5.64	17.73	7.85	5.13	6.48
90	18.67	7.76	5.86	20.67	8.85	5.57	6.89
100	20.43	8.27	6.08	23.61	9.84	6.01	7.30

参照农业生产上灾害年份常用的减产标准，确定相对气象产量减少≤10%的年份为轻旱年；相对气象产量减少在10%~15%、15%~20%及>20%时分别为中旱、重旱和严重干旱年。根据其和降水负距平之间的定量关系，可以得到用降水负距平表示的干旱指标，见表4-9。

表 4 - 9　不同等级主要干旱指标和减产百分率（%）

生态区	灾害类型	减产（%）	降水负距平		
			全生育期	返青拔节期	播期
鲁西北	轻旱	≤10	<40		
	中旱	10～15	40～70		
	重旱	15～20	70～95		
	严重干旱	>20	>95		
鲁西南	轻旱	≤10			≤100
鲁中	轻旱	≤10		≤55	
	中旱	10～15		55～70	
	重旱	15～20		70～90	
	严重干旱	>20		>90	
胶东	轻旱	≤10		≤100	

　　不同生态区的辅助干旱指标见表 4 - 10，辅助指标生育阶段的降水减少所造成的减产程度，远远小于主要时期降水减少造成的减产，且一般情况下的危害类型只达到轻旱灾害。

表 4 - 10　不同等级辅助干旱指标和减产百分率（%）

生态区	灾害类型	减产（%）	降水负距平		
			全生育期	返青拔节期	播期
鲁西南	轻旱	≤10	≤100		
鲁中	轻旱	≤10			≤100
胶东	轻旱	≤10	≤100		

六、小　　结

（一）全球气候变化引起冬春季降水量偏少是旱灾发生的自然原因

　　自 20 世纪 90 年代以来，我国旱灾频次明显加快，每 3 年就发生一次重旱甚至特大旱，旱情持续时间更长，跨季、跨年的旱灾越来越频繁。如华北大部分地区已连续 14 年干旱，这在中华人民共和国成立以来是十分罕见。大旱的成因，全球气候变化导致冬春季降水量偏少首当其冲。过去 50 年以来，北方地区的冬春季降水量呈减少趋势。2008 年 10 月下旬以来，北方冬麦区降水量普遍较常年同期偏少五到八成，降水量之少为 30 年一遇，特旱区更是达 50 年一遇。

（二）降水与生育期需水吻合度不高是导致冬小麦旱灾频频发生的根本原因

我国冬小麦主要分布在华北地区，包括河南、山东、河北、山西等地，除豫西等地区分布有少量旱作冬小麦外，其他地区基本上为灌溉冬小麦。这些地区 60%～70% 降水量一般集中在 7～9 月，而冬小麦一般在上年 10 月播种，翌年 6 月收获，这段时期降水量往往偏少，出现降水与生育期需水错位的现象，从而导致冬小麦旱灾频频发生。据有关研究，冬小麦干旱灾害高风险区在陕西中北部、山西中部的部分地区和河北沧州的部分地区；较高风险区在山西中部的部分地区、河北的唐山地区和西部的部分地区；中风险区在陕西中部、山西南部、河北中东部的部分地区；低风险区在陕西中南部、河南中北部、北京市、天津市、河北中南部和山东省。

（三）抗旱能力不足是出现严重灾害的人为原因

除自然因素外，目前我国应对旱灾方面也存在一些不容忽视的问题。较为突出的是抗旱基础设施严重滞后。目前，全国 18.65 亿亩耕地，有灌溉条件的只有 8.3 亿多亩，其他 55% 的耕地还完全靠天吃饭；而水浇地中大部分灌溉标准不高，老化失修严重，真正旱涝保收的只有 2 亿多亩。另外，抗旱应急能力建设严重不足，应急备用水源缺乏，供水体系脆弱，由于天干少雨和疏于管护，许多水库、塘堰、窖池成了摆设，面对旱灾十分被动。

第二节　冷冻害

在山东小麦不同生态类型区，以 30 年的冬小麦产量和生育期温度资料为数据对象，分析冬小麦生长发育期旬均温的变化规律及其与相对气象产量（去除趋势产量后的气象产量占总产量的比值）的关系。结果表明：胶东丘陵生态区冬小麦生长发育期间，两个旬均温对相对气象产量的影响显著，分别为 1 月中旬和 3 月上旬的均温，相关系数分别为 -0.44 和 0.37。胶东丘陵冬性晚熟类型区位于山东省东端，北纬 $35°35'～38°23'$、东经 $119°30'～122°42'$。小麦播种面积约占全省面积的 15%，以种植冬性品种为主。该区山丘面积大，土层薄，肥力低。年平均气温 11～12.5℃，1 月平均气温 -1.6～-4.1℃，极端最低气温 -13.1～-25.5℃。近年来，异常天气的出现，对冬小麦关键生育时期的生长发育影响显著，暖冬和起身拔节期低温表现尤其突出。冷冻害明显影响冬小麦产量。同时，冷冻害也对冬小麦的品质产量有一定程度的影响。

温度对小麦生长发育和产量形成的影响主要体现在以下几个关键时段：播期变化而导致冬前积温不足影响壮苗的形成；冬后返青拔节期温度剧烈变化对生育进程的影响，最终影响灌浆速率和灌浆持续时间，影响产量。3 月初，冬麦区小麦陆续进入返青拔节期，频发地区为鲁西北和胶东，鲁西北表现为播期冷害和返青拔节期冻害，10月下旬和翌年3月中旬温度是影响鲁西北地区小麦籽粒产量的关键温度因子；鲁中表现为抽穗开花期的冷害造成减产，集中在4月下旬至5月上旬；其他两生态类型区的温度胁迫危害较轻。

关于冷冻害模型的研究报道指出，预警模型的研究，对晚霜冻害和生育关键时段的灾害的预防将起到有效的预防作用，一定的预防措施将大大降低危害对产量造成的影响。模型还可以为政府的管理决策提供有力的技术和数据支撑。

一、冷冻害风险因子

采用胶东丘陵冬小麦生态区两个县市区 1979—2009 年 30 年冬小麦生育期内逐旬的旬均温数据资料，分别为 10 月中旬均温（X_1）、10 月下旬均温（X_2）、11 月上旬均温（X_3）、11 月中旬均温（X_4）、11 月下旬均温（X_5）、12 月上旬均温（X_6）、12 月中旬均温（X_7）、12 月下旬均温（X_8）、翌年 1 月上旬均温（X_9）、翌年 1 月中旬均温（X_{10}）、翌年 1 月下旬均温（X_{11}）、翌年 2 月上旬均温（X_{12}）、翌年 2 月中旬均温（X_{13}）、翌年 2 月下旬均温（X_{14}）、翌年 3 月上旬均温（X_{15}）、翌年 3 月中旬均温（X_{16}）、翌年 3 月下旬均温（X_{17}）、翌年 4 月上旬均温（X_{18}）、翌年 4 月中旬均温（X_{19}）、翌年 4 月下旬均温（X_{20}）、翌年 5 月上旬均温（X_{21}）、翌年 5 月中旬均温（X_{22}）、翌年 5 月下旬均温（X_{23}）、翌年 6 月上旬均温（X_{24}）、翌年 6 月中旬均温（X_{25}），共计 25 类。

二、因子与相对气象产量的相关分析

对 25 类冬小麦生育期温度因子与相对气象产量进行相关分析。结果显示：25 类因子中，有两个因子对相对气象产量的相关达到了极显著和显著水平，分别为 1 月中旬均温和 3 月上旬均温，相关系数分别为 -0.46 和 0.37，其他因子的相关均未达显著水平。表明胶东丘陵冬小麦生态区受温度影响的生育时段较少，受到较明显影响的生育时段即为 1 月中旬和 3 月上旬，效应为一正一负（表 4-11）。

表 4-11　温度与相对气象产量之间的相关分析

相关系数	X_1	X_2	X_3	X_4	X_5	X_6	X_7	X_8	X_9	X_{10}	X_{11}	X_{12}	X_{13}
Y(相对气象产量)	0.16	0.07	0.06	0.14	0.04	-0.17	0.23	0.27	0.08	-0.46*	-0.17	0.02	-0.06

相关系数	X_{14}	X_{15}	X_{16}	X_{17}	X_{18}	X_{19}	X_{20}	X_{21}	X_{22}	X_{23}	X_{24}	X_{25}
Y(相对气象产量)	-0.22	0.37*	0.02	-0.17	-0.3	-0.05	0.22	0.26	0.1	-0.06	-0.23	0.2

注：$r_{0.05}=0.367\,3$，$r_{0.01}=0.470\,5$。＊表示在 0.05 水平上差异显著。

三、因子与相对气象产量的线性回归分析

对 1 月中旬均温和 3 月上旬均温与相对气象产量进行线性回归分析，见表 4 - 12，结果显示，1 月中旬均温的一次线性回归达到了显著水平，而 3 月上旬均温的一次线性回归则表现为不显著。可见 1 月中旬均温的一次线性回归是可靠的。由回归系数可见，1 月中旬均温对相对气象产量表现为明显的负相关关系（图 4 - 5）。

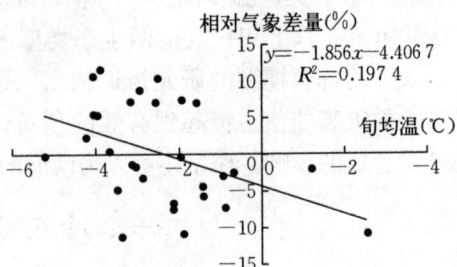

图 4 - 5　1 月中旬均温的线性回归分析

表 4 - 12　旬均温与相对气象产量的线性回归分析

变量	平均值	标准差	F 值	回归系数 b_0	回归系数 b_1	df	$F_{0.05}$	$F_{0.01}$
X_{10}	-2.398 3	1.633 9	6.642 2*	-4.406 7	-1.856	(1, 27)	7.68	4.21
X_{15}	2.673 3	1.85	3.73	-3.391 4	1.285 3	(1, 27)		

由 1 月中旬均温的一次线性回归分析可得，该因子的温度临界点为 -2.37 ℃，一般年份的 1 月中旬均温在低于该温度的条件下，冬小麦相对气象产量为正值，即不会有因温度引起的减产发生。通过 30 年的气象资料可以看出，1 月中旬均温整体表现为升高的趋势。而由图 4 - 6 结果可知，1 月中旬均温与相对气象产量表现

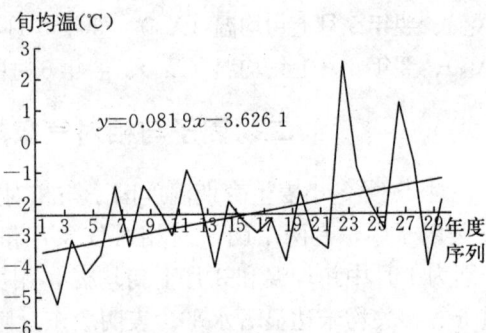

图 4 - 6　30 年中 1 月中旬均温变化图

为显著负相关关系，即均温值越高，表现为气象产量值越小，甚至减产。

四、模拟模型

为了寻求各因子对相对气象产量重要性的影响大小，同时准确的判断和剔除对相对气象产量影响不显著的变量，对二者进行逐步回归分析，并建立因子对相对气象产量的最优回归方程。结果见表 4 - 13、表 4 - 14，首先是对各类因子的逐项逐步回归剔除引入分析，逐个被引入的顺序依次为 X_1、X_{10}、X_{14}、X_{15}、X_{18}、X_{21}、X_{23}、X_{25}，这一顺序表明了因子对相对气象产量影响的重要

程度，其中经过因子剔除分析，X_{10}（1 月中旬均温）是单因子时唯一保留的因子，可见越冬期的温度是影响胶东生态区冬小麦产量的关键因素；其次则为 10 月中旬均温（X_1），即播种时的环境温度，播种期温度决定了壮苗群体大小。

综合考虑统计分析结果和栽培管理经验，由逐步回归中的因子影响系数判定各因子对相对气象产量的重要性，确立包含 5 类（表 4-13）因子的胶东丘陵冬小麦温度灾害预警模型（表 4-14）。由直接通径系数可以看出，5 类温度因子中，对相对气象产量影响最大的为 3 月上旬均温（X_{15}），即返青期的旬均温；其次即为播种期旬均温（X_1），二者的作用均表现为正。通过 5 类温度因子构建的温度对相对气象产量的回归模型可以看出，模型相关系数为 0.866 2，达到了显著水平。

表 4-13　不同因子的逐步回归分析

指标	直接通径系数	偏相关	t 检验值	P 值
X_1	0.602	0.713 9	4.888 8	0.000 1
X_{10}	−0.477 6	−0.594 4	3.544 5	0.001 6
X_{14}	−0.510 6	−0.618 4	3.774 2	0.000 9
X_{15}	0.646 4	0.741 5	5.299 7	0.000 1
X_{18}	−0.317 9	−0.489 2	2.690 2	0.012 8

表 4-14　旬均温与相对气象产量逐步回归模型

生态区	模型	相关系数	F 值	df	显著水平
胶东丘陵冬性晚熟类型	$Y=-40.1467847+2.2445747626X_1-2.9085775622X_{10}$	0.633 7	8.722	(2, 26)	
	$Y=-42.1337689+2.0942377985X_1-3.0712040779X_{10}+1.4295862648X_{15}$	0.740 0	10.089	(3, 25)	*
	$Y=-47.3822669+2.4927336008X_1-2.5524350147X_{10}-1.2899471729X_{14}+2.1049776279X_{15}$	0.819 6	12.283	(4, 24)	**
	$Y=-34.1369517+2.6119338348X_1-1.9948324741X_{10}-1.4588416546X_{14}+2.3846444614X_{15}-1.3803306373X_{18}$	0.866 2	13.827	(5, 23)	**
	$Y=-49.8426464+2.4991304172X_1-2.0620130094X_{10}-1.2971332554X_{14}+2.2766122621X_{15}-1.4603798474X_{18}+0.7919346388X_{25}$	0.884 1	13.127	(6, 22)	**

(续)

生态区	模型	相关系数	F值	df	显著水平
胶东丘陵冬性	$Y = -58.8401502 + 2.1680473108X_1 - 1.8066846573X_{10} - 1.3985628673X_{14} + 2.2837244445X_{15} - 1.6104405710X_{18} - 0.9566862432X_{21} + 0.8084750283X_{25}$	0.897 5	12.427	(7, 21)	**
晚熟类型	$Y = -52.7342586 + 2.1255322409X_1 - 1.9303640994X_{10} - 1.2857307125X_{14} + 2.2706515718X_{15} - 1.5295390390X_{18} - 1.1026527041X_{21} - 0.5460594566X_{23} + 0.9095586351X_{25}$	0.904 3	11.217	(8, 20)	**

注：*、** 表示在 0.05、0.01 水平上差异显著。

五、小　结

(一) 温度风险因子

山东地区以种植冬小麦为主，不同地区选择不同的冬性小麦品种，以冬性和半冬性品种为主。对小麦生育期的温度影响因子和小麦的产量进行统计分析发现，相关和逐步回归分析的结果较为一致，相关分析中显著相关的两个因子分别是 1 月中旬均温（X_{10}）和 3 月上旬均温（X_{15}），效应分别为一负一正；通过因子的逐步引入（剔除）回归分析结果表明，1 月中旬均温是胶东丘陵冬小麦生长发育过程中突出的温度风险因子，影响效应为负。胶东冬小麦生态类型区有着其独特的地理位置，北、东、南三面环海，气候温和湿润，极端气候天气出现的几率较小。冬小麦品种选择以冬性品种为主，而气候温度变化呈现逐年冬季温度升高的变化，这对冬小麦品种的安全越冬和春季返青、高产群体的形成存在潜在的威胁。

对 1 月中旬均温和相对气象产量进行线性回归分析和方程求解，当旬均温低于 $-2.37\ ℃$ 时较有利于冬小麦的安全越冬，当旬均温高于该温度值时，则不利于小麦安全越冬。线性回归趋势模拟可以看出，1 月中旬均温呈现逐年增长的变化趋势，趋势模拟方程为 $y = 0.081x - 3.626$。

为了较好的表现不同因子对相对气象产量的重要性，对各因子和相对气象产量进行逐步回归分析，结果表明：通过逐步回归的剔除和加入因子分析，8 类温度因子对相对气象产量的影响明显，按被加入的先后顺序排列为 X_{10}、X_1、X_{15}、X_{14}、X_{18}、X_{25}、X_{21}、X_{23}，前 3 类因子分别为 1 月中旬均温、10 月中旬均温和 3 月上旬均温，其次即为 2 月下旬均温，影响分别表现为负、正、正、负。1 月一般是冬季温度最低的月份，1 月中旬均温对相对气象产量的负影响表明，暖冬对冬性小麦品种的越冬存在一定的威胁，适当的低温更有利于冬小麦越冬和最终产量的形成；10月中旬正值胶东小麦播种，适当的高温有利于冬前壮苗和合理群体的形成；3月上旬小麦开始进入返青期，需要一定的温度，温度较低将延迟小麦的生育期，进而缩短小麦灌浆时间，降低产量；2月下旬温度较高，则容易造成冬小麦的提早返青，以至于容易遭受初春冷霜灾害威胁，影响小麦的生长发育和产量。

（二）胶东小麦冷冻害风险预警模型

根据不同类型因子的逐步回归模型，结合胶东生态类型区的生产实际，以5种温度类型的回归模型作为该冬小麦类型区的温度风险判定预警，通过模型求解可获得不同气候温度条件下的相对气象产量值，即温度对产量的影响百分数。该模型的相关系数达到了0.866 2，达极显著相关水平。由5类温度因子的直接通径系数可以看出，对相对气象产量影响最大的两个因子分别为3月上旬均温（X_{15}）和10月中旬均温（X_1），且影响作用均为正，表明该生态区小麦受到低温危害影响主要来自于返青期和播种期，其他温度因子的影响则均表现为负效应。其中播种期的旬均温影响，主要体现在苗期积温及冬前壮苗形成；3月上旬，冬小麦返青拔节，该生态区的生态环境决定了初春气温回升缓慢，但是出现温度急剧升降的情况也较少，较高的温度将有利于冬小麦返青和高产群体的最终形成。

第三节　干　热　风

一、干热风的概念

干热风是指高温、低湿和一定风力的天气条件影响作物生长发育造成减产的灾害性天气。即为一种造成大量蒸发的综合气象现象，在农业技术水平不高的条件下强烈地破坏植物的水分平衡和光合作用的进行，在短时间内给作物的生育和产量带来巨大的影响。干热风在黄淮地区称为"旱风""火风"；在宁夏、内蒙古河套、河西走廊一带称为"火扑""热干风"或"热东风"；新疆吐鲁番一带称为"干旱风""热风"。

干热风是我国北方小麦产区的主要农业气象灾害，出现在温暖季节导致小麦乳熟期受害而产生秕粒。除危害小麦外，在北方某些地区对棉花、玉米及对南方长江中下游的水稻有时也产生危害。干热风时，温度显著升高，湿度显著下降，并伴有一定风力，蒸腾加剧，根系吸水不及，往往导致小麦灌浆不足，秕粒严重甚至枯萎死亡。我国的华北、西北和黄淮地区春末夏初期间都有出现。

二、干热风的类型及气象指标

按发生特点干热风可分3类。

（一）高温低湿型

表现为大气高温干旱，地面一般刮西南风或偏南风，造成小麦枯熟、瘪粒，是中国北方麦区主要的干热风类型。

（二）雨后青枯型

表现为小雨后猛晴，高温低湿，使灌浆中后期的小麦青枯，主要发生于甘肃、宁夏等地。

（三）旱风型

表现为空气湿度低，日最高温度不太高，一般在 30 ℃以下，风速较大，风向西北或西南，造成小麦瘪粒，多见于江苏北部、安徽北部等地。

干热风危害的气象指标，各人研究结果不一，冬麦、春麦不同，地区之间也不一致。高温低湿型的指标一般为：日最高气温≥32 ℃，14 时相对湿度≤30％，14 时风速≥2 米/秒为轻干热风日；日最高气温≥35 ℃，14 时相对湿度≤25％，14 时风速≥3 米/秒为重干热风日。雨后青枯型为：小麦成熟前 10 天内有 1 次小雨过程，雨量≤10 毫米，雨后猛晴，温度骤升，3 天内有 1 天以上日最高气温≥30 ℃，相对湿度较低，有 1 天风速大于或等于 3 级。

根据干热风指标判定干热风日，用干热风天气过程中出现的干热风日等级天数组合取得过程等级，用过程等级组合确定年型的轻重。

干热风天气过程等级重型指标为连续出现≥2 天重干热风日。轻型指标为在 1 次干热风天气过程中出现 2 天不连续重干热风日，或 1 个重日加 2 个以上轻日；除重干热风天气过程所包含的轻干热风日外，连续出现≥2 天轻干热风日，连续 2 天 1 轻 1 重干热风日，或出现 1 天重干热风日。

干热风年型等级重型指标为 1 年中有 2 次以上重干热风过程，或 2 轻 1 重，或 4 次以上轻过程；过程中重干热风日连续 4 天以上，或轻干热风日连续 7 天以上；危害参考值为小麦千粒重一般下降 1 克以上，减产 10％～20％或 20％以上。轻型指标为 1 年中有 2 次以上轻干热风过程，或 1 次重过程，或轻干热风连续≥4 天；危害参考值为小麦千粒重一般下降 2～4 克，减产 5％～10％。

三、小麦干热风危害

小麦干热风危害的病因。在小麦灌浆至成熟阶段，遇有高温、干旱和强风力是发生干热风害的主要原因。在此阶段，遇有 2～5 天的气温高于 32 ℃，相对湿度低于 30％，风速＞2 米/秒的天气时，小麦蒸发量大，体内水分失衡，籽粒灌浆受抑或不能灌浆，造成小麦提早枯熟。如淮北冬麦区小麦在正常情况下，上下午各具 1 次开花高峰。受干热风影响后，上午开花量减至 15.4％，下午占 32.3％，夜间达 52.3％，这是因为白天气温高，相对湿度低于 41％，植株体内水分蒸腾量大，根部吸收的水分不能满足上、下午开花形成两个高峰的需要，只好转向夜间。除此之外，受干热风影响，与正常年份相比灌浆期缩短5天，灌浆高峰提早3天，灌浆量减少6克，芒角增加20°～40°。同时由于地上部水分大量蒸发，根系老化，水分供应跟不上，叶片生活力衰退，养分转移受阻，造成叶片昼卷夜开或昼夜卷缩不展开，直至青枯而死，收获期提早7～10天。

四、山东省小麦干热风灾害

在山东小麦不同生态区，干热风的危害类型不同。针对小麦干热风的发生时期和发生特点，选择小麦成熟收获前16天的日最高温、日相对湿度和日均风速几个方面进行因子分析。日最高温分析对象包括成熟收获前的16天逐日最高温、连续4日最高温均值、成熟收获前的16天内日最高温≥30℃的天数、成熟收获前的16天内日最高温≥32℃的天数、成熟收获前的16天内日最高温≥35℃的天数；日相对湿度分析对象包括成熟收获前的16天逐日空气相对湿度、连续4日空气相对湿度均值、成熟收获前的16天内空气相对湿度≤40%的天数、成熟收获前的16天内空气相对湿度≤30%的天数、成熟收获前的16天内空气相对湿度≤25%的天数；日均风速分析对象包括成熟收获前的16天逐日平均风速、连续4日平均风速均值、成熟收获前的16天内平均风速大于3米/秒的天数（表4-15）。综合干热风的典型风险因子进行相关和多元回归等分析，确立风险致灾因子并构建回归模型。鲁西北以高温低湿风险因子危害显著；鲁西南的干热风类型属典型的雨后青枯型，一般发生于5月下旬初，雨后猛晴，伴随一天>3级的风速，致使植株青枯停止灌浆；鲁中有一定程度的旱风型干热风发生，主要特征是风速大，但未必伴随高温，一般发生在6月2～5日；胶东丘陵类型区的干热风危害以高温破坏植株叶片光合作用为主，使光合产物的制造和积累减少。

表4-15　气象因子分类

气象因子		成熟收获期前16天			
第一类	日最高温	逐日最高温	连续4日最高温均值	≥30℃的天数	≥32℃的天数　≥35℃的天数
第二类	日空气相对湿度	逐日空气相对湿度	连续4日空气相对湿度均值	≤40%的天数	≤30%的天数　≤25%的天数
第三类	日均风速	逐日平均风速	连续4日平均风速均值	大于3米/秒的天数	

　　对生态区的三类气候因子与相对气象产量分别进行相关、逐步回归分析，确定单因子与相对气象产量的相关系数和单因子及多因子互作项对相对气象产量的影响作用，确定成熟收获期的干热风风险因子，进一步建立干热风与相对气象产量风险模型，结果见表4-16。

表4-16　不同生态区相对气象产量与不同因子之间的相关系数

鲁西北	最高温（℃）			空气相对湿度					风速（米/秒）
	5月29日	6月4日	6月5日	5月29日	6月4日	6月5日	B（%）	≤25%天数	6月5日
相关系数（r）	X_1	X_2	X_3	X_4	X_5	X_6	X_7	X_8	X_9
	−0.48**	−0.41*	−0.57**	0.44*	0.39*	0.44*	0.42*	−0.43*	−0.43*

鲁西南	空气相对湿度			风速（米/秒）		A
	5月20日	5月21日	5月20日	5月25日	5月28日	
相关系数（r）	X_1	X_2	X_3	X_4	X_5	X_6
	−0.38*	−0.42*	0.40*	−0.37*	0.36	0.37*

鲁中	最高温（℃）		风速（米/秒）		D
	5月21日	5月29日	6月4日	6月5日	
相关系数（r）	X_1	X_2	X_3	X_4	X_5
	0.36	−0.38*	−0.50**	−0.37*	−0.38*

胶东	最高温（℃）			风速（米/秒）		
	5月29日	6月2日	6月8日	6月9日 D		>3米/秒的天数
相关系数（r）	X_1	X_2	X_3	X_4	X_5	X_6
	−0.40*	0.40*	0.41*	0.36	0.47**	0.38*

　　注：* 号表示该气象因子与相对气象产量之间的相关达到了显著水平（0.05水平显著），** 表示该气象因子与相对气象产量之间的相关达到了极显著水平（0.01水平显著）。A、B、D分别是鲁西南地区5月20~23日、鲁西北地区5月25~28日、鲁中地区6月2~5日的干热风风险因子。

　　初步确定表4-16中，相关系数达到显著和极显著水平的因子为干热风风险因子。为了更准确地确定因子对相对气象产量的作用大小，进行回归或逐步回归分析。建立相对气象产量的逐步回归模型，见表 4-17。

表 4-17 不同生态区相对气象产量对风险因子的回归模型

生态区	逐步回归模型	相关系数（r）
	$Y=41.2864426-1.3378225604X_3$	0.5675
	$Y=23.24924406-1.2526850586X_3+0.27900045582X_4$	0.6856
	$Y=25.33862424-1.1087926654X_3+0.25679043935X_4-1.7005387590X_9$	0.7325
	$Y=29.12676686-1.0067404752X_3+0.17146981174X_4-1.3076900234X_8-1.8983055879X_9$	0.7591
	$Y=-4.05871127+1.1143479031X_2-1.4635771161X_3+0.23776843838X_4+0.20656529756X_5-2.8249358384X_9$	0.7898
鲁西北	$Y=4.86041370-0.4633040153X_1+1.3598315542X_2-1.4766838260X_3+0.18023687390X_4+0.21218572580X_5-2.7618418008X_9$	0.8000
	$Y=14.36114533-0.5017971540X_1+1.3403455122X_2-1.7086268315X_3+0.21427769199X_4+0.3181644489X_5-0.16626862363X_6-2.5463865287X_9$	0.8114
	$Y=19.11464224-0.5050491618X_1+1.2569905864X_2-1.6492616940X_3+0.18661869999X_4+0.27913873575X_5-0.16073421999X_6-0.4934065095X_8-2.5651712307X_9$	0.8136
	$Y=20.64098674-0.4952529632X_1+1.2400543828X_2-1.6455607613X_3+0.18885771022X_4+0.27577759798X_5-0.15640147779X_6-0.023909981893X_7-0.5760485824X_8-2.5985989689X_9$	0.8138
	$Y=29.76290748-0.31161286068X_2-3.477483625X_4$	0.5361
	$Y=15.61367753-0.31326560500X_2-2.7599153706X_4+5.775474893X_6$	0.6123
	$Y=12.48973627-0.29625984006X_2-2.7327879638X_4+2.3270782248X_5+4.403998762X_6$	0.6250
鲁西南	$Y=10.91397247-0.26778923283X_2+2.4665530103X_3-2.3227392025X_4+3.611223628X_5$	0.6257
	$Y=11.00097382-0.28120852885X_2+1.4248239854X_3-2.4565478772X_4+2.8910503367X_5+2.2983740344X_6$	0.6285
	$Y=9.84841327+0.08911963126X_1-0.3481806501X_2+1.5107809688X_3-2.5415602230X_4+2.6357312867X_5+2.4811514473X_6$	0.6300

（续）

生态区	逐步回归模型	相关系数（r）
鲁中	$Y=14.00077188-4.161041592X_3$	0.503 9
	$Y=-5.73682038+0.6980168122X_1-3.769085384X_3$	0.578 3
	$Y=0.2197463297+0.5833092876X_1-3.424293473X_3-1.2019521907X_4$	0.594 3
	$Y=0.561716832+0.5823431963X_1-0.6870469896X_2-3.209940210X_3-0.8598679567X_4$	0.598 0
	$Y=0.648492157+0.6283817150X_1-0.9937398224X_2-2.8468953177X_3-1.3008824686X_5$	0.599 4
	$Y=0.948777322+0.6104412923X_1-0.8696796243X_2-2.9314947808X_3-0.30587778242X_4-0.9801871275X_5$	0.599 7
胶东	$Y=15.35717776-1.2886552940X_1+1.8223464487X_2+2.4962723132X_4+0.8375199740X_6$	0.715 2
	$Y=18.35551220-1.2904828682X_1+2.4713977364X_3+0.17400125181X_5+1.1292018022X_6$	0.676 6
	$Y=24.54947751-1.5052235251X_1+1.7711874416X_2+1.8946881383X_3-3.310439674X_4-4.567342150X_5+1.1708766742X_6$	0.743 0

注：不同生态区模型中的 X_1、X_2、X_3…见相关系数表。

针对不同因子的多重作用，相对气象产量可由上述模型分别求出。不同因子的组合可用于不同生育时期的产量判别，如果相对气象产量为负值，则对应为减产。

针对上表中不同生态区的显著和极显著相关因子，进行 DPS 统计及回归分析，并建立回归方程，同时进行模型的最大、最小值优化求解，得到不同因子在模型中的极端值。

通过单因子与相对气象产量之间的回归分析，建立单因子回归方程并进行方程求解（表 4-18），获得相对气象产量为 0 时的因子气候值（临界值），结合逐步回归方程，寻求相对气象产量为负值时的因子阈值（表 4-19）。

表 4-18　不同生态区相对气象产量对多风险因子及互作项的逐步回归模型

生态区	回归模型	相关系数（r）
鲁西北	$Y=6.85211737+0.03333224660X_1X_2-0.04294056560X_1X_3-0.07893075025X_3X_9+0.003268988378X_4X_5$	0.799 2
鲁西南	$Y=15.19250260-0.26943724005X_2-1.1687382217X_3X_4+1.9631184543X_3X_5$	0.634 4
鲁中	$Y=2.052268583+0.09832042151X_1X_4-0.9055914771X_3X_4$	0.607 7
胶东	$Y=22.97295404-1.2116367004X_1+0.5191330115X_2X_4+0.20542819167X_3X_6$	0.733 7

注：不同生态区模型中的 X_1、X_2、X_3…见相关系数表。

表 4 - 19　不同生态区单因子回归方程及临界值（单因子的相对气象产量预测）

生态区	因子	回归模型	临界值	相关系数（r）
鲁西北	X_1	$y=-1.1714x+33.672$	28.745 1	-0.478 6
	X_2	$y=-0.9791x+29.928$	30.566 8	-0.409 4
	X_3	$y=-1.33271x+41.264$	30.860 8	-0.567 3
	X_4	$y=0.3148x-17.476$	55.514 6	0.436 1
	X_5	$y=0.2422x-12.719$	52.514 5	0.387 9
	X_6	$y=0.2664x-14.026$	52.650 2	0.438 7
	X_7	$y=0.3783x-21.803$	57.634 2	0.415 6
	X_8	$y=-2.3993x+2.8707$	1.196 5	-0.433 5
	X_9	$y=-2.7209x+8.4112$	3.091 3	-0.427 7
鲁西南	X_1	$y=-0.3571x+23.565$	65.989 9	-0.383 9
	X_2	$y=-0.3332x+22.717$	68.178 3	-0.415 5
	X_3	$y=4.4707x-9.8085$	2.194	0.398 4
	X_4	$y=-3.7851x-9.4052$	2.484 8	-0.370 3
	X_5	$y=5.6895x-11.777$	2.07	0.358 1
	X_6	$y=7.0309x-15.086$	2.145 7	0.369 9
鲁中	X_1	$y=0.8811x-23.146$	26.269 4	0.362 9
	X_2	$y=-3.0094x+9.7195$	3.229 7	-0.384 8
	X_3	$y=-4.158x+13.992$	3.365 1	-0.503 7
	X_4	$y=-2.932x+10.066$	3.433 2	-0.372 8
	X_5	$y=-4.3287x+14.659$	3.386 5	-0.377 9
胶东	X_1	$y=-1.078x+29.808$	27.651 2	-0.395 2
	X_2	$y=2.5625x-8.4915$	3.313 8	0.396
	X_3	$y=3.3523x-10.585$	3.157 5	0.411 2
	X_4	$y=2.8901x-8.7145$	3.015 3	0.356 1
	X_5	$y=6.3985x-19.79$	3.092 9	0.474 9
	X_6	$y=1.1583x-9.129$	7.881 4	0.379 2

　　注：式中 y 为相对气象产量。X_1、X_2、X_3…见相关系数表。

　　不同生态区单风险因子的风险阈值见表 4 - 20，因子的取值区间作为该因子的风险阈值判定，当实际的气候因子取值在该范围内时，则对冬小麦籽粒产量的形成存在减产风险。对于不同生态区而言，多因子的综合风险对相对气象产量的最大影响分别是造成 29%、20%、21.6% 和 13.5% 的减产。而单因子对相对气象产量的实际影响，则由单因子回归模型来判定。通过回归、逐步回归等分析，构建相对气象产量的风险预警模型，确立了干热风的致灾因子和灾损水平，明确了高温低湿型、雨后青枯型等几种干热风灾害类型的分布特征。结果表明，不同地区干热风风险发生的概率模型有所不同，风险等级差异明显。

表 4 - 20　风险因子阈值及其致灾程度

项　目	鲁西北	鲁西南	鲁中	胶东
相对气象产量	$-29.098\sim0$	$-20.098\sim0$	$-21.6412\sim0$	$-13.502\sim0$
X_1	$28.745\leqslant x\leqslant34.55$			$27.651\leqslant x\leqslant31.91$
X_2		$68.1783\leqslant x\leqslant84.82$		
X_3	$30.861\leqslant x\leqslant37.01$	$0\leqslant x\leqslant2.194$	$3.365\leqslant x\leqslant6.16$	
X_5	$40.229\leqslant x\leqslant52.515$		$3.386\leqslant x\leqslant5.21$	$0\leqslant x\leqslant3.093$
X_6		$0\leqslant x\leqslant2.146$		
X_7				
X_8				
X_9	$3.091\leqslant x\leqslant6.1$			

第五章　基于对地观测的小麦遥感监测

本章从保障我国粮食数量安全的总体目标出发，以定量遥感对地观测技术为基本手段，以小麦为监测对象，以农业管理部门对农情信息的需求为驱动，在充分研究国内外现有的技术成果的基础上，系统地研究了区域尺度的小麦生产数据获取与监测方法，解决了小麦面积和产量遥感监测的关键技术问题，建立了基于对地观测技术的小麦生产数据获取与监测技术体系，实现了山东省小麦种植面积、长势和产量的动态监测，为粮食安全预警系统提供了科学、可靠和及时的数据支持。

为充分发挥遥感数据覆盖区域广、数据获取效率高、客观性强的优势，针对山东省小麦，采用属性数据空间插值、作物参数遥感反演等技术手段，从涉及小麦生产过程的生产投入、产出、资源环境、生物灾害和气象 5 个方面，开展了历史和即时数据的收集和整理研究，为定量化、精准化的小麦预警系统研发奠定基础。

通过遥感、地理信息系统技术与空间统计学原理及传统抽样方法的联合应用，进行了适宜于县域尺度的小麦播种面积空间抽样外推总体关键技术研究。结果表明，采用县域尺度分层的小麦播种面积空间抽样方法精度可达到 90%以上。

为解决农作物遥感监测中作物类型自动识别率和面积变化提取精度相对不高的难题，针对山东省县域单元农业生产模式的特点，立足于小麦不同生育时期遥感数据的满足程度，通过低分辨率卫星数据早期识别技术与混合像元分解技术结合，进行了基于分辨率卫星数据农作物面积早期识别关键技术研究。结果表明，采用中高、中低分辨率结合的农作物面积获取精度可以达到 90%以上，具有费用效率比较低、时间频率高、空间分布范围较为明确的特点，适用于粮食空间与数据趋势性估计与预测。

根据国家对农作物数量信息的迫切需求，将遥感前沿技术应用于农作物产量为核心，在小麦估产区划基础上，进行了小麦单产及产量预测关键技术研究。结果表明，采用气象与遥感结合的单产预测方法总体监测精度可以达到90%以上，具有监测成功率高、结果获取及时的优势。适用于粮食作物单产空间与数量趋势性的估计与预测；采用基于光合有效辐射反演的小麦作物产量获取光能利用效率模型监测精度可达到 90%以上。具有作物产量空间分布明确、

便于说明粮食产量波段分析的原因等优势。适用于区域作物产量波段原因分析
与产量最高上限的估测。

第一节 小麦生产风险数据获取

一、研究思路

(一)技术路线

研究以小麦作物为对象,通过收集整理与小麦生产有关的时间序列数据,
同时将地面调查和遥感观测手段相结合,监测小麦生长环境及长势指标参数,
构建小麦生产指标数据库及生产风险模型库,重点研究开发基于 GIS 的小麦
产量预测与气象灾害预警系统,解决当前农业主管部门在农业宏观决策、早期
风险预警等方面的技术难题,为农业主管部门和生产者在农业宏观决策、早期
风险预警等方面提供技术支持。研究坚持理论分析与实地调查相结合,坚持定
量研究和定性研究相结合,坚持吸纳继承和创新突破相结合,追踪国内外研究
前沿,开展深入研究。总体上采用"采集规范-网点布局-风险因子分析-模型
研制与预警系统开发"的技术路线,完成了相关的研究开发工作。具体技术路
线见图 5-1。

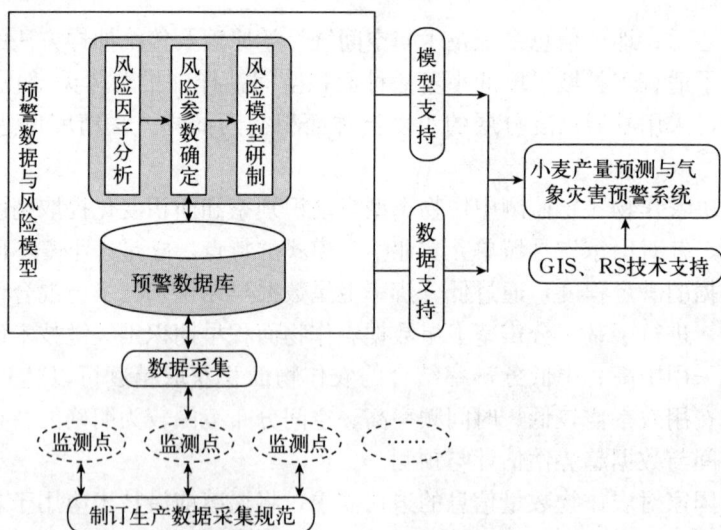

图 5-1 小麦产量预警与气象灾害预警系统研发技术路线

(二)研究目标

针对我国粮食生产区域性强、风险性大等问题,在山东省以小麦为研究对
象,集成应用生产风险智能分析、预测预警、计算机、RS 和 GIS 等关键技

术，建立小麦生产监测网点，制订小麦生产信息数据采集标准，研制小麦生产风险预警模型，开发基于 RS 和 GIS 的小麦生产风险智能分析与预警系统。实现对小麦生产风险的早期发现、早期预警、早期干预，为政府部门指导农业生产和制订农业保险费率、保费补贴、粮食最低保护价、农业直补标准等政策提供决策依据。

（三）小麦生产风险监测网点建设

根据山东省的自然生态条件和农业生产实际情况，主要考虑具有代表性的粮食生产大县和农业园区，同时根据网点布局与设计方案，在山东小麦主产区分区域建设了具有生产水平典型性和生态区域代表性的小麦生产风险监测网点150 个（图 5-2）。先后在 11 个监测网点安装了专用的粮食生产风险数据采集设备，粮食生产风险数据采集器主要用于实时气象数据的采集，数据采集后通过无线网络传输至数据接收平台，用于下一步的加工整理和数据分析。具体的网点建设情况见表 5-1。

表 5-1　2013 年网点设置情况

生态类型	市（县、区）	网点数（个）
胶东丘陵冬性晚熟类型区（20 个）	龙口	10
	莱西	10
鲁西北平原冬性、半冬性中晚熟类型区（70 个）	陵县	10
	桓台	10
	广饶	10
	莘县	10
	东昌府区	10
	东阿县	10
	齐河县	10
鲁中山丘川半冬性、冬性中熟类型区（30 个）	章丘	10
	诸城	10
	罗庄	10
鲁西南平原湖洼半冬性早熟类型区（30 个）	微山	10
	肥城	10
	东明	10
合计		150

（四）遥感监测试验取样点的设置

确定了监测网点后，为了使采集地面数据属于同一像元 250 米×250 米的概率最大，在具体的监测区域，选取 750 米×750 米范围内小麦的地块，采用对角线取样法（图 5-2），所选样点小麦代表整个像元的平均水平，各点远离道路房屋、树林 250 米以上（即空旷地）。

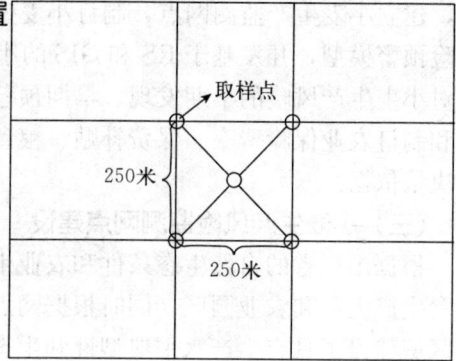

图 5-2 采样点示意图

二、基础数据收集

收集了山东省小麦生产投入类（农药、化肥等）、产出类（单产、总产等）、资源环境类（土壤、水资源、空气等）、生物灾害类（病虫害）、气象类（洪涝、干旱、干热风、冷冻害）历史和即时数据。服务于小麦作物种植面积监测和产量预测的基础数据，主要包括农业与农村经济统计数据、基础空间数据、农作物面积和产量田间调查数据及遥感数据等方面。根据小麦生产预警研究的需求，按照相应的数据采集规范，重点获取了以下几类数据：

1. 历史数据 主要收集整理了山东龙口、莱西、陵县、桓台、广饶、莘县、章丘、诸城、罗庄、微山、肥城、东明、聊城东昌府区及东阿等地 30 余年的历史数据资料。包括历史气象数据（小麦生长季月日照百分率、生长季旬均温、生长季月降水、10 月逐日降水、3 月拔节期逐日最低气温、灌浆中后期每日最高温、灌浆中后期每日空气相对湿度、灌浆中后期每日风速等）；历史统计数据（播种面积、收获面积、总产、单产等，以及农业机械总动力及主要农业机械年末拥有量、年末从事劳役的大牲畜拥有量、地方财政预算中支援农业支出、农业贷存款状况等）；历史土壤数据（土壤有机质、土壤全氮、土壤碱解氮、土壤速效磷、土壤速效钾含量和土壤 pH 等）。主要包括如下数据：

(1) 1949—2016 年，小麦的单产、面积、总产。

(2) 1980—2016 年的小麦病害。

(3) 1980—2016 年的土壤 pH、土壤有机质、全氮、碱解氮、全磷、有效磷、全钾、缓效钾及中微量元素等。

(4) 1980—2016 年，小麦生长季节（10 月至翌年 6 月）的日照百分率、旬均温、月降水量。

(5) 1980—2016 年，3 月的逐日最低气温。

(6) 1980—2016 年，5 月 20 日至 6 月 10 日日最高气温、相对湿度、风速等。

2. 网点调查数据　包括小麦播种期、播量、小麦品种、水浇方式、生长季浇水次数及浇水量、施肥量、施肥成本、亩产量、小麦单价、主要病害与发生程度、主要虫害与发生程度等。

3. 即时数据　利用采集器采集的小麦生长环境参数，包括气象数据、土壤数据等。每间隔 5 分钟传输一次，发送至服务器。

4. 遥感数据　从 MODIS 数据共享平台 ftp：//e4ftl01u. ecs. nasa. gov/获取 2008—2013 年 8 天合成 MOD09Q1 数据，数据包含红光和近红外 2 个波段的信息，空间分辨率 250 米；获取 8 天合成 MOD09A1 数据，数据包含可见光、近红外、长波近红外前 7 个波段的信息，空间分辨率 500 米；Landsat8OLI 数据。

5. 对地观测数据

（1）每个取样点 GPS 定位，按照要求确定经纬度。

（2）记录小麦品种、历年小麦产量、土壤质地。

（3）量畦宽　畦宽为第一畦第一行至第二畦第一行的距离，记录每畦行数（一年内取样固定在同一畦内，只量第一次就行）。

（4）量株高　将钢卷尺头伸出接触地面，读取小麦植株自然状态下最高点刻度（包括麦芒）。为了保证株高数据获取的有代表性，从畦的一边开始量，平均每行量 10 株，最后取 10 株平均值。

（5）取土样　用取土器垂直取小麦行间土壤，将取土器垂直旋转压至 20 厘米刻度线与地面齐平，3 次重复土样混匀后，取 1 铝盒带回实验室备用。

（6）取植株　取 0.5 米×0.5 米面积内全部小麦植株，连根拔起，放塑料袋内，并做 3 次重复。

（7）用数码相机（像素在 800 万以上）在距离小麦冠层 1 米的地方垂直拍照及大范围内拍照，照相角度不遮阳，要求图像清晰，然后按照片取样路线编号。

（8）记录浇地时间。

（9）记录突发性病虫害种类及程度。

（10）采样时间设定：在天气晴朗、无云情况下取样。3～5 月，每月两次采样频率，以及收获测产。

6. 室内测定数据

（1）生物量测定　统计取回小麦的总茎数，取 50 个茎去根，将茎、叶分开，称重后分别放入纸袋中，烘干至恒重后称重。

（2）叶面积测定　利用叶面积仪进行，每处理测量 20 片叶片。

（3）叶绿素测定　利用叶绿素测定仪进行测量，每处理测量叶片 20 片，取平均值作为该处理的叶绿素含量。

（4）土壤含水量测定　试验前需将铝盒打扫干净，盒子同盖子配套烘干称重。野外试验后，将土样连同铝盒一起称重，打开盒盖，将盒盖与铝盒按顺序摆放在托盘内烘至恒重。计算公式：土壤含水量＝（土壤湿重－土壤干重）/土壤干重。

（5）土壤养分测定　测定土壤有机质、全氮、碱解氮、全磷、速效磷、全钾、速效钾、pH等，按常规方法测定。

（6）收获时测产　取样时，测生物量的 50 个茎，将穗从穗基部剪下，称鲜重，自然风干称干重，随机取 20 穗脱粒，称麦粒总重，并数 500 粒称重。

第二节　山东省小麦耕地信息提取

一、研究区概况

山东省地处中国东部、黄河下游，位于北半球中纬度地带，自北向南依次与河北、河南、安徽、江苏四省接壤，是中国主要沿海省市之一（东经114°19′~122°43′、北纬 34°22′~38°23′）。山东省属于温带季风气候，降水集中，雨热同期，春秋短暂，冬夏较长。主要农作物有冬小麦、玉米、大豆和花生等。

二、山东省耕地信息提取

耕地是人类生存必不可少的基本资源，近年来，随着中国人口的增加和国民经济的发展，耕地面积一直呈现逐步减少的趋势，给农业发展和人民基本生活带来了威胁。耕地作为重要的农业资源，对其进行切实保护的主要内容是动态监测耕地的变化，防止耕地的质量退化，维持耕地总量动态平衡。

在当前市场经济条件下，利用遥感技术能够及时、准确地获取区域作物种植空间、面积等信息，对于准确估计和掌握农作物产量的动态变化具有重要的意义。由于耕地资源具有极强的动态性，其空间分布、数量和质量呈现出随时间推移而不断变化的特征，对于大面积实时和现势的耕地资源信息，用常规的野外调查技术很难获取，如何利用经济可行的遥感技术快速准确地提取耕地信息已成为研究的热点和难点。耕地信息提取是遥感专题信息提取的难点之一。目前许多研究采用了 QuickBird，SPOT 等高分辨率数据提取耕地信息，这些数据具有高空间分辨率，但是这些数据的价格贵、时间分辨率低，多用于小空间尺度的研究。适用于大尺度范围农作物信息提取研究的 *NOAA-AVHRR*、*MODIS* 等具有低空间分辨率、高时间分辨率的遥感影像又很难保证提取结果的准确性。高分辨率的遥感影像可以精确地提取耕地信息，但是其覆盖面积小，遥感解译的时候工作量大，费时费力，并且重访周期长，不能及时监测；低分辨率遥感影像具有覆盖面积大，重访周期短的优点，但是精度低，容易导致提取信息的不准确。中等分辨率 TM、ETM＋影像在耕地信息提取方面也被广大学者所采用，但是由于 Landsat7 号星的扫描行校正器在 2003 年发生故障使其实用价值降低，Landsat5 号星在 2012 年宣布退役，从而造成 Landsat 40 年的连续对地观测出现中断。

　　研究以山东省为研究区域，对 Landsat8 OLI 影像进行了处理和分析，并提取了山东省的耕地信息，旨在探讨 Landsat8 OLI 影像在耕地信息提取方面的可行性，为了解该影像的应用潜力提供一些信息。

三、数据的准备

（一）Landsat8 OLI 数据简介

2013 年 2 月 11 日，Landsat8 卫星成功发射于美国加州；2013 年 3 月 18 日，Landsat8 获得了第一幅遥感影像，并于 3 月 29 日作为样本数据供用户下载。

　　Landsat8 卫星的轨道高度为 705 千米，绕地球飞行的近极点太阳同步轨道倾角为 98.2°，绕地球一圈需要 98.9 分钟，覆盖地球一遍需要 16 天，降交点时间为当地时间10：00～10：15，卫星数据下行速率为 441Mbps。

　　卫星携带了两种成像仪：OLI（Operational Land Imager）陆地成像仪和 TIRS（Thermal Infrared Sensor）推扫式成像仪。其中 OLI 成像仪有 9 个短波谱段，幅宽为 185 千米，全色波段的地面分辨率为 15 米，其他波段的地面分辨率为 30 米。与 Landsat7 上的 ETM 传感器相比，OLI 陆地成像仪做了以下调整：OLI Band5（0.845～0.885 微米）排除了 0.825 微米处水汽吸收特征；OLI 全色波段 Band8 范围收窄，这种方式可以在全色图像上更好区分植被和无植被特征；此外，还新增加了用于海岸带观测的蓝色波段（Band1：0.433～0.453 微米）和用于云检测的短波红外波段（Band9：1.360～1.390 微米），具体见表 5-2。

表 5-2　Landsat8 星载 OLI 的技术参数

波段号	1	2	3	4	5	6	7	8	9
波段	深蓝	蓝	绿	红	近红外	短波红外	短波红外	全色	卷云
波长（微米）	0.43～0.45	0.45～0.51	0.53～0.59	0.64～0.67	0.85～0.88	1.57～1.65	2.11～2.29	0.50～0.68	1.36～1.38
空间分辨率（米）	30	30	30	30	30	30	30	15	30
辐射分辨率（bit）	12	12	12	12	12	12	12	12	12

（二）波段选择

土地利用类型信息的提取与地表植被的覆盖状况有很大关系，不同的利用类型有其特有的植被覆盖特征，因此波段选择应选定对绿色植被有较好反映的波段。

根据作物种植面积提取的需要，为在影像上突出不同的作物系，应选择对作物信息比较敏感的波段。另外，根据最佳目视效果原则，参考国外公布的OLI波段合成的简单说明，对 Landsat8 OLI 数据进行了不同波段目视效果的对比分析，结果表明，对于耕地信息的提取，效果较好的为 5、4、3 波段和6、5、2 波段。

（三）时相选取

选择适宜的时相，首先可以强化目标作物信息，其次可以提高与作物产量关系的显著性，最后可以弱化其他因子的干扰，从而降低遥感信息中的不确定性，在信息的处理和订正方面减小难度（表 5-3）。

表 5-3　Landsat8 OLI 波段合成的简单说明

R、G、B	主要用途	R、G、B	主要用途
4、3、2	自然真彩色	5、6、2	健康植被
7、6、4	城市	5、6、4	陆地/水
5、4、3	标准假彩色，植被	7、5、3	移除大气影响的自然表面
6、5、2	农业	7、5、4	短波红外
7、6、5	穿透大气层	6、5、4	植被分析

耕地主要是种植农作物的土地，根据山东省农作物种植的物候特征及以往对研究区耕地各种农作物物候历的分析，认为依据冬小麦光谱信息进行耕地信息提取最为适宜，中国北方冬小麦生育期从 9 月至翌年 6 月，在此期间，绝大部分冬小麦种植区，有一个草木枯黄的时期。因此，提取耕地信息最适宜的时相是 11 月中旬至 12 月中旬、翌年 3 月上旬至 4 月上旬两个时间段。

该研究选取的是 Landsat8 OLI（陆地成像仪）2014 年 3 月的影像，该影像仍沿用 Landsat 系列数据的 UTM/WGS84 投影/坐标系，数据的处理格式为 Level 1T，即已进行了基于地形的几何校正。由于研究区的范围较大，全部覆盖整个山东地区需要 12 景影像。

（四）Landsat8 OLI 数据预处理

遥感影像预处理的主要目的是对图像中无关的信息进行消除，恢复可用的真实信息，最大限度地简化数据，增强可用信息的可检测性，从而改进特征识别，提高提取的可靠性。

下载的 Landsat8 是一级产品，数据格式为经典的 .TIFF 格式，其中包括 11 个波段和影像文件，一个质量评估文件和一个 .TXT 格式的元数据，质量评估文件主要包括传感器的运行环境参数，元数据包含拍摄时间，太阳高度角，经纬度等信息。该研究首先对 Landsat8 OLI 数据进行几何校正，经过波段合成得到合成数据，然后对山东地区的 12 景影像镶嵌得到覆盖山东地区的完整影像图，通过裁剪获得研究区影像，最后将合成的数据与全色波段数据融合，获取空间分辨率为 15 米的影像。

（五）Landsat8 OLI 遥感影像的增强处理

1. 波段合成　波段组合不仅可以扩展地物波段的差异性，表现差异显示的动态范围，还可以扩展肉眼观察的可视性，提高地物的可判读性，使判读结果更为科学合理。耕地信息提取与地面覆盖特征有很大的关系，考虑到绿色植物的光谱特性，该研究遥感影像选择 Landsat8 OLI 5、4、3（R、G、B）波段合成的图像类似于彩色红外图像，是一种标准假彩色图像，它的地物丰富、鲜明、层次好，可用于植被分类、识别，植被显示红色。Landsat8 OLI 6、5、2（R、G、B）波段合成的图像适用于农业，植被类型较丰富，对裸地信息进行增强，可以与有作物的耕地区分。合成后的影像分别见图 5-3 和图 5-4（以 LC81210342014073LGN00 图幅影像为例）。

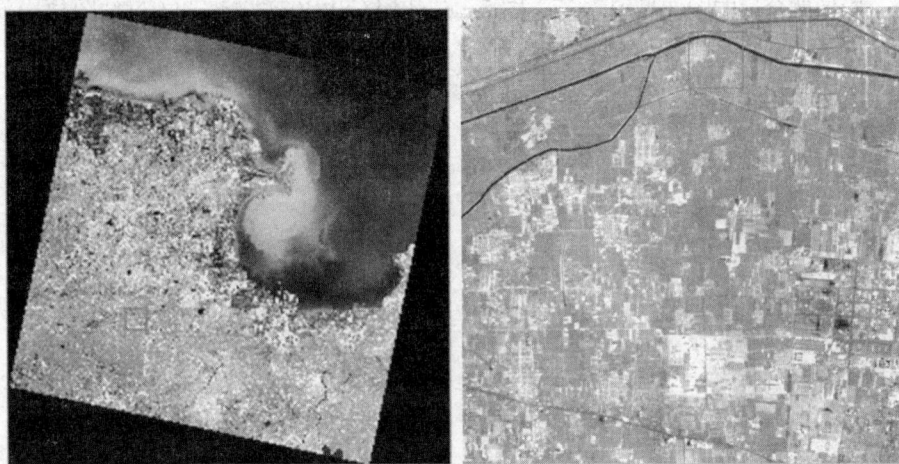

图 5-3　Landsat8 OLI 5、4、3 波段合成影像图（左）和合成影像局部图（右）

2. 反差增强　该研究采用 ENVI 软件进行遥感影像的处理，ENVI 软件系统内部在打开遥感影像时自动进行了 2% 的线性拉伸，经过拉伸处理后，遥感影像合成的假彩色图像加大了地物差异，层次更加分明，更易于识别耕地信息。

3. 图像融合　对影像进行融合增强处理可以使图像的目视效果达到最佳，方便正确提取耕地信息。由于 Landsat8 OLI 数据中全色波段 band8 的空间分辨率是 15 米，其余波段空间分辨率是 30 米，为了能够使两者进行融合，在融合前，必须

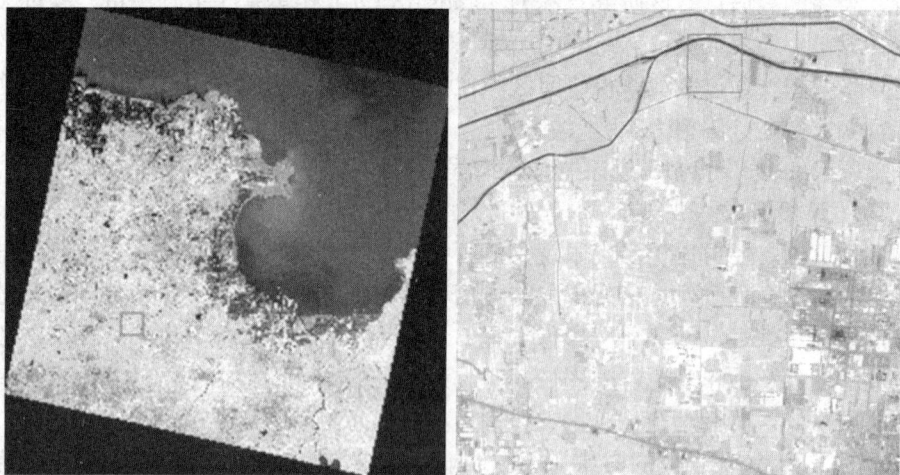

图 5 - 4　Landsat8 OLI 652 波段合成影像图（左）和合成影像局部图（右）

将空间分辨率 30 米的影像重采样成空间分辨率为 15 米的影像后再进行影像的融合。影像融合后的图像见图 5 - 5、图 5 - 6（以 LC81210342014073LGN00 图幅影像为例）。

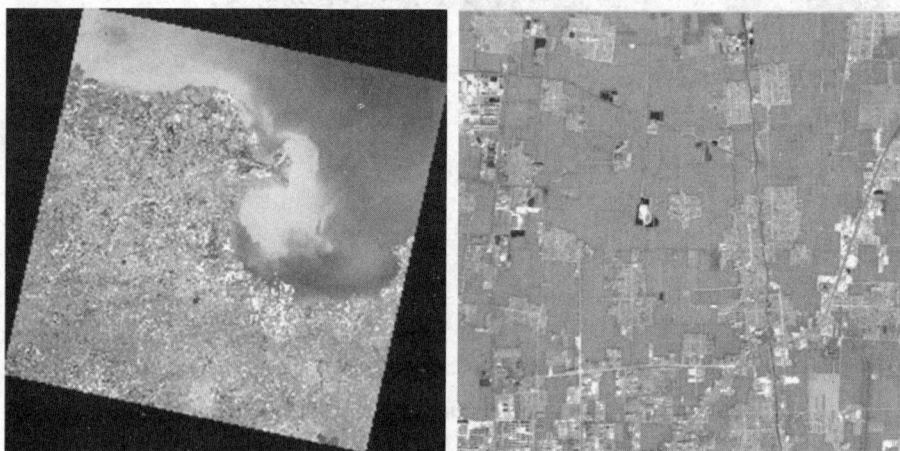

图 5 - 5　Landsat8 OLI543 波段合成数据与 band8 全色波段融合后图像（左）和融合后图像局部图（右）

（六）耕地信息的提取方法

1. 目视解译　Landsat8 OLI 数据为中等分辨率影像，进行数据融合后，影像的空间分辨率达到了 15 米，能够看清很多影像上显示的地物外廓，通过解译标志和地理知识，结合资源信息专题类型提取标志，直接在影像图上对各

图 5-6　Landsat8 OLI652 波段合成数据与 band8 全色波段融合后图像（左）和融合
　　　　后图像局部图（右）

种体表特征进行识别和分类解译，在屏幕上进行地物勾画，取得耕地的矢量图。目视解译的方法有着较高的精度，但是浪费了大量的时间和人力。

2. 非监督分类　根据目视解译的初步判断将地物分为耕地、林地、裸地、水体、居民地、道路用地、未利用地和其他等 8 类。在实际的分类过程中，由于耕地包含了水田、水浇地、旱地等多种用地类型，因此影像上表现为麦田、裸露沙地以及水稻田等不同的光谱特征，适宜采用人机交互式的非监督分类，设置较大数目的分类类别，对得到的分类结果对比相应的土地详查变更土地利用现状图进行逐步分类，同类的进行合并，减少分类类别，直至获得理想的分类结果。研究采用了 ENVI 非监督分类 ISODATA（重复自组织数据分析技术）法，ISODATA 法首先对数据空间中均匀分布的类均值计算，然后用最小距离技术迭代聚合剩余像元，均值在每次迭代时都要重新计算，并由所得的新均值对像元再分类。

3. 监督分类　本研究采用 ENVI 软件中监督分类的波谱角分类法（Spectral Angle Mapper - SAM）。波谱角分类法以物理学为基础，通过对终端光谱向量和像元的矢量在 n 维空间中的角度进行比较，把像元分配到相应的区间，角度值的大小决定了分类的精确与否。为了保证分类的精度，在选取样本前，先对 Landsat8 OLI 数据的波段合成图像进行了投影变化、几何校正、特征变换、光谱增强等处理，并结合耕地的光谱特征进行训练样区选择，并且训练样区的选择在目标地物面积较大的中心选取。

（七）精度评价

1. 面积精度检验　利用 ENVI 软件提供的 Statistic（统计）工具，计算得出山东地区耕地所占的像元总数，与每一个像元所代表的实地面积相乘，最终提取得到耕地面积是 6 894 878.86 公顷，与详查数据相比，精度达到 91.8%。

2. 空间精度检验　利用 ENVI 提供的 Classes Overlay 功能，将得到的耕地分布图分别覆盖在 Band5、Band4、Band3 得到的假彩色图像和 Band6、Band5、Band2 得到的图像上，再与土地利用现状图相对照，发现提取得到的耕地分布与遥感影像显示的耕地信息基本吻合。

四、结论与讨论

Landsat8 OLI 数据延续了 Landsat 系列的长时期对地观测能力，且观测性能有所优化，是生态环境监测的重要遥感信息源。基于 Landsat8 OLI 数据，通过目视解释、监督分类和非监督分类方法交互式的分类方法能取得良好效果。在耕地信息提取过程中，通过对 Landsat8 OLI 数据 Band5、Band4、Band3 合成得到的假彩色和由 Band6、Band5、Band2 合成的专门适用农业的图像结合起来对比提取耕地信息，能提高分类的精度。所以，基于 Landsat8 OLI 数据进行市区级耕地信息的提取具有可行性，并且提取速度快、结果准确，可以满足耕地利用及管理中对耕地信息适时获取的要求。

利用遥感手段进行耕地面积提取，有着不可替代的优势。用遥感技术调查耕地面积省时省力，不仅可以为决策者提供比较准确的耕地面积，方便相应政策的制订，还能为作物估产提供较为精确的基础数据，具有较高的经济效益和社会效益。研究仅利用 Landsat8 OLI 数据对山东区域进行了探讨，可以看出 Landsat8 OLI 数据延续了 Landsat 系列的长时期对地观测能力，且性能有所优化，可以推广应用到南方水田等其他区域的研究，但其结果精度还需要进行验证分析。

该研究对耕地的遥感提取方法，是将所研究的区域看成一个整体对其进行监测，这种方法适用于耕地大范围分布且多为平原的地区，监测精度高，但是对于地形复杂或耕地破碎度高的地区不适用。对于后一种地区进行深入研究又十分必要，可以考虑结合高分辨率遥感影像提高地形复杂或耕地破碎度高地区的耕地面积提取精度，综合应用多源、多时相遥感数据，采用数据融合技术提高遥感图像的时间和空间分辨率。

第三节　小麦种植面积空间抽样与提取

从 20 世纪 60 年代遥感数据用于农作物面积信息获取以来，由于客观性强、对作物区域空间分布差异性表达准确、覆盖性高而获得了广泛的应用。但是，随着遥感空间分辨率逐步提高，轨道回访周期越来越长，覆盖范围也随之缩小。以常规分辨率法国 SPOT-5 卫星影像为例，回访周期为 26 天，轨道覆盖 60 千米×60 千米，理想状态下需要 26 天获得区域全部覆盖的数据。由于接收效率及云干扰的影响，一般每季度都不能获得全区域覆盖影像，正常情况下是 1～3 年能够获取全覆盖影像。为弥补遥感数据全覆盖能力的不足，同时又为发挥遥感数据的优势，在空间统计学原理指导下，利用少量遥感数据进行农作物种植面积空间抽样研究应运而生。

研究针对省级尺度基于遥感数据空间抽样调查技术系统性、规范性较差的现状，结合地面样方调查信息，从抽样调查单元设计、空间抽样方案设计等方面出发，通过遥感、地理信息系统技术与空间统计学的联合应用，建立了完整的、较为规范的省级尺度农作物种植面积空间抽样外推技术，指出了在最经济条件下获得最为准确的省级农作物面积遥感信息空间的方案。

一、小麦种植面积空间抽样

（一）技术流程

包括抽样基础数据准备、抽样方案设计、样本值获取、总体外推和误差设计，最终得出面积空间抽样框。

（二）基础数据

主要包括 4 部分：一是基础地理信息数据，山东省行政边界数据；二是土地利用数据，山东省近年土地利用数据；三是农作物空间分布数据，2013—2016 年山东小麦空间分布数据；四是山东省冬小麦种植区划数据。

（三）空间抽样方案设计

包括抽样调查单元设计、抽样方法设计、样本单元空间位置设计、样方形状设计 4 个方面。

1. 抽样基础单元设计　抽样基础单元是农作物种植面积空间抽样方案设计中的基础要素之一，是构成各阶段抽样过程的基本单位。研究涉及两个尺度的单元，即区域尺度单元和区域尺度以下的地面样方调查单元。

（1）以行政单元为抽样基础单元　区域尺度单元，在研究中是以县（市）单元尺度下的抽样单位。参考以往国家农村统计调查中的常用统计单位，同时兼顾现有中高分辨率遥感影像单景覆盖范围，选取研究区域所辖单个行政县为抽样基础单元。

（2）以野外调查为基础的地面抽样调查单元　地面样方调查单元，综合考虑样方地面调查工作量及总体的代表性，设计尺度为 250 米×250 米。可以采用地面调查的方式获取，也可以采用高分辨率遥感影像识别的方式获取。一级单元按照分层抽样原则选取，二级单元按照总体样方误差最小原则选取。

2. 抽样方法设计　主要比较了简单随机性、传统分层抽样、空间随机抽样、传统系统抽样、空间系统抽样、空间分层抽样 6 种抽样方法，并按照总体抽样误差最小的原则确定样本容量。需要说明的是，在区域尺度单元以下抽样时，即样方抽样时，是基于分层控制下随机分布的假设，因此仅采取简单随机抽样的方式进行，样本数量决定于抽样误差最小原则。分层标志为分线冬小麦面积占最大冬小麦种植面积县内小麦面积的比例。遵循分层抽样中尽量减小层内方差及单层内样本单元不得小于 2 个原则，经多次测算，设计分 4 层，层界为 25％的面积比（即单县冬小麦播种面积与最大播种面积县的冬小麦面积比值）。

分层抽样中总样本容量按下式计算，将总样本容量按各层层权比例分配得到各层样本容量，具体计算过程见下式：

$$n_0 = \frac{\sum W_h S_h^2}{V}$$

$$n = \frac{n_0}{1 + \dfrac{n_0}{N}}$$

$$V = \left(\frac{\gamma \overline{Y}}{t}\right)^2$$

$$\overline{Y} = \bar{y}_{st} = \sum_{h=1}^{L} W_h \bar{y}_h$$

$$W_h = \frac{N_h}{N}$$

$$n_h = n \frac{N_h}{N} = n W_h$$

式中：n_0——初始样本量；

V——总体均值 $\overline{Y}$ 估计量的方差，当 $n_0/N > 0.05$ 时，采用第二式修正；

t——抽样概率度，当置信水平为 95％时，$t = 1.96$；

γ——相对误差，研究中取 5％，是总体均值，可通过样本均值估计；

$\bar{y}_h$——第 h 层抽中样本均值；

W_h——第 h 层层权；

S_h^2——第 h 层总体单元方差；

N_h——第 h 层总体容量；

n_h——第 h 层样本容量；

N——全部总体单元数。

3. 样本单元空间布设　农作物面积分布在地理空间上，具有空间关联性和异质性，并不严格满足传统抽样理论假定抽样基础单元间相互独立原则。因此，区域抽样基础单元空间关联性和异质性对抽样过程与结果是有影响的，针对以往的对地抽样研究中样本空间布局尚未实现全局优化的现状，以抽样调查区研究对象总体指标为目标函数，通过引入模拟退火算法，进行样本空间布局的全局优化，最终形成了农作物面积空间抽样单元的空间方法。

（1）研究区地物表征空间分析　研究区地物表征是决定其空间抽样方法选择的前提条件。该研究选取规则网格作为抽样基础单元。首先基于全局空间自相关指数优选网格尺寸，利用尺寸优选后的网格对研究区域进行离散，构建抽样框。对抽样基础单元的空间特征进行定量分析，从而实现对研究区域低温表面特征作出科学评价。将单个抽样基础单元（方格）中心 (x, y) 坐标作为该基础单元的属性值，即 z 值，完成抽样基础单元的（以单元内耕地面积为属性特征）区域化变量处理过程。通过引入空间统计学中协方差函数和变异函数分别定量，确定研究区抽样基础单元空间相关性和异质性。

$$\gamma = \frac{C(Z_i, Z_{i+h})}{\sigma_p^2}$$

$$C(Z_i, Z_{i+h}) = \frac{1}{N(h)} \sum_{i=1}^{N(h)} \left[Z(X_i, Y_i) - \overline{Z(X_i, Y_i)} \right] \left[Z(X_{i+h}, Y_{i+h}) - \overline{Z(X_{i+h}, Y_{i+h})} \right]$$

$$\sigma_p^2 = \frac{1}{N} \sum_{i=1}^{N} (Z_i - \overline{Z_i})^2$$

式中：γ——研究区全部抽样基础单元空间相关系数，γ 的变化范围为 $[0, 1]$；

$C(Z_i, Z_{i+h})$——研究区抽样基础单元间协方差；

$N(h)$——空间距离为 h 的抽样基础单元个数；

$Z(X_i, Y_i)$——第 i 个抽样基础单元内耕地面积；

σ_p^2——研究区内总体单元间离散方差。

①研究区抽样基础单元空间关联性判断准则。

a. 当 $\gamma = 0$ 时，则研究区抽样基础单元没有空间关联性，研究区地物表面属于随机分布。

b. 当 $\gamma \neq 0$ 时，研究区抽样基础单元间存在空间关联性。

②引入空间统计学中的变异函数进行抽样基础单元间空间异质性数学模拟。研究区抽样基础单元空间异质性判断准则如下：

当沿各个方向（该研究指 0°、45°、90°和135°）的变程值不发生变化时，抽样基础单元间各向同性，不存在空间异质性；当沿各个方向的变程值不同时，抽样基础单元间存在空间异质性。

（2）**样本空间布局全局优化**　研究区样本空间全局优化的具体操作步骤包括以下 4 个部分：以研究区总体均值的克里格估计方差为适应性函数（目标函数）；抽选出 1 套样本，计算样本克里格方差；采用模拟退火算法重新生成 1 套样本，再次计算克里格方差；两者比较，如果后者小于前者，则后者样本入选；重复循环上述过程，直至克里格方差不变，则最后样本即为最优样本。

4. 样方形状设计　针对耕地地块面积大小及破碎程度不一的现状，兼顾抽样样本野外调查的可实施性，比较了不规则与规则样方抽样效率与精度。结果表明，相对于空间随机抽样，基于规则网格的分层两阶段抽样在满足规定的抽样精度前提下，抽样比仅为 0.79%，低于空间随机抽样的 1%；对应的抽样比仅为 28.07%，空间随机抽样为 63.16%。因此，在样方尺度形状上应尽量采取规则性取样。

（四）样本观测值获取

样本抽选后，基于中高空间分辨率的 Landsat TM 或 SPOT 遥感影像，采用计算机监督分类和人工目视解译相结合的方式提取样本方格内冬小麦面积作为样本观测值，进行各种抽样方法外推总体与误差估计。具体分类方法是遥感数据分类中较为成熟的方法，在此不再赘述。

（五）外推总体与误差估计

1. 多种空间抽样方法的外推总体与误差估计过程

（1）**简单随机抽样**　采用简单估计量进行总体外推与误差估计。总体总值估计量方差的无偏估计按以下公式计算：

$$\hat{Y} = N\bar{y}$$

$$v\ (\hat{Y}) = \frac{N^2\ (1-f)}{n} s^2$$

$$\bar{y} = \frac{1}{n} \sum_{i=1}^{n} y_i$$

$$s^2 = \frac{1}{n} \sum_{i=1}^{n}\ (y_i - \bar{y})^2$$

式中：$\hat{Y}$——总体均值的无偏估计；

$\bar{y}$ 和 s^2——样本均值和方差；

n——样本容量；

N——总体单元数；

$v\ (\hat{Y})$——外推总体抽样方差的无偏估计；

y_i——第 i 个样本的观测值；

$f = n/N$——抽样比。

（2）空间随机抽样　外推总体与误差估计按下式计算：

$$\overline{Z}_{\text{空间随机}} = \frac{1}{n} \sum_{i=1}^{n} Z(X_i, Y_i)$$

$$\overline{Z} = N \overline{Z}_{\text{空间随机}}$$

$$v(\hat{z}) = N^2 \frac{1-f}{n} s^2 (1-\gamma) = N^2 \frac{1-f}{n} \{ s^2 - COV[z(x, y)] \}$$

式中：　　　　n——样本容量；

N——兑体单元数；

s^2——样本间离散方差；

$COV[z(x, y)]$——样本间协方差。

（3）系统抽样　系统抽样外推总体同简单随机抽样。估计量方差按下式计算：

$$v(\hat{Y}) = N^2 \frac{1-f}{n} \frac{1}{2(n-1)} \sum_{i=1}^{n-1} (y_{i+1} - y_i)^2$$

式中：$v(\hat{Y})$——总体总值估计量的无偏估计；

f——抽样比；

y_{i+1}——第 $i+1$ 个样本的观测值；

y_i——第 i 个样本的观测值。

（4）传统分层抽样　采用简单估计量进行总体外推与误差估计。外推总体总值按下式计算，总体总值估计量方差按下式计算：

$$\hat{Y} = N \overline{y}_{st}$$

$$\overline{y}_{st} = \sum_{h=1}^{L} W_h \overline{y}_h$$

$$v(\hat{Y}) = N^2 v(\overline{y}_{st}) = \sum_{h=1}^{L} N_h^2 \frac{1-f_h}{n_h} s_h^2$$

式中：$\hat{Y}$——总体总值估计量；

$\overline{y}_{st}$——总体总值估计量的无偏估计；

W_h——二级单元个数的层权；

f_h——第 h 层的抽样比；

s_h^2——第 h 层的抽中样本方差。

（5）空间分层抽样

$$\overline{Z}_{\text{空间随机}} = \sum_{i=1}^{L} W_h \overline{Z}_h$$

$$\hat{Z} = N \overline{Z}_{\text{空间随机}}$$

$$v(\overline{z}) = \sum_{h=1}^{L} \frac{1-f_h}{n_h} s_h^2 (1-\gamma_h) = \frac{1-f_h}{n_h} \{ s_h^2 - COV[z_h(x, y)] \}$$

$$v(\hat{z}) = \sum_{h=1}^{L} N_h^2 \frac{1-f_h}{n_h} s_h^2 (1-\gamma_h) = \sum_{h=1}^{L} N_h^2 \frac{1-f_h}{n_h} \{s_h^2 - COV[z_h(x,y)]\}$$

式中： s_h^2 ——第 h 层内样本间离散方差；

$COV[z_h(x,y)]$ ——第 h 层样本间协方差。

（6）两阶段抽样 在分层两阶段抽样方式下，总体中按二级单元的均值 $\bar{\bar{Y}}$ 的分层两阶段估计量为：

$$\bar{\bar{Y}}_{st} = \frac{\sum_{h=1}^{L} N_h M_h \bar{\bar{Y}}_h}{\sum_{h=1}^{L} N_h M_h} = \sum_{h=1}^{L} W_h \bar{\bar{Y}}_h$$

式中： $W_h = \dfrac{N_h M_h}{\sum_{h=1}^{L} N_h M_h}$ ——按二级单元个数的层权；

$$\bar{\bar{Y}}_h = \frac{\sum_{i=1}^{n_h} \sum_{j=1}^{m_h} y_{hij}}{n_h m_h}$$ ——h 层的样本平均数。

总体总值估计量方差的无偏估计按下式计算：

$$\hat{Y}_{st} = \left(\sum_{h=1}^{L} N_h M_h \right) \bar{\bar{y}}_{st}$$

$$v(\hat{Y}_{st}) = \left(\sum_{h=1}^{L} N_h M_h \right)^2 v(\bar{\bar{y}}_{st})$$

$$v(\bar{\bar{y}}_{st}) = \sum_{h=1}^{L} W_h^2 \left[\frac{1-f_{1h}}{n_h} s_{1h}^2 + \frac{f_{1h}(1-f_{2h}) s_{2h}^2}{n_h m_h} \right]$$

式中：设一阶段总体分为 L 层，该研究中 $L=4$，以 h 表示层的编号，$h=$ 1，2，…，L；第 h 层的一阶段单元数为 N_h，记第 h 层的每个初级单元包含 M_h 个二级单元，则总体中二级单元总数为 $\sum_{h=1}^{L} N_h M_h$ 。

y_{hij} ——样本第 h 层中第 i 个初级单元
中第 j 个二级单元的指标值；

f_{1h} ——第 h 层第一阶段抽样比；

f_{2h} ——第 h 层第二阶段抽样比；

$y_{hi} = \sum_{j=1}^{m_h} y_{hij}$ ——样本中第 h 层第 i 个初级单元
中二级单元指标和；

$\bar{y}_{hi} = y_{hi}/m_h$ ——样本中第 h 层第 i 个初级单元
的指标按二级单元的平均数；

$s_{1h}^2 = \dfrac{1}{n_h-1} \sum_{i=1}^{n_h} (\bar{y}_{hi} - \bar{\bar{y}}_h)^2$ ——样本中第 h 层初级单元间的方差；

$s_{2h}^2 = \dfrac{1}{n_h(m_h-1)} \sum_{i=1}^{n_h} \sum_{j=1}^{m_h} (y_{hij} - \bar{y}_{hi})^2$ ——样本中同一初级单元中二级单
元间的方差。

为对多种抽样方法外推总体的误差大小和稳定性作出定量平均，该研究选取相对误差 γ 和总体总值估计量的变异系数（即 CV 值）两个指标。外推总体相对误差 γ 和 CV 值按下式计算：

$$\gamma = \frac{|\hat{Y} - Y|}{Y} \times 100\%$$

$$CV(\hat{Y}) = \frac{\sqrt{v\hat{Y}}}{\hat{Y}} \times 100\%$$

式中：Y——总体总量的真值；

$CV(\hat{Y})$——总体总量估计的变异系数。

2. 县级抽样基础单元外推总体及误差估计结果　针对以县级行政单元为抽样单元的空间抽样方案，比较了简单随机抽样分层、冬小麦种植区划分层、耕地类型分层、分县冬小麦面积大小分层 4 种方案。结果表明，在外推总体相对误差相近条件下，基于县域冬小麦面积分层的方法所需样本容量及抽样比最小，抽样效率最高（表 5-4）。

表 5-4　基于行政单元的不同抽样方式外推总体误差比较

（许世卫，2013）

序号	名　称	总体容量	设计相对误差（%）	置信度（%）	样本容量	抽样比（%）	相对误差（%）
1	简单随机抽样分层	107	5	95	87	81.2	3.2
2	冬小麦种植区划分层	107	5	95	87	81.2	3.1
3	耕地类型分层	107	5	95	87	76.9	3.4
4	分县冬小麦面积大小分层	107	5	95	87	34.6	3.8

3. 规则网格抽样基础单元外推总体及误差估计结果　针对以规则网格为抽样基础单元的空间抽样方案，比较了简单随机、空间随机、传统系统、空间系统、传统分层、空间分层等 12 种抽样方案，表 5-5 是 12 种抽样方案结果的比较。结果表明，12 种空间抽样方法中，基于麦土比分层达到方法在 95%的置信度下，外推总体达到 95%精度时所需样本容量最小，实际相对误差也最小，CV 值在 5%以内，该方法抽样效率最高。

（六）研究区应用示范

采用分层两阶段抽样方法。山东省省级全部所辖县为第一阶段抽样总体，采用分层系统抽样方法从抽样总体中抽取样本县作为第一阶段样本，基于先验省级目标作为分布数据，以县为单元统计各县种植面积，将其按照由小到大顺

表 5 - 5　基于规则格网的不同抽样方法外推总体误差比较

(许世卫, 2013)

序号	名称	总体容量	样本容量	相对误差(%)	抽样比(%)	变异系数	备注
1	简单随机	132	116	1.08	87.88	2.64	伪随机法抽选样本
2	空间随机	132	50	56.17	37.88	5.42	考虑总体单元间空间相关性
3	传统系统 (1)	132	44	51.58	33.33	1.88	按单元内冬小麦大小排序
4	传统系统 (2)	132	44	53.83	33.33	4.24	按单元 ID 号排序
5	空间系统 (1)	132	36	10.98	27.27	12.06	随机起点, 抽样间隔为 80 000 米
6	空间系统 (2)	132	16	12.59	12.12	19.04	随机起点, 抽样间隔为 120 000 米
7	传统分层 (1)	132	35	1.39	26.52	2.48	麦土比分层, 系统等距抽样
8	传统分层 (2)	132	35	1.03	26.52	2.28	麦土比分层, 简单随机抽样
9	传统分层 (3)	132	115	1.13	87.12	2.44	种植区划分层, 简单随机抽样
10	传统分层 (4)	132	113	1.29	85.61	2.56	耕地类分层, 简单随机抽样
11	空间分层 (1)	132	32	0.76	24.24	2.42	麦土比分层, 变程布样
12	空间分层 (2)	132	30	13.41	22.73	12.78	种植区划分层, 变程布样

序排列, 以各县中冬小麦面积最大的那个县作为基数, 其余各县冬小麦面积与之相比形成 0～100% 的数据系列, 以各县冬小麦面积占最大冬小麦面积比例作为分层标志, 综合考虑抽样外推总体精度和第一阶段总体单元间面积变异情况, 分层参考层界为 25%; 每层内采用系统等距抽样方式抽选样本县。第二阶段在抽中的样本县中采用空间随机抽样方法抽选地面样方, 即以 500 米 × 500 米网格作为第二阶段样本, 为保证两阶段抽样外推总体与误差估计的有效实施, 设计在每个样本县中抽选相等数量的方形网格。比较不同样本容量下分层两阶段抽样外推总体效果 (抽样精度和抽样费用), 从中选取误差最小的两层抽样结果作为样本数。

山东省空间抽样结果, 以 25% 为层界, 第一阶段共分 4 层, 各层总体单元数量分别为 32 个、43 个、27 个和 7 个; 按照各层等间隔抽样原则, 各层样本容量分别为 11 个、15 个、9 个、2 个, 共 37 个。在第二阶段每个县抽 4 个样本误差最小。因此, 最后全省抽样样方为 148 个。

在第二阶段, 测试了 8 种样本容量下, 山东冬小麦面积分层两阶段抽样样本空间分布状况。结果表明, 随着样本容量增加, 基于分层两阶段抽样外推山东省冬小麦面积总体总值的相对误差均在 25% 范围以内, 而且随着样本容量的增加, 外推总体的相对误差并没有表现出逐渐减小的趋势。由于第一阶段样本是通过分层得到, 基于第一阶段样本外推总体的相对误差仅为 0.26%, 说明第二阶段采用分层空间随机抽样抽选的地面样方在空间代表性方面较差, 即使增加样本量, 外推总体的误差仍然较大。总体总值估计量的 CV 值随样本容量的增加呈减小趋势，除了在样本量很小的情况下（$n=2$），CV 值较大，为 15.1%，其余都在 10% 以内。这说明采用分层两阶段抽样方法进行样本抽选，然后进行总体指标推断时，外推总体的结果具有较高的稳定性。综合比较各种样本容量下的抽样误差和 CV 值可以看出，当两阶段样本容量为 148 的情况下，即单个初级样本单元内抽选 4 个地面样方时，外推总体误差和 CV 值均在 10% 以内。综合考虑抽样费用和抽样精度及抽样结果的稳定性，可以看出，当单个初级样本单元内抽选 4 个地面样方，采用分层两阶段抽选方法进行山东省冬小麦面积总体推断及误差估计时，抽样效率最高。

　　以冬小麦种植面积为抽样调查对象，以山东省为研究区，采用分层两阶段抽样进行样本抽选并外推总体及误差估计时，单个初级样本单元内抽选 4 个地面样方条件下抽样效率最高。尽管空间随机抽样在样本抽选和外推总体及误差估计方面具有简便易操作的优势，但由于外推总体误差较大，即使增加样本量，但由于对总体分布的代表性不足，仍然未能达到预期的精度要求。因此，建议下一步在第二阶段采用分层抽样方法进行样本抽选，目的在于改善样本对总体指标的代表性，提供抽样外推总体精度，同时也有效减少样本量，降低抽样成本和样本野外工作量。

二、小麦种植面积提取技术

　　相比于其他手段，利用遥感手段获取农作物面积具有较大优势和客观性；但在特定自然条件下、特定时间、特定目标条件下利用遥感手段获取农作物面积仍然具有局限性。比如冬小麦出苗到越冬前这一阶段约 2 个月，出于粮食安全、补贴、贸易的需要，政府部门一般需要在一定时间内获得种植面积，这一问题在遥感监测中统称为作物早期识别。但是，由于受卫星回访周期、云、数据接收效率等的影响，中高分辨率（30～100 米）遥感数据不仅不能全部覆盖，而且覆盖率都比较低，据不完全统计，覆盖率仅在 20%～30%。近年来，随着中高分辨率卫星数据源的增多，情况有所改善，但没有实质性的进展。解决上述问题的手段之一是利用低分辨率（250～1 000 米）遥感数据重访周期短，能够在较短时间内获得多时频监测区域的无云影像来识别，但又由于空间分辨率较低，单一像元内往往存在其他类型作物，目标作物面积获取精度很难满足政府部门对作物面积精度的要求，通过该类方法提取的作物面积一般是作物概略性估计或长势监测中对面积精度要求较低的监测中使用。为解决低分辨率卫星数据监测精度较低的问题，发展了低分辨率影像多种目标作物分解的方法来提高低分辨率作物面积监测精度，这些方法虽然较为成熟，但真正在区域上应用的实践尚不多见。

　　研究设计利用低分辨率的 *MODIS/NDVI* 多时频数据对研究区目标作物进行提取、再对提取的结果进行混合像元分解，即通过低分辨率卫星数据早期识别技术与混合像元分解技术结合，形成了基于分辨率卫星数据农作物面积的早期识别技术。

（一）遥感参数时间序列数据重构技术

利用 MODIS、AVHRR 和 SPOT/VEGETATION 等中低分辨率的传感器进行观测时，太阳光照角度、观测视角以及云的条件随时间变化都很大，因此得到的观测值是来自地表的双向反射率信息，包含很多不可预测的噪声，严重影响作物动态变化的监测结果。因此，为对作物状态进行真实响应，必须对遥感参数时间序列进行重建，即通过一系列预处理方法降低遥感参数合成数据中的噪声水平，从而为研究提供更为可靠的时序数据集。

该研究使用了 Savitzky-Golay 滤波（S-G）方法作为解决数据重构的主要方法。近年来，基于 S-G 滤波方法的 NDVI 时间序列重建取得了较好的效果。通过该滤波器重建的 NDVI 时间序列数据集能够清晰的描述时间序列的长期变化趋势以及局部的突变信息，且不受数据时间空间尺度和传感器的限制。鉴于 NDVI 参数是较为可靠、应用较多的参数之一，因此，该研究以 NDVI 为例进行说明。

1. 算法描述 S-G 滤波的设计思想是能够寻找到合适的滤波系数（C_i）以保护高阶矩，即在对基础函数进行近似时，不是用常数窗口，而是用高阶多项式，实现滑动窗内的最小二乘拟合，NDVI 时序数据的 S-G 滤波过程可用下式描述：

$$Y_j^* = \frac{\sum_{i=-m}^{m} C_i Y_{j+1}}{N}$$

式中：Y_j^*——合成序列数据；

Y_{j+1}——原始序列数据；

C_i——滤波系数；

N——滑动窗口所包括的数据点（$2m+1$）。

S-G 滤波应用于 NDVI 时间序列数据重建主要基于以下两个前提假设：第一，序列的变化趋势应服从作物年际动态变化的渐进特征；第二，由于云和大气对 NDVI 的影响一般为负偏移，所以多数噪声应低于 NDVI 序列数据的平均值。在 S-G 滤波方法重建 NDVI 序列数据的应用中，需要确定滑动窗口的宽度以及平滑多项式的阶数，以保证 NDVI 数据拟合的准确性。通过 S-G 滤波模拟整个 NDVI 时序数据获得长期变化趋势，再通过局部循环上包络线拟合的方法使数据更接近 NDVI 时序数列。需要注意的是，S-G 滤波方法对滑动窗口敏感，如果活动窗口的宽度设置偏小，容易产生大量冗余数据，不易获取数据集的长期趋势；反之，又容易遗漏一些细节所描述的正确信息。在上述算法描述基础上，针对山东省 2011—2015 年以旬为单位的 $NDVI$ 数据进行了平滑处理，结果较为理想。

2. 滤波技术评价　$NDVI$ 时间序列重建的实质就是降低序列本身的噪声水平，重建高质量的数据集。通过一系列重建方法得到能够准确地反映地表特征的 $NDVI$ 时序数据集，可以为人们开展时空变化的定量化评价提供有力的依据。重建方法重现了 $NDVI$ 的时序变化，对应于作物的生长过程剔除了在 $NDVI$ 时序数据中出现的陡升或陡降，去除了作物生长模拟过程中的噪声。随着研究的深入，需要通过更详尽的地形、云和气溶胶等辅助数据进行预处理，对来自诸如云、阴影、地形和传感器-地物间几何特征等的影响开展更深入的分析，以便降低 $NDVI$ 时序数据集的不确定性。同时，由于 $NDVI$ 序列表现出显著的非高斯性和非线性等特征，重建高质量的 $NDVI$ 数据集需要引入得到广泛关注的、适合时变的、非平稳的、非高斯信号的处理方法，如基于子波变换、基于高阶统计量的方法以及人工神经网络方法，但在 $NDVI$ 时间序列重建中的应用还有待尝试。

（二）基于中高空间分辨率数据作物面积空间信息提取

针对地物反射特性的复杂特征，随着高分辨率遥感数据源的普遍应用，各种分类方法层出不穷，如较为传统的最大似然分类、决策树分类方法，以及适应复杂变异模式支持向量机（support vector machine，SVM）、人工神经网络（NN）、面向对象的分类方法等。此外，从混合像元分解的角度来定义，又有"硬"分类和"软"分类之分，一般的针对中高分辨率数据，都是使用的硬分类器，特别是为弥补高分辨率卫星影像数据时间分辨率不足的缺点，从低分辨率卫星影像高时频特点出发，发展了一系列混合像元分解的算法。

1. 技术流程　中高空间分辨率遥感影像的分类过程主要包括数据预处理、目标作物特征分析、分类方法比较与选择、面积信息提取、研究区面积计算等过程。该研究选择研究区的 1 景 Landsat/TM 数据，比较了目前使用较多的一些分类方法，对不同方法进行了精度评价。主要技术流程见图 5-7。

2. 分类算法描述

（1）最大似然分类方法　最大似然法分类主要根据概率判别函数和贝叶斯规则进行分类。假设每个波段每一类统计服从正态分布，计算待分类像元属于某一特定类别的可能性，然后将每个像元归到可能性最大的那一类中。根据贝叶斯公式推导得到待分类像元属于某一特定类别的可能性的等式：

$$g_j(x_i) = -1/2\,(x_i - M_j)^T (\sum j)^{-1} (x_i - M_j) - 1/2\ln\left|\sum j\right| + \ln[P(w_j)]$$

式中：$P(w_j)$——对各个类别可认为是一个常数；

$\sum j$——第 j 类的协方差矩阵；

M_j——该类的均值向量，其数据由训练样本统计得到。

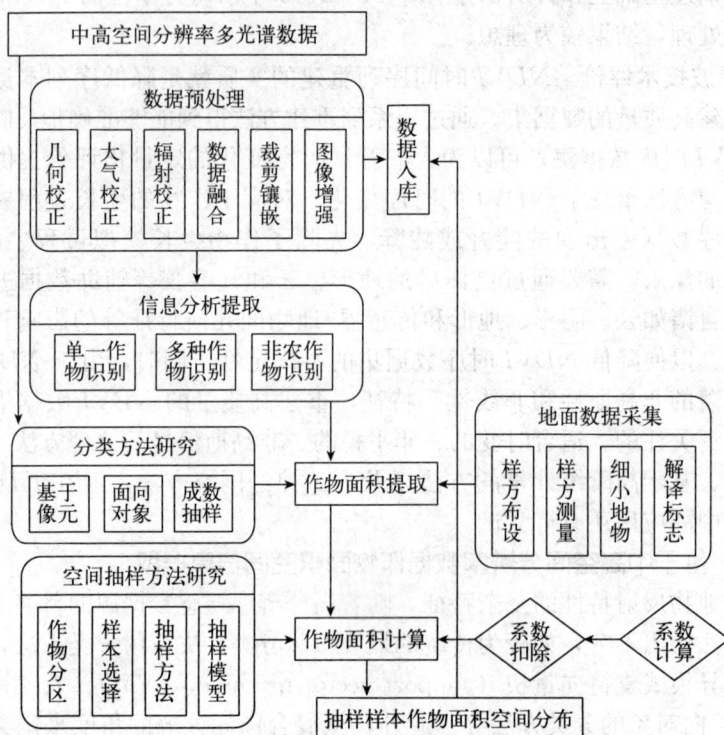

图 5-7 基于中高空间分辨率遥感数据的作物面积空间信息提取

相应的贝叶斯判别规则为：若对所有可能的 $j=1, 2, 3, \cdots, m; j \neq k$，如果有 $g_k(x) > g_j(x)$，则 X 属于 w_k 类别。

（2）支持向量机（SVM）的分类方法　支持向量机方法是一种面向格局的分类与回归方法，在向量机分类中，函数可以是分类函数也可以是普通的回归函数，主要目标是在两类样本中划分一个明确的边界。建立以下区分两类样本的训练向量机 D：

$$D=\{(x^1, y^1), \cdots (x^n, y^n)\}, x \in R^n, y \in \{-1, 1\}$$

式中：y——一个二进制的类别（类别+1 和类别−1）；

$\quad\quad x$——输入的向量；

$\quad\quad R^n$——n 一维向量空间。

在两类中最有超维边界是误差最小的边界，表述如下：

最小：$\frac{1}{2} \parallel w \parallel^2 + C \sum_{i=1}^{l} \xi_i$

此时：$Y_i(w \cdot x_i + b) \geqslant 1 - \xi_i, i=1, \cdots, l$

式中：w——边界；

x——输入向量；

b——拉伸阈值；

l——训练样本的数量。

变量 $\xi_i > 0$ 是由于错误分造成的，成为松弛变量；常数 $0 < C < \infty$；a 参数定义了样本函数错分类与边界间的代价函数。

处于解决上述优化问题的需要，构建拉格朗日函数，优化问题变为：

最小：$\sum_{i=1}^{l} a_i - \dfrac{1}{2} \sum_{i=1}^{l} \sum_{j=1}^{l} a_i a_j y_i y_j (x_i \cdot x_j)$

此时：$\sum_{j=1}^{1} a_i Y_j = 0, 0 \leqslant a_i \leqslant C, i = 1, \cdots, l$

利用有限拉格朗日乘法解决优化问题。根据 Karush - Kuhn - Tucker（KKT）优化条件，特定乘数将为 0，而非零乘数被称为支持向量。在理想条件下，支持向量是距离边界最近的那些点，也是最难被分类的那些点。w 值和 b 值从下式计算：

$$w = \sum_{i=1}^{l} Y_i a_i x_i$$
$$b = -\frac{1}{2} w (x_{+1} + x_{-1})$$

式中：x_{+1}、x_{-1}——标记为 +1 和 −1 的支持向量。

分类器构建如下：

$$f(x) = \mathrm{sign}(w \cdot x + b)$$

有些情况下，线性向量是不合适的，SVM 使用了"核触发"支持超维平面，"核触发"是一种通过对数变换超维空间到线性空间的方法，一些多元函数、辐射半径函数、高斯函数、神经元函数等都可以被使用。在 x 被 $\varphi(x)$ 变换空间取代后，优化问题演化为以下函数：

最小：$\sum_{i=1}^{l} a_i - \dfrac{1}{2} \sum_{i=1}^{l} \sum_{j=1}^{l} a_i a_j y_i y_j [\varphi(x_i) \cdot \varphi(x_j)]$

此时：$\sum_{i=1}^{l} a_i y_i = 0, \ 0 \leqslant a_i \leqslant C, \ i = 1, \cdots, l$

（3）神经元网络分类（NN）　人工神经网络模型主要考虑网络连接的拓扑结构、神经元的特征、学习规则等，反向传播模型（BP 模型）是目前应用最广泛的神经网络模型之一。BP 神经网络是由 3 类不同层面构成的，即输入层、输出层和隐含层。隐含层的数目决定了整个网络的尺度，隐含层越多，网络越复杂。典型的 BP 网络采用的是梯度下降算法，分 2 步进行，即正向传播和反向传播。正向传播指输入模式从输入层经隐含层逐层处理传向输出层，每一层神经元的状态只影响下一层神经元的状态，到输出层时，再把现行输出和期望输出进行比较，如果在输出层不能得到期望的输出，则转入反向传播，即将误差信号沿原来的连接通路返回，并对每个隐层的权重系数进行修改，使得误差信号最小。当样本区所有样本的个体误差均小于给定的最大允许个体误差时，或当总体误差小于给定最大允许总体误差时，完成训练。

误差函数定义为期望输出与实际输出之差的平方和，公式如下：

$$e_i = \sum |y_i - v_j^m|$$

输入层到隐含层的函数关系为：

$$H_j = f\left(\sum_{i=1}^{n} w_{ij}a_i - \theta_j\right)$$

式中：H_j——第 j 个隐含层节点的输出值；

w_{ij}——第 i 个输入节点到第 j 个隐含层节点之间的权重值；

a_i——第 i 个输入值；

n——输入层节点个数；

θ_j——第 j 个隐含层节点阈值；

f——传递函数。

到达隐含层的数据，经过连接层和传递函数的作用，到达输出层，隐含层到输出层之间的函数关系为：

$$O_t = f\left(\sum_{j=1}^{q} v_{jt}H_j - r_t\right)$$

式中：O_t——第 t 个输出层节点的输出值；

v_{jt}——第 j 个隐含层节点到第 t 个输出节点间的权重值；

r_t——第 t 个输出层节点的阈值；

q——隐含层节点数。

（4）决策树分类　决策树分类法是根据分层分类的指导思想，将不同地物的属性特点按照一定的原则，逐级细分遥感数据集，得到具有不同属性的各个子类别。一般过程是通过先验知识获取训练样本，通过训练样本数据建立判别函数，按照所取的不同值建立分支，完成树形结构，在其分支的子集中还可以再次建立子节点，形成最终的决策树。分类决策树由一个根节点（root nodes）、一系列内部节点（internal nodes）（分支）和终极节点（terminal nodes）（叶）组成，每一个内部节点只有一个父节点和两个或多个子节点。在每一个内部节点（包括根节点）处，根据一系列规则将该节点处的数据集划分为两个子集，如此往复直至所有的数据被分为预期设定的各个子集为止。

决策树分类主要包括定义分类规则、构建决策树、执行决策树和评价分类结果等过程。分类规则可以根据研究人员向对应区域地物特征的经验和目视解译人为设定，也可以按照一定的算法自动获取。在对每一次进行分解时，可以按照波段以及不同的波段组合分类。按照遥感图像的不同特性采用决策树分类，将分类和决策通过树形结构进行表示，从而建立其分类模式。决策树能够处理的数据集不仅包含光谱信息，还可以是纹理信息、空间特征和高程信息等多元数据。

（5）最大似然法分类 最大似然法分类方法假设遥感图像的每个波段数据都为正态分布，计算待分类像元属于某一特定类别的可能性。除非选择一个可能性阈值，否则所有像元都参与分类，每个像元被归到可能性最大的那一类中。最大似然法分类主要根据概率判别函数和贝叶斯规则进行分类。其判别函数为：

$$g_i(x) = p(w_i \mid x) = p(x \mid w_i) p(w_i) / p(x)$$

式中：$p(w_i \mid x)$——w_i 观测到 x 的条件概率；

$\qquad p(w_i)$——类别 w_i 的先验概率；

$\qquad p(x)$——x 类别无关情况下的出现概率。

$$p(x) = \sum_{i=1}^{M} p(x \mid w_i) p(w_i)$$

最大似然法的判别规则为，如果某个待分类像元 x 满足：

$$p(x_k \mid w_i) p(w_i) \geqslant p(w_k \mid w_l) p(w_l) \quad 1 \leqslant k \leqslant N, \; 1 \leqslant i, \; l \leqslant c$$

则 $x \in w_i$。

式中：N——影像大小；

$\qquad c$——类别大小；

$\qquad n$——影像波段数。

通过假定地物光谱特征服从正态分布，最似然法分类函数式贝叶斯判别准则可表示为：

$$g_i(x) = p(x \mid w_i) p(w_i) = \frac{P(w_i)}{(2\pi)^{k/2} \left| \sum_i \right|^{1/2}} \exp\left[-\frac{1}{2} (x - u_i)^T \sum_i^{-1} (x - u_i) \right]$$

通过对数变换，判别式最终转换为：

$$g_i(x) = \ln[p(w_i)] - \frac{1}{2} \ln \left| \sum_i \right| - \frac{1}{2} (x - u_i)^T \left| \sum_i \right|^{-1} (x - u_i)$$

式中：x——光谱特征向量；

$\qquad \sum_i$——第 i 类的协方差矩阵；

$\qquad u_i$——第 i 类的均值向量，这些数据来源于训练组所产生的分类统计文件。协方差矩阵表达为：

$$\sum = \begin{bmatrix} \delta_{11} \delta_{12} \cdots \delta_{1n} \\ \delta_{21} \delta_{22} \cdots \delta_{2n} \\ \vdots \\ \delta_{n1} \delta_{n2} \cdots \delta_{nn} \end{bmatrix}$$

$$\delta_{ij} = \frac{1}{N} \sum_k (x_{ik} - u_j)$$

式中：x_{ik}——第 i 特征的第 k 个特征值；

　　　N——第 i 特征的特征值总个数。

（6）面向对象的分类　面向对象分类的基础是影像分割，是面向对象信息提取的关键性工作，影像分割的合适与否影响信息提取的精度。图像分割的过程是图像相邻同质像元的合并和异质像元的分离过程，是在影像信息损失最小的前提下将影像分割为有意义的多边形对象，每个影像对象代表实地的一个地物，具有相应的光谱、纹理、形状、大小等信息。分割的过程是基于可调整的色彩和形状的同质或异质标准来进行的。研究所使用的影像分割是在 eCognition 软件中实现的，所使用的算法是"由底往上"的区域合并算法，结合使用光谱同质性标准和空间同质性标准。所考察像素是否跟周围像素进行合并的判断准则是：如果所有同质性参数的总和没有超过分割尺度的平方，则两者合并，属于同一影像对象；否则，合并停止，两者不属于同一个影像对象。影像对象色彩和形状的异质性定义为：

$$f = w \cdot h_{color} + (1-w) \cdot h_{shape}$$

式中：f——异质性大小；

h_{color} 和 h_{shape}——对象合并产生的光谱异质性值和形状异质性值；

　　　w——光谱权值（$0 < w < 1$）。

h_{shape} 由对象的光滑度和紧凑度组成。光谱异质性值 h_{color} 不仅与组成对象的像元数目有关，还取决于各个波段的标准差，表达式为：

$$h_{color} = \sum cw_c (n_{Merge} \cdot \sigma_c^{Merge}) - (n_{obj1} \cdot \sigma_c^{obj1} + n_{obj2} \cdot \sigma_c^{obj2})$$

式中：σ_c——像元内部像元值的标准差，根据组成对象的像元值计算得到；

　　　n——像元数目。

形状同质性 h_{shape} 则由紧密度 h_{cmpce} 和平滑度 h_{smooth} 组成，表达式为：

$$h_{shape} = w_{cmpct} \cdot h_{cmpct} + (1-w_{cmpct}) \cdot h_{smooth}$$

h_{cmpct} 和平滑度 h_{smooth} 取决于组成对象的像元数 n，多边形的周长 l 与同面积多边形的最小边长 b，表达式为

$$h_{smooth} = n_{Merge} \times \frac{l_{Merge}}{b_{Merge}} - \left(n_{obj1} \times \frac{l_{obj1}}{b_{obj1}} + n_{obj2} \times \frac{l_{obj2}}{b_{obj2}} \right)$$

$$h_{cmpct} = n_{Merge} \times \frac{l_{merge}}{\sqrt{n_{Merge}}} - \left(n_{obj1} \times \frac{l_{obj1}}{b_{obj1}} + n_{obj2} \times \frac{l_{obj2}}{b_{obj2}} \right)$$

3. 数据源选择　选择 2014 年 3 月 29 日 Landsat TM 数据为不同分类方法比较的数据源，轨道号 122/37，该景影像基本晴空，较适合作物面积提取。根据经验，选择冬小麦越冬返青后的 TM 数据作为冬小麦面积提取的基本高分辨率遥感影像数据源，利用不同的分类方法进行提取；利用地面采集的验证点数据进行地面验证，依据地面验证结果并结合专家知识对分类结果进行评价，

为后续研究中分类方法的选择奠定依据。为对遥感结果进行验证，在地面采集了 150 个地面验证点，验证点采集的作物类型包括冬小麦、休闲地、大棚、水体、树林和果园、居民点、道路工业用地、菜地、荒地、烟草、药材和油菜。

4. 分类结果比较　比较了最大似然法、SVM 分类法、面向对象分类法、神经网络法、决策树法等 5 种遥感影像分类方法，实现了冬小麦种植面积提取，并利用地面获取的各类地物类型验证点数据进行逐点和样方精度验证。5 种分类方法精度、验证统计结果见表 5－6。由表 5－6 可知，最大似然法分类精度最高，逐点验证和样方验证的总体精度分别为 91％、95％，冬小麦分类精度分别为 87％和 100％。SVM 分类法和面向对象分类法的总体验证精度相当，次优于最大似然法，但仅就以提取冬小麦种植面积为目的而言，面向对象分类法的冬小麦类别提取精度优于 SVM 分类法，与最大似然法相当，其逐点和样方验证精度分别为 86％和 100％。神经元网络分类法和决策树法总体验证精度相对较低，冬小麦逐点验证精度分别为 67％和 53％，冬小麦样方验证精度分别为 97％和 94％。总体验证结果表明，5 种冬小麦种植面积提取方法的样方验证精度均在 94％～100％，具有较好的识别和提取冬小麦种植面积精度保证。仅就以提取冬小麦种植面积为目的而言，该研究结果以最大似然法提取精度最高，其次为面向对象分类法，SVM 分类法和神经元网络分类法相对较差，决策树法精度最差。

表 5－6　不同方法冬小麦分类精度比较

(许世卫等，2013)

类型	冬小麦面积和分类精度（％）						
	神经元网络分类法	面向对象分类法	SVM分类法	最大似然法	决策树1	决策树2	决策树3
冬小麦	30.1	99.7	98.0	99.7	93.7	98.6	98
非冬小麦	30.1	9.9	28.0	21.3	45.1	24.4	27
总体精度	93.1	93.9	93.7	94.7	90.6	93.8	93.5

可见，最大似然分类法和面向对象分类法是提取区域冬小麦种植面积的最佳遥感影像分类方法，其次为 SVM 分类法。3 种分类方法提取的区域冬小麦种植面积精度均在 98％以上。

（三）基于低分辨率卫星的目标作物早期识别

利用 EOS/MODIS 数据进行农作物面积早期识别的方法很多，但核心都是基于目标作物在数据时间范围内至少有一个时间段与其他作物有明显光谱差别，即能够达到遥感指数识别的阈值。

针对低分辨率影像中像元都是几种地物的混合体，混合像元无论直接归属到哪一种典型地物，都是错误的。将每一个混合像元分解为覆盖类型组分（通常称为端元组分）占像元的百分含量（丰度）的过程称为混合像元分解。混合像元分解算法一般有线性、概率、几何光学、随机几何、模糊和神经元网络分析 6 种。其中，线性模型是较为常用的分解方法，而神经元网络模型则是近年来兴起的一个分解方法，该研究中使用并程序化了这两种模型。

1. 技术流程 针对中低分辨率影像结合的混合像元分解技术流程，主要包括基于中高分辨率卫星数据的分类与精度评价、中低分辨率卫星时间序列数据的平滑、依据训练区建立基于神经元网络的分解模型与精度评价、神经元网络模型外推、区域目标作物统计与验证（图 5-8）。

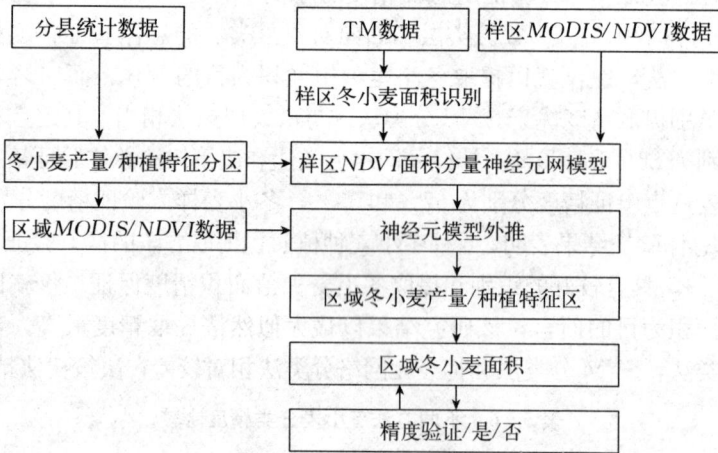

图 5-8 基于中低空间分辨率遥感数据的作物面积空间信息提取

2. 算法描述 中高、中低分辨率影像结合的混合像元分解分为 2 个过程来进行，第一步是初步判识，即提取能够包含目标作物最大中低分辨率遥感数据的像元数；第二步是利用中高分辨率遥感数据进行混合像元分解。因此，对应的算法也分为 2 个内容，一是面积初步提取，二是像元分解。

作物面积初步识别一般使用的遥感指数为 NDVI、EVI 等，为使数据利用效率更高，一般需要对原始值进行滤波处理，该研究使用的就是经过滤波处理的 EOS/MODIS/NDVI 数据。复杂的算法不仅不利于区域编程实现，对精度的提高也很有限，同时后续还要进行混合像元分解，能够很大程度提高精度，因此在这一部分里只考虑 NDVI 不同时期阈值搜寻算法作为识别的主要方法。具体地，认为作物发育早期的 NDVI 最大值有别于这一时期其他作物，因此选择作物发育早期最大值作为基础数据源，搜寻非冬小麦最低阈值作为冬小麦初始识别值；受噪声、部分冬季经济作物影响，会有一些混淆，选择播种前期 NDVI 值为条件，搜寻 NDVI 最小值，作为目标作物与非目标作物的另一限定条件。数学描述如下：

条件 1：

$$C_{NDVI-min} \leqslant \max(NDVI_1, NDVI_2, \cdots, NDVI_n) \leqslant C_{NDVI-max}$$

式中：$C_{NDVI-min}$ 和 $C_{NDVI-max}$——目标作物出苗—发育早期 $NDVI$ 的上下限
阈值；

n——作物期内能获取的 $NDVI$ 的频次。

条件 2：

$$S_{NDVI-min} \leqslant \max(NDVI_1, NDVI_2, \cdots, NDVI_m) \leqslant S_{NDVI-max}$$

式中：$S_{NDVI-min}$ 和 $S_{NDVI-max}$——目标作物播种期非目标作物 $NDVI$ 的上下
阈值；

m——作物期内能获取的 $NDVI$ 的频次。

3. 算法实现与精度评价　在抽样分区基础上，利用 HJ-1A/B 卫星数据提取了山东冬小麦样区的作物面积。对山东省 2010 年 10 月至 2011 年 5 月的 $EOS/MODIS/NDVI$ 数据进行 S-G 滤波处理。利用获取高分辨率目标作物样区数据、低分辨率 $NDVI$ 数据进行神经元网络模型训练，精度达到要求后，进行外推，获得了山东省目标作物面积空间分布与数量信息。

山东省冬小麦播种—收获的时间是当年 10 月上旬至翌年 6 月中旬，其中当年 10 月上旬至 12 月下旬为发育早期，翌年 1 月也是政府部门对信息需求最为紧迫的时期；就山东省而言，这时在田作物主要是冬小麦，其他作物很少；播种前在田作物很多，但此时冬小麦整地播种，$NDVI$ 为在 0 附近波动的噪声。

利用上述算法，再经过 S-G 滤波基础上的 $NDVI$ 对 2011—2013 年山东省冬小麦进行识别；并利用不同 $NDVI$ 下冬小麦样区面积建立了神经元网络模型，依据建立的样区结果推广到山东省境范围内。表 5-7 列出了参数阈值、提取面积、经像元分解后面积、该年度面积等。由表 5-7 可见，分别与该年度统计面积相比，山东省未经像元分解前，面积比例分别相差 36.9%，而经像元分解后面积相差 1.8%，表明提取精度大大提高。同时也说明该项技术能够用在该研究的预测系统构建中。

表 5-7　基于 $EOS/MODIS/NDVI$ 数据作物面积识别阈值与结果

（许世卫等，2013）

项　目	结　果
目标作物 $NDVI$ 阈值	32～55
非目标作物 $NDVI$ 阈值	40～100
识别面积（×10³公顷）	8 375.1
像元分解面积（×10³公顷）	3 730.7
统计面积（×10³公顷）	3 561.9
分解与统计差值（%）	4.74

（四）作物面积的自动提取

1. 遥感数据的自动分类　利用多波段、多时相、高空间分辨率的 TM 数据，结合地面样方，进行最大似然法的监督分类；并对碎小图斑进行归并处理，最终获得分类图，自动提取作物信息及面积数。

遥感和 GIS 结合的多元复合分析技术是提取作物面积的又一个有效方法。即在 GIS 支持下，利用 GIS 的辅助数据——DEM、水系、居民点、生态区、土壤图等，参与遥感的自动分类，以提高自动分类的精度和效率。例如，采用"分区分层法"提取面积，对不同自然景观区（平原、丘陵、盐碱、风沙地等）分别进行分类处理，以减少"异物同谱"现象，提高作物面积提取的准确性。

2. 采用绿度分层技术自动提取作物面积

（1）构建多维绿度图像　以 TM 图像的红波段亮度值（R）、近红外波段亮度值（NIR）以及绿度植被指数（G）构成多维绿度图像。各类地物由于绿度值不同，分布于多维空间的不同层次。

（2）判别函数的确定与绿度分割　选择合适的判别含量，采用平面分层分割法、将多维绿度空间中不同地物的空间分布区分开，以定量地提取各种地物信息。"麦地/非麦地"判别阈值的确定，采用多次迭代双向逼近法。由此而得的分割平面与地理空间曲面交线的垂直投影就是所要提取的小麦面积数。此方法把多维空间的判别问题转化为对绿度的分段线性分割；通过 G 的阈值法，区分出不同层次分布的地物。绿度判别函数由多维的曲面简化为线性方程，简便易行。

3. 利用 TM 与 NOAA 数据结合提取作物面积　用 TM 数据作为主要信息源，获取准确的本底面积。在保证精度的前提下，用 NOAA 数据和快视 TM 数据作为辅助信息源来更新面积，以保证作物估产系统的低成本、高效率运行。

考虑到两种信息源空间尺度的差异，基本做法包括以下 5 个过程。

（1）对 TM 的抽样单元从单个像元（30 米）扩展到像元群体（480 米），并提取 TM 采样群体中的作物面积。

（2）以绿度指数为基础，对 NOAA 数据的作物面积进行推算，生成 NOAA 数据的绿度图，并对绿度图进行分割，得到 NOAA 绿度等级图。

（3）建立绿度等级与 TM 群体的作物对应关系，得到作物绿度值。

（4）非农耕地的剔除　考虑到绿度相同处并非都是耕地或植土比相同，因此将绿度等级图与土地利用结构图复合（在 GIS 支持下），划分出不同土地利用结构区，以不同的土地利用结构区为框架，剔除林地、草地等非农耕地。

（5）根据 TM 采样群体中的小麦面积与总体比例（分类或地面抽样），估算各个绿度等级在不同土地利用结构区的小麦面积，从而推算全区。

此外，以 TM 作物 $NOAA$ 的采样模块来取得面积与 $NOAA$ 绿度等级对应关系，求出 $NOAA$ 各级绿度对应的麦土比，从而推算全区小麦面积。

（五）精度评价

遥感大面积农作物估产精度，依赖于 $AVHRR$ 数据和 TM 数据分辨率。一个 $AVHRR$ 像元对应地面 1.1 千米×1.1 千米的面积，相当于 200 亩；一个 TM 像元对应地面 30 米×30 米，约 1.35 亩。就我国国情而言，即使选用 TM 数据进行作物识别和面积提取，大部分像元仍属混合像元。为了提高估产精度必须解决混合像元分解问题。

1. 因子分析法　以垂直植被指数 PVI 为例，求出冬小麦在混合像元中所占的面积比。

（1）利用多时相 $AVHRR$ 数据，建立图像多像元（M）、多次观测（N）的 PVI 数据矩阵 D。

$$D=\begin{bmatrix} PV_{1,1} & PV_{1,2} & \cdots PV_{1,N} \\ \vdots & \vdots & \cdots \vdots \\ PV_{M,1} & PV_{M,2} & \cdots PV_{M,N} \end{bmatrix}$$

（2）建立单个混合像元所包含的 n 个因子（如麦地、林地、草地、裸地等），多次观测（N）的 PVI 数据矩阵 P。每个因子 PVI 随时间的变化规律，可通过地面实测确定。

$$P=\begin{bmatrix} PV_{1,1} & PV_{1,2} & \cdots PV_{1,N} \\ \vdots & \vdots & \cdots \vdots \\ PV_{n,1} & PV_{n,2} & \cdots PV_{n,N} \end{bmatrix}$$

（3）建立图像各混合像元内，各因子所占相对面积比的面积矩阵 A。

（4）由上式可得：

$$A=\begin{bmatrix} a_{1,1} & a_{1,2} & \cdots a_{1,N} \\ \vdots & \vdots & \cdots \vdots \\ a_{M,1} & a_{M,2} & \cdots a_{M,N} \end{bmatrix}$$

通过矩阵的因子分解及一系列计算，可以从已知的 D、P 中，求得 A。

（5）根据冬小麦在混合像元中所占的面积比，推算全区或山东省的小麦播种面积及分布状况，并在 GIS 支持下进行多年的动态变化分析。

2. 绿度法　冬小麦在特定生育期（拔节期后的一段时间内），绿度值基本保持不变。运用在这一特定时段内，绿度值的差异仅与像元内冬小麦占的比例有关，而与长势无关这一事实，建立数块已知样地的实测麦土比与对应的 VI

值之间的相关关系，以及植被指数与小麦种植面积的关系，进而推算出整体的小麦种植面积。

3. 单通道法　仅用气象卫星 AVHRR 的近红外波段反照率来计算冬小麦的种植面积。AVHRR 的混合像元中，有麦田也有土壤背景。

设 α 为像元内麦田面积占总面积的比值，则

$$R_混 = R_1 + (1-\alpha)R_2$$
$$\alpha = (R_混 - R_2)/(R_1 - R_2)$$

式中：$R_混$、R_1、R_2——混合像元、纯麦田、土壤在近红外波段的反照率；

　　　　$R_混$——已知的 AVHRR 数据；

　　　　R_1、R_2——通过地面样点测得。

由上式可求得 α，即 AVHRR 影像上各像元的麦土比；土地总面积是已知的，则可求出冬小麦的种植面积。

（六）实证研究——以山东省为例

1. 地面样方点的设置　2011—2014 年，在地面布置小麦样方 55 个，面积约 500 米×500 米，其中小麦面积占样方总面积的 50% 以上。经检验，55 个样方小麦种植面积基本未发生变化，3 个年度提取准确率均为 85.45%，即 55 个像元中有 47 个被判识为小麦，样方中心点所在像元内，小麦信息占全部或大部分，其余 8 个像元，小麦占少部分或无。这也充分证明所建立的小麦种植面积提取方法的可靠性。

2. 山东小麦面积提取

（1）研究方法　为了排除温室蔬菜和大蒜的干扰，课题组于 2012 年 10 月下旬，对山东省冬小麦、蔬菜温室、大蒜、村庄、裸露棉花田、树木 6 类地物进行 GPS 定位，由于 MODIS 数据前两个波段空间分辨率为 250 米，所以为了尽量保证样方地物的单一性，采用目测方法使定位点基本位于 500 米×500 米样方中心位置。下载山东省 2012 年全年 8 天合成 44 期 MOD09Q1 数据。在 ENVI 软件中，对下载数据进行校正、裁剪，去除云等无效数据，求取 NDVI，将 6 类定位点以感兴趣区分别导入 44 期遥感影像，导出定位点遥感影像 NDVI 值，在 Excel 表中求 6 类地物 2~12 月的每月中旬 NDVI 平均值，制作 NDVI 随时间变化的曲线图。

由图 5-9 可知，6 类地物全年 NDVI 曲线可分为 3 类，一类为村庄、树木、棉花（山东北部一年一作地块），2 月开始随着气温的回升 NDVI 值先升高，至 8 月达到最大值，后降低至 12 月达到最小值，整体 NDVI 值处于中等水平；二类为温室蔬菜部分，2 月开始随着气温升高，NDVI 值增大，至 4 月达到一个高值然后开始降低，至 6 月降到一个较低值，然后逐渐升高至 8 月达到最大值，随后逐渐降低，至 12 月达到最小值，需要说明的是温室蔬菜茬口

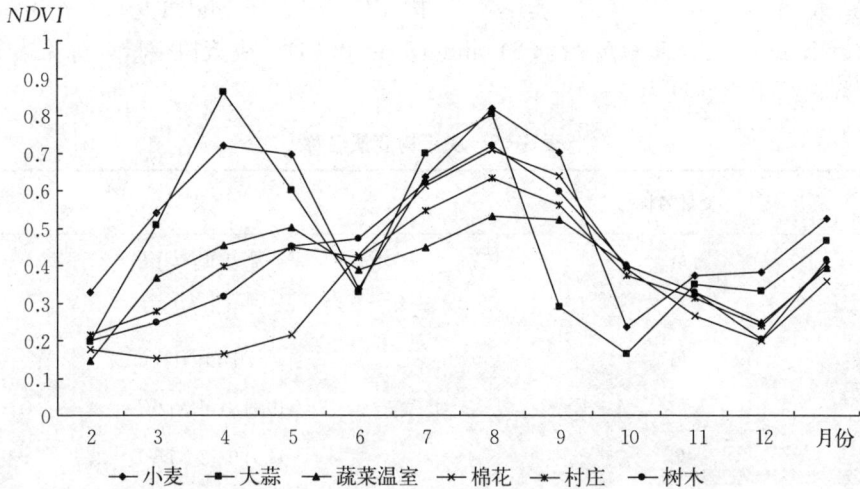

图 5-9　类地物 NDVI 随时间变化的曲线图

较多，茬口安排除了根据季节和温度安排之外，还受市场影响，图中 NDVI 曲线只是样本点的平均值，但总体在 3 类中 NDVI 值在 3～5 月处于中等水平，7、8 月晾晒土壤，温室蔬菜处于低值水平；三类为小麦和大蒜，10 月至翌年 6 月为小麦和大蒜生育期，6～10 月为玉米、辣椒、棉花等接口作物，NDVI 值 2 月开始升高，4 月达到一个峰值，之后大蒜 NDVI 值迅速降低，小麦 NDVI 值缓慢降低，大蒜于 5 月底收获，小麦于 6 月中上旬收获，NDVI 值到 6 月均达到最低，之后种植其他作物，大蒜收获后一般移苗棉花或辣椒，小麦收获后播种夏玉米，因此在夏玉米播种出苗期间（小麦地块）NDVI 值要低于同时期的棉花或辣椒（大蒜地块），8 月均达到了 NDVI 峰值，然后开始下降，为了 9 月中下旬提前播种大蒜，农民采取先拔除棉花、辣椒放置地头完成后熟的做法，9 月大蒜地块的 NDVI 值要远远低于处于乳熟期的夏玉米，10 月开始随着小麦、大蒜出苗 NDVI 值升高，至 11 月基本升至一个较高值，12 月如果气温降低则停止生长，否则继续升高。

　　根据 10 月之后 NDVI 值的变化可以将小麦区别于棉花地块、村庄、树木、温室蔬菜，但小麦与大蒜很难区别，在小麦和大蒜生育期内可以根据大蒜比小麦早收获的特征提取小麦面积，时间为 5 月中下旬，此时提取小麦的面积离小麦收获期较近，意义不大。受种植习惯的影响，山东各地的种植制度已经基本固定，因此可以根据前茬作物特征加以区分，在 2～10 月可以根据 9 月小麦和大蒜地块 NDVI 值的悬殊差别将小麦和大蒜地块加以区分。在提取过程中发现，部分海水区域被误分为小麦，所以加入 4 月拔节期与 2 月小麦相比

$NDVI$ 迅速增加的特征来去除海水区域干扰，这也是目前普遍应用的小麦面积提取方法。决策公式为：第一步（b_3 gt b_5）and（b_5 gt b_4）and（b_3 gt 0.48），第二步（b_6 gt 0.2）and（b_1 gt 0.16）。决策树变量名称见表 5-8，判识结果检验见表 5-9。

表 5-8　决策树变量名称

变量名称	定义
b_1	2 月中旬 $NDVI$
b_2	4 月中旬 $NDVI$
b_3	9 月中旬 $NDVI$
b_4	10 月中旬 $NDVI$
b_5	11 月中旬 $NDVI$
b_6	4 月中旬减 2 月中旬 $NDVI$

表 5-9　判识结果检验表

地物类型	受检验点量	判识为冬小麦点量	判识为它类点量	错分原因
小麦	133	123	10	混合像元
棉花	24	0	24	—
温室蔬菜	31	3	28	混合像元
大蒜	3	0	3	—
树木	26	1	25	混合像元
村庄	31	3	28	混合像元

（2）山东小麦面积提取　研究利用中等空间分辨率、高等时间分辨率的 MODIS 影像，充分考虑种植制度的作用，于 11 月中下旬利用小麦种植之后的特征及前茬作物相关信息，解决了山东省冬小麦提取过程中大蒜、温室蔬菜的干扰问题。比利用拔节期冬小麦 $NDVI$ 的方法获取结果提前 4 个月，且精度达到了 92.48%，能够满足大区域内数据获取的要求。

受气象因素及空气质量的影响，面积提取数据的选取难度较大，尤其是 2 月和 10 月数据，阴天、雨雪天气较多，给面积提取带来了一定的困难。为了小麦面积提取工作能够业务化运行，减少人为选择数据给提取结果带来的不确定性，考虑小麦面积提取所需几个生育时期数据的特点，将能代表生育时期特征的几个邻近时期的数据进行最大合成（表 5-10）。

表 5 - 10　数据最大合成文件选择

生育时期	时间	对应数据文件时间
小麦返青期	2月中旬 NDVI	297、305、17、25、33、41.49
小麦拔节期	4月中旬 NDVI	105、113
前茬作物生物量最大时期	9月中旬 NDVI	249、257、265
小麦播种期	10月中旬 NDVI	289、297
小麦苗期	11月中旬 NDVI	321、329
生物量快速升高	4月中旬减2月中旬 NDVI	

下载 2012 年 2 月、4 月、9 月、10 月、11 月中旬 8 天合成数据,进行投影转换,对有云、雪覆盖数据,采用临近时期数据代替,或最大合成方法解决。相关数据合成替换,求取 NDVI,建立决策树,进行分类,掩膜居民区数据、山东省数据最终得小麦种植面积图。2012—2013 年,山东小麦面积 5 639.801万亩。2013—2014 年,小麦面积是 5 671.359万亩。使用 6 类地物 248 个定位点数据对提取数据进行检验,小麦提取准确率为 92.48%,错分原因均为混合像元。在前期研究方法的基础上,面积提取过程中对山东耕地信息进行掩膜,降低非耕地植被被判识为小麦的风险,提取山东省小麦种植面积结果见表 5 - 11。2013—2014 年山东小麦空间分布见图 5 - 10。

表 5 - 11　2011—2013 年山东省小麦种植面积提取

年度	面积(平方米)
2010—2011	35 998 205 845.920 8
2011—2012	32 843 689 312.600 2
2012—2013	28 788 786 974.168 3
2013—2014	32 464 333 772.229 9

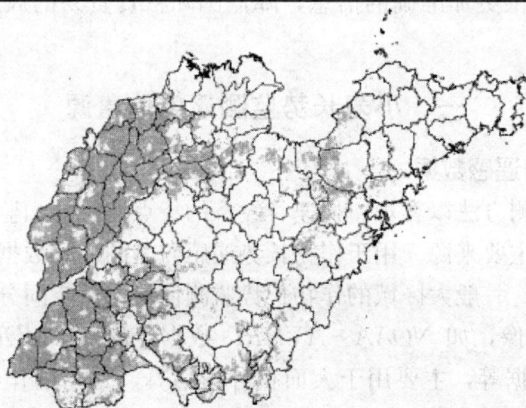

图 5 - 10　2013—2014 年山东小麦空间分布

第四节　小麦长势监测

小麦长势信息反映其生长的状况和趋势，是农情信息的重要组成部分。小麦收获之前进行及时、准确、大范围的生长状况评价，为田间管理提供实时的信息，同时也为早期估计产量和灾害预警提供依据。通过小麦长势遥感监测，可以及时掌握病虫害、气象灾害等对作物生长、产量的影响及灾害后采取各项生产管理措施的效果。卫星遥感技术以其快速、准确、信息量大以及省工省时等优势，为解决上述问题提供了十分有效的手段，也逐渐得到了各级政府部门的认可和重视。由于农作物的涝渍、干旱、病虫害、热冷冻害等是影响农作物产量丰歉的主要原因，并具有连续性、突发性以及扩展性强等特点，给实时、大面积的农作物监测增加了难度，遥感监测技术自然也就成为了客观获取这类农情信息的必然选择。作物长势遥感监测是在遥感技术的支持下，通过获取遥感数据，提取作物农学参数、生长环境等遥感信息，及时了解农作物的生长状况、苗情、土壤墒情、营养状况以及病虫害动态变化情况，对区域作物生长状况进行分析评价。通过作物长势遥感监测，可以及时掌握病虫害、气象灾害等对作物生长、产量影响及灾害后采取各项管理措施的效果。作物长势分析是一个动态过程，通常利用高时间分辨率的 NOAA/AVHRR 信息，结合作物的生物节律，建立作物长势监测模型。常以植被指数作为评价作物生长状态的定量标准。某一时刻的植被指数（绿度）是该时刻作物长势和面积的函数。当面积相对稳定的情况下，植被指数的变化主要与作物的长势有关，可直接建立绿度与作物长势的关系。提前分析预测粮食产量波动，为适时农业政策制订、农村经济的发展提供有力决策依据。进而为政府相关部门制订粮食储备、运输及贸易决策提供更加准确的信息，降低国际粮食贸易的风险，保证国家粮食安全。

一、小麦长势监测遥感信息源

（一）多光谱遥感数据

遥感长势监测方法以客观、快速、经济的特点取代地面监测方法成为当今作物长势信息的主要来源。用于作物长势遥感监测的遥感数据有时间分辨率和空间分辨率要求。一般大区域的作物长势监测使用中低空间分辨率、较高时间分辨率的遥感影像，如 NOAA - AVHRR 数据、EOS - MODIS 数据，或者 SPOT - VDT 数据等，主要用于大面积种植估算，是当前作物长势遥感监测最主要的数据源；区域作物长势的精准监测一般使用空间分辨率的遥感影像，其中以空间分辨率为 30 米的 TM、ETM＋影像为代表，主要用于确定作物类型和长势状况。法国 SPOT/HRV 卫星遥感数据，可以用于确定作物类型和长势；而近期及未来将不断有这类数据的卫星平台及传感器升空，其中星载扫描辐射计、中分辨率光谱成像仪将可能成为未来中国大区域作物长势监测估产的主要数据。2008 年 10 月发射成功的环境减灾卫星 A/B 星的 CCD 多光谱相机保证遥感数据具有 30 米空间分辨率，4 天重访周期的同时，大大提高了中高分辨率遥感影像的时间分辨率。IKONOS 是美国第一颗高分辨率遥感卫星的遥感数据，可以用于确定单个作物的品种类型和营养状况。随着不断有新的高分辨率的传感器升空工作，特定区域、时期作物长势精准监测成为可能，基于高分辨率遥感影像的作物长势精准监测方法已建立。

（二）高光谱遥感数据

与多光谱遥感相比，高光谱仪器获得的连续波段宽度在 10 纳米以内，波段数多达十几至几百，可将视域中观测的各种地物以完整的光谱曲线记录下来。理论上高光谱数据具有区分地表物质诊断性光谱特征的特性，很多研究表明高光谱能准确提取植被物理参数（如叶面积指数、生物量、植被覆盖度、FAPAR 等）以及植被化学参数（如植被水分状态、叶绿素、纤维素、木质素、氮、蛋白质、淀粉等），通过分析这些重要物理、化学参数可以进行作物的长势监测。但是目前在轨运行的高光谱传感器很少，数据很难保证，很少使用高光谱数据进行长势监测。此外高光谱传感器在提高光谱分辨率的同时，也会产生数据冗余的问题。在信息提取过程中，并不是所有的数据都发挥了作用。因此高光谱遥感在长势监测中的应用还有待相关理论、技术的发展。

（三）微波遥感数据

微波遥感的突出优点是具全天候工作能力，不受云、雨、雾的影响，可在夜间工作，并能透过植被、冰雪和干沙土，以获得近地面以下的信息。广泛应用于海洋研究、陆地资源调查和地图制图。微波遥感除了可见光和红外遥感所具有的可进行大范围动态、同步和快速观测的优点之外，它还具有下列固有的特点：能穿透云层和雨、雪、烟雾，具有全天时全天候的工作能力，可见光遥感一般是通过记录目标对太阳光的反射特性来实现的，因而受大气透明度、太阳高度角和季节的影响很大，特别在黑夜或目标被烟、云、雨、雾遮盖时就丧失了获取信息的能力。红外遥感是靠接收目标的红外辐射来实现的，它克服了夜障。可是受大气衰减的影响很大，穿透云层、雨雪的能力也很差，然而微波遥感则基本上不受气候条件的影响，大气衰减较小，能日夜工作。

已有研究尝试通过航空和卫星微波影像获取作物的冠层水分、叶面积指数以及生物量等进行监测及作物产量预报，并对不同窄幅微波遥感数据效用进行研究，如 Radarsat/SAR 是加拿大的雷达遥感卫星影像数据，可用于作物估产与生长监测。Chen 和 Mcnairn 使用 RADAR‐SAT1 卫星数据，通过人工神经网络法监测菲律宾的水稻长势，并进行产量预测，精度达 94％。Dente 等利用 C 波段 HV/VV 后向散射同化物作物生长模型 CERES‐Wheat，实现雷达数据与作物模型的同化，使得微波数据在长势遥感监测中研究应用更深入。合成孔径雷达卫星窄幅扫描数据可以很好地反映地面作物的长势状况，并较为准确地估测地面作物的产量。但是其时间分辨率低和数据费用较为昂贵等原因，阻碍了其在作物长势和产量预测的实际应用。合成孔径雷达卫星的宽幅扫描数据有较高的时间分辨率，并可覆盖大面积的地面，费用较低，最有可能用于一般的作物长势监测。Blaes 等研究基于模拟的 ENVISAT‐ASAR 宽幅模式影像数据监测区域作物和区分不同作物类型，与窄幅模式数据相比较，发现 ENV-ISAT‐ASAR 宽幅模式影像数据时间序列与区域作物生长相关，具有应用于农作物监测的能力。

作物长势遥感监测涉及不同地区的多种作物，单一数据难以满足不同作物不同时期不同精度的长势监测。随着遥感的发展，多源遥感数据的作物长势监测将成为趋势。

二、农作物长势监测指标

作物长势受到光、温、土壤、水、气（CO_2）、肥、病虫害、灾害性天气、管理措施等诸多因素影响，是多因素综合作用的结果。在作物生长早期，主要反映了作物的苗情好坏；在作物生长发育中后期，则主要反映了作物植株发育形势及其在产量丰歉方面的指定性特征。尽管作物的生长状况受多种因素的影响，其生长过程又是一个极其复杂的生理生态过程，但其生长状况可以用一些能够反映其生长特征并且与该生长特征密切相关的因子（如叶面积指数、生物量等）进行表征。在作物长势监测过程中，监测模型是专家决策过程和人们习惯认知的抽象表达，而监测指标则是监测模型生成长势指标信息最终结论的主要依据。因此，发展准确、方便的监测指标是作物长势遥感监测的重要研究内容。

（一）叶面积指数

在冠层尺度上，长势参数包括叶面积指数（LAI）和叶绿素含量。实验发现，LAI 是与长势的个体特征和群体特征有关的综合指数，作物的叶面积指数是绝对反映作物光合作用速率的重要因子，叶面积指数越大，单位面积的作物穗数越多或作物截获的光合有效辐射就越大，光合作用越强，这是用叶面积指数监测长势的基础。

作物长势监测的主要原理是根据作物在可见光部分有强的吸收峰，近红外部分有强的反射峰的光谱特性，利用这些敏感波段的数学组合形成植被指数，然后用植被指数估算叶面积指数的情况，结合地面监测的结果、农学模型和

LAI 的估算结果综合得出作物的长势信息。

（二）植被指数

植被指数（vegetation，VI）的数值变化直接反映着植物的长势、覆盖度、季相动态变化等，所以在农作物长势监测中，植被指数成为一个公认的能够反映作物生长状况的指标。植被指数与作物的叶面积指数、太阳光合有效辐射、生物量具有良好的相关性。

1. 冠层尺度遥感指标　比值植被指数（RVI）、归一化植被指数（normalized difference vegetation index，$NDVI$）、垂直植被指数（perpendicular vegetation index；PVI）、土壤调节植被指数（soil‐adjusted vegetation index，$SAVI$）、修正的土壤调节植被指数（modified soil‐adjusted vegetation index，$MSAVI$）、增强型植被指数（enhanced vegetation index，EVI）、叶绿素吸收率指数（CAR）、叶片叶绿素指数（LCI）、三角植被指数（TVI）、红边位置（REP）及红边位置斜率（γREP）。

2. 像元尺度遥感指标　比值植被指数（RVI），归一化植被指数（$NDVI$）、垂直植被指数（PVI）、土壤调节植被指数（$SAVI$）、修正的土壤调节植被指数（$MSAVI$）、增强型植被指数（EVI）。

同算法在冠层尺度和像元尺度的区别在于使用的遥感数据及波段波长范围不一样。其中，归一化植被指数（$NDVI$）是最为常用的植被指数，在作物生长的一定阶段与 LAI 呈明显的正相关关系，$NDVI$ 可以作为判定作物长势的一种度量指标。

$NDVI$ 综合利用了四则运算，能部分地补偿照明条件、地面坡度以及卫星观测方向的变化所引起的影响。不同长势的作物，其 $NDVI$ 大小不同。一般植株越高、群体越大、叶面积指数越大的作物，其 $NDVI$ 较大。因此，苗期长势越好的农田，其 $NDVI$ 也越大。

（三）植被状态指数

除了 $NDVI$ 为基础进行数学组合得到的指标在长势监测中也有应用。Kogan 提出的植被状态指数（vegetation condition index，VCI）即为其中的一例。其计算公式如下：

$$VCI = \frac{NDVI - NDVI_{\min}}{NDVI_{\max} + NDVI_{\min}} \times 100\%$$

式中：$NDVI_{\max}$ 和 $NDVI_{\min}$ ——研究所用图像中出现的 $NDVI$ 最大值和最小值。

虽然 VCI 的最初设计目的是为了评估天气度对植被的影响和描述植被的时空变化，但研究发现它在干旱监测、产量预估、植被状态定量分析等方面也有较好的应用效果。同 VCL 类似，将上式中的 $NDVI$ 替换为地表温度 T，即可得到温度条件指数（temperature condition index，*TCI*）。实际应用中，*VCI* 和 *TCI* 通常一起使用，主要用于干旱和水分胁迫情况监测。

（四）增强植被指数

NDVI 的广泛应用并不能掩盖其固有的缺陷，如大气噪声、土壤背景和饱和问题。增强型植被指数（*EVI*）就是以消除 *NDVI* 缺陷为目的的植被指数之一。由于增加了蓝色波段的作用，*EVI* 在消除大气和土壤背景影响方面表现好于 *NDVI*，因此，*EVI* 与 *LAI* 的线性关系好于 *NDVI*。应用方面，Sakamoto 等比较了基于不同母小波基的拟合方法对 EVI 数据进行拟合后反演水稻生育期的差异；Wardlow 等分析了 *NDVI* 和 *EVI* 在作物生育期反演方面的不同表现；张明伟等探讨了 *MODIS* 和 *EVI* 数据在冬小麦长势监测中的应用。同样以消除 *NDVI* 的大气影响为目的的植被指数还有变换差值植被指数（transforme difference vegetation index，*TDVI*）。与 *EVI* 增加蓝色波段的方法不同，*TDVI* 只是改变了 *R* 和 *NIR* 直接的组合关系，也达到了改善 *NDVI* 与 *LAI* 之间线性关系的目的。

$$TDVI=1.5\times\frac{\rho_{NIR}-\rho_R}{\sqrt{\rho_{NIR}^2+\rho_R+0.5}}$$

式中：ρ_{NIR} 和 ρ_R——近红外波段和红色波段的反射率。

此外，一些高光谱遥感植被指数、红边参数等指标与作物的长势相关性明显，也可用来进行作物长势的遥感监测。用于长势监测的各类遥感反演参数包括光合有效辐射吸收率（fraction of absorbed photosynthetically active radiation，*FAPAR*）、净初级生产力（net primary productivity，*NPP*）、叶面积指数等。

作物长势遥感监测在时间上包括从作物发芽成苗到作物产量形成前的一段时期。在作物生长不同时期，遥感指标影响因素及影响程度不同，使得单一指标难以很好地反映不同时期的长势；不同尺度上，遥感指标反映长势存在尺度效益。

三、农作物遥感监测方法

作物长势监测一般从两个方面来进行：一是作物生长的实时监测，主要是通过年际遥感影像所反映的作物生长状况信息对比，同时综合物候、云标识和农业气象等辅助数据来提取作物长势监测分级图，达到获取作物长势状况空间分布变化的目的；二是作物长势趋势分析，主要以时序遥感影像生产作物生长过程曲线，通过比较当年与典型年曲线间的相似和差异，做出对当年作物长势的评价。

比较法是目前国内外广泛应用的农作物长势监测方法之一，比较法是某一时期反映作物长势的遥感数值与多年平均值或上一年数值进行比较。具体通过某一生长期反映作物长势的植被指数、生长曲线与多年统计值进行长势评价，包括实时比较和过程比较。

　　基于实时比较的作物长势监测，是以当地的苗情为基准，当年与前一年同期长势或多年平均同期长势相比，反映实时的作物生长差异。可以对差异值进行分级，统计和显示区域的作物生长状况。具体在作物生长期采用 NDVI 对比的方法监测作物长势，进行两期图像的对比分析，即计算差值图像。利用每旬的最大合成 NDVI 图像与去年同期 NDVI 图像相比较，对差值影响赋值，并分为五个等级，分别为差、稍差、持平、稍好、好，再进行不同等级面积统计，实现作物长势的实时监测。此外，还应考虑地区差异和物候期变化等因素，因此作物长势监测图还需叠加表征物候的矢量层进行综合分析。将作物生长期内的实时遥感监测指标与去年、多年平均以及指定某一年的同期遥感指标进行对比，反映实时作物生长差异的空间变化状态，同时通过年际遥感图像的差值来反映两者间的差异，对差值进行分级，以反映不同长势等级所占的比例。可以通过多年遥感资料累积，计算出常年同一时段的平均植被指数，然后由当年该时段的植被指数与常年值的差异程度作为衡量指标，判断当年作物长势优劣，评价当年作物长势状况的空间分布。

　　基于过程比较的作物生长趋势分析，从时间序列上对作物生长状况进行趋势分析和历史累积的对比，是在作物生长期内，通过卫星绿度值随时间的变化，将作物的 NDVI 值以时间为横坐标排列起来，建立作物从播种、出苗、抽穗到成熟收获的 NDVI 动态轨迹线，再与历史正常的作物 NDVI 生长曲线相比较，可动态地监测作物的长势。主要是通过时序 NDVI 图像来构建作物生长过程，通过生长过程的年际对比来反映作物生长的状况，也称随时间变化监测。随着卫星资料的积累，时间变化曲线可与历年进行比较，如与历史上的高产年、平年和低产年以及农业部门习惯的上一年等。通过比较寻找出当年与典型年曲线间的相似和差异，从而做出对当年作物长势的评价。也可以统计生长过程曲线的特征参数，包括上升速率、下降速率、累计值等各种特征参数，借以反映作物生长趋势上的差异，从而也可得到作物单产的变化信息。

　　虽然遥感信息能够反映作物的种类和状态，但是由于受多种因素的影响，完全依靠遥感信息还是不能准确地获得监测结果，还要利用地面监测予以补充。将地面信息与遥感监测信息进行对照，从而获得农作物长势的准确信息。此外，气象条件与农业生长关系密切，加强农业气象分析也有利于辅助解释遥感监测结果。

四、作物长势遥感监测模型

　　农作物长势遥感监测模型的功能可以分为评估模型与诊断模型。

（一）评估模型

评估模型分为逐年比较模型和等级模型。逐年比较模型以当地的苗情为基准，今年与去年同期长势相比。在逐年比较模型中，引入 $\Delta NDVI$ 作为年际作物长势比较的特征参数，定义为：

$$\Delta NDVI = (NDVI_2 - NDVI_1)/\overline{NDVI}$$

式中：$NDVI_2$——今年旬值；

$NDVI_1$——去年同期值；

$\overline{NDVI}$——多年平均值。

根据 $\Delta NDVI$ 与零的关系，来初步判断当年的长势与前一年相比是好还是差或者与前一年长势相当。逐年比较模型优点是便于各地的田间监测，但是比较难以分等定级。

等级模型就是用当年的 $NDVI$ 值与多年的均值比较或与当地极值比较后分级，前者为距平模型，后者为极值模型。

距平模型定义为：

$$\Delta \overline{NDVI} = \frac{(NDVI - \overline{NDVI})}{\overline{NDVI}}$$

式中：$\overline{NDVI}$——多年平均值；

$NDVI$——当年值。

极值模型定义为：

$$\overline{VCI} = \frac{NDVI - NDVI_{min}}{NDVI_{max} - NDVI_{min}}$$

式中：$NDVI_{max}$、$NDVI_{min}$——同一像元多年的 $NDVI$ 极大值与极小值；

$NDVI$——当年同一时间同一像元的 $NDVI$。

不管是逐年比较模型还是等级模型，在实际应用中都存在一定的困难，因为获取 $NDVI$ 的均值和极值需要多年的数据积累，但由于卫星资料的存档历史，收集多年的数据很难或者单位缺乏对数据的处理能力，因此，很多学者选择相邻年份植被指数的比值（α）比较的方法来进行监测。即：

$$\alpha = \frac{TNDVI}{T_P NDVI}$$

式中：$T_P NDVI$——前一段同期的植被指数值；

$TNDVI$——当年的植被指数。

若 $\alpha > 1$，可以初步判断当年该地区农作物生长好于前一年；$\alpha < 1$，则表明当年的长势不如前一年；如果 $\alpha = 1$（或近似等于1），说明当年农作物与前一年长势相当。在此基础上，还可以根据数值大小来区别当年与前一年长势水平等级，根据数值大小，将农作物长势分为比前一年好、比前一年稍好、与前

一年相当、比前一年稍差和比前一年差 5 个等级。

（二）诊断模型

诊断模型是指从作物生长的条件和环境等影响作物长势的因素出发，对作物的长势进行评价。通过可见光红外、微波、热红外等多源遥感信息，综合分析包括作物生长的物候、肥料亏缺、水分胁迫、病虫害蔓延、杂草发展等各方面的生长及环境信息，评价作物长势。杨邦杰研究认为热红外反演的植被表面温度 T_s 与可见光红外提取的 $NDVI$ 建立矢量空间可以诊断水分的胁迫并描述小麦的长势。T_s 的变化与土壤的蒸发和植被蒸腾相关，蒸腾量小时则表面温度高，即 T_s 高时作物受到水分的胁迫而减少；而 $NDVI$ 的大小与生物量有关，可以表示长势好坏。刘云等综合利用 NOAA17 气象卫星的可见红外及热红外遥感数据计算了 $NDVI$ 与地表温度 T_s，研究基于 $NDVI - T_s$ 特征空间诊断作物水分亏缺以及监测作物长势的具体方法，取得了良好效果。说明可见光红外遥感数据与热红外遥感的综合利用，将能够更全面及时地对作物的生长环境和长势情况做出诊断。

（三）遥感信息和作物生长模型结合的长势监测方法

遥感数据在农作物长势监测中最大优点是能够及时地提供作物在区域尺度的生长状况信息。但是由于基于遥感数据的作物长势监测及产量估算存在机理不足的问题。作物生长模拟模型可以模拟作物从播种到收获的生长与生理生态指标的变化。但不同区域的地表、环境参数难以获取，限制了模型由单点推广到区域作物长势、产量的模拟。遥感信息和作物生长模型结合的长势监测方法能发挥两者各自的优势，使得作物长势遥感监测能以作物生长机理反映作物长势状况，得到作物生育期、叶面积指数、生物量、土壤湿度等诸多与作物长势相关的参数，提高区域作物长势监测的精度。

应用遥感信息和作物生长模型相结合的方法包括驱动法和同化法。驱动法就是直接利用遥感数据反演作物生长模型初始参数的值，或者利用遥感反演结果直接更新作物生长模型的某个输出参数值，并将其作为模型下一轮模拟的输入。同化法是通过循环调整作物遗传参数和模型模拟初始条件，将某一或某些模型模拟值与相应遥感数据或产品差异最小化。

具体有两种方法，一种是将生长模型模拟值与遥感数据、产品差异最小化；另一种是将作物生长模型与辐射传输模型相结合，将作物冠层模拟辐射值与遥感数据或产品差异最小化。国外已有研究采用不同生长模型和不同遥感数据相结合的方法，对不同区域的高粱、冬小麦、甜菜、玉米、水稻等作物产量和长势进行模拟。国内研究也较多，赵艳霞以 LAI 为结合点，利用 Powell 优化算法实现 CERES - Wheat 小麦模型与 $MODIS$ 反演 LAI 数据同化，模拟小麦的产量。马玉平等利用 MOD 数据得到的土壤调整植被指数 $SAVI$，与 WO-

FOST 模型同化，通过调整 WOFOST 模型冬小麦初期和返青期生物量的值，减少 WOFOST - SALL - PRPSPECT 模型模拟作物冠层 *SAVI* 与遥感观测 *SAVI* 的差异。结果显示，经过对区域尺度的出苗期重新初始化后，WOFOST 模型模拟的开花期、成熟期空间分布的准确性比同化前 WOFOST 模拟结果有所改进。闫岩等讨论了利用复型混合演化算法实现 CERES - Wheat 模型与遥感数据同化的可行性。王东伟采用集合卡尔曼滤波算法将作物生长模型 CERES - Wheat 对顺义地区的冬小麦 *LAI* 进行同化；并针对研究中 *LAI* 同化结果的缺陷，采用"中国典型地物标准波谱数据库"中冬小麦生长参数数据的统计结果，将 *LAI* 地面观测先验信息引入变分数同化算法中。因而同化方法适用于长势分布不均的作物动态监测，对于提供作物长势监测精度有巨大潜力。

五、作物长势遥感监测存在的问题

目前，农作物长势遥感监测方法不断发展，其监测精度和运行能力得到了很大的提高，但存在一些问题。

1. 作物长势遥感监测指标比较单一　用于描述作物长势的指标包括苗情、作物密度、叶面积指数、生物量、干物重及光合色素含量等。而农业部门用来描述作物长势的苗情主要根据作物群体密度、叶色、高度、穗粒、病虫害和天气灾害受害程度、可否丰产等指标，难以定量描述；高度、穗粒、病虫害和天气灾害受害程度难以用遥感影像提取。因而长势遥感监测的主要指标为 *LAI*、生物量、干物重及光合色素含量等能被遥感反演的参数。

2. 监测指标与长势参数的定量关系还不强　用于作物长势监测的遥感指标为不同类型的遥感植被指数和各类遥感反演的地表参数。由于多数遥感指标没有很好地消除土壤背景、大气参数、地表双向性等诸多影响，遥感指标与地面作物长势参数的关系不稳定。这影响了长势监测遥感指标的选择。虽然可用于作物长势监测的遥感指标很多，但目前业务化运行的遥感监测系统多使用 *NDVI*，不能深入说明作物长势的问题日趋明显。面向中国农情遥感监测系统长势监测中存在的问题，蒙继华以苗情监测和单产预测为目的，将苗期等级作为指标反映作物长势，以相关性、合理性、稳定性、一致性和简约性在全国尺度上的不同区域划分区选择合适的指标，建立面向实时监测和过程监测的长势指标集，发展多种遥感指数的长势遥感监测；通过从多遥感指数选取对植被状态、水分、温度适合有效的指数进行长势监测，将比单一 *NDVI* 好。

3. 物候问题　在实时监测过程中通常都使用实时的遥感影像与历史同期进行对比的方法。这种年际作物物候的变化，会造成实时监测过程中把不同作物物候期的遥感参数进行对比的情况。这时对比的结果所反映的往往是不同物候期作物之间的差异，而不是作物长势间的差异。这必然会降低作物长势监测，特别是实时监测的有效性。

4. 种植结构变化问题 受政策和我国耕作制度的影响，我国部分地区的作物种植结构也会出现较大的年际变化。然而目前的作物长势监测方法和监测系统都没有考虑这种区域性的作物种植结构的变化，这会导致在实时监测过程中把不同作物的遥感参数进行对比。由于不同的作物具有不同的光谱特征，对比的结果所反映的往往是不同作物之间的光谱差异，而不是作物长势的变化情况。

5. 以大量历史遥感数据为基础 已有农作物长势遥感监测系统多是将实时遥感图像与历史遥感图像相比较，系统运行需要以大量历史遥感图像为基础，制约了其在作物长势监测中的应用与推广。

六、小麦长势监测实证研究——以山东省为例

(一) 冬小麦株高反演模型的建立及应用

株高是小麦的主要农艺性状之一，是重要的高产因素，及时掌握小麦株高情况，有助于了解长势，提早估算产量。植株过高，在高肥水条件下容易发生倒伏，产量下降；植株过矮，易使冠层叶片拥挤，中下部通风透光条件差，影响籽粒灌浆，降低产量。大面积株高数据的获取，依靠传统的地面调查，实施起来非常困难，工作量很大，而遥感观测则可以为此提供最佳的信息获取方式。应用遥感技术，尤其是高光谱遥感技术，进行作物种植面积提取、营养元素估算、叶面积指数提取、产量估算等已有大量研究，但对小麦株高的遥感估算未见报道。中空间分辨率、高光谱分辨率的 MODIS 是 Terra 和 Aqua 卫星上搭载的主要传感器之一，两颗星相互配合每 1～2 天可重复观测整个地球表面，利用 MODIS 影像数据可以实现小麦长势的动态监测。该研究通过分析山东省小麦拔节初期至抽穗末期株高与 MODIS 1～7 波段光谱反射率及植被指数的关系，提取估算小麦株高的光谱参数，建立小麦株高估算模型，旨在为山东省小麦农情监测、估产奠定基础。

2011 年 4 月中旬、5 月上旬在聊城、德州、滨州、泰安、济宁、菏泽共设 33 个监测点进行地面测量，2012 年 3 月下旬、4 月上旬、4 月下旬、5 月上旬在聊城、滨州、莱州、济宁共设 24 个监测点进行株高测量（图 5-11）。提取 MODIS 前 7 个波段的光谱反射率，并计算 5 个植被指数，然后与株高数据进行相关分析，寻找遥感数据与株高相关度最大的光谱参数和预测水平（图 5-12）。

分别以达到极显著相关关系的光谱参数为自变量，小麦株高为因变量，进行模型回归分析，模型类型包括线性、一元二次方程、对数函数、幂函数、指

图 5-11　小麦株高遥感监测地面同步数据采集点

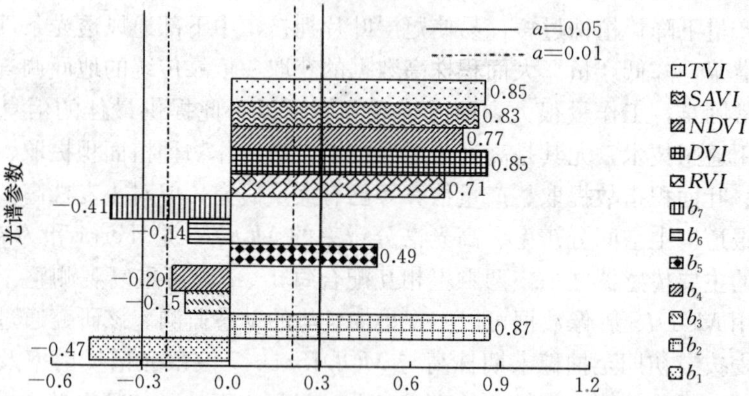

图 5-12　光谱参数与株高的相关度（$n=68$）（隋学艳，2008）

数函数，筛选拟和优度 R^2 最大的模型，及逐步回归模型。经检验逐步回归模型最优：$y=-46.77+337.492\times b_2-60.313\times b_7$。

　　所选波段 2 范围 0.841～0.876 微米，波段 7 范围 2.105～2.155 微米，均属于红外波段。水汽分子是红外辐射的主要吸收体，较强的水汽吸收带位于 0.71～0.735 微米、0.81～0.84 微米、0.89～0.99 微米、1.07～1.2 微米、1.3～1.5 微米、1.7～2 微米、2.4～3.3 微米、4.8～8 微米，这些吸收带间的空隙形成一些红外窗口，波段 2 和波段 7 位于红外窗口，即小麦接收到这两个波段的电磁波强度，基本不受大气污染和云的影响，以此模型反演的小麦株高可以作为很好的长势监测参数。

用逐步回归模型对 2011—2014 年 4 个年度 4 月 15 日拔节期山东省小麦株高进行反演（图 5 - 13），山东区裁减；对裁减完的株高反演结果图，先进行麦区掩膜，然后分类。

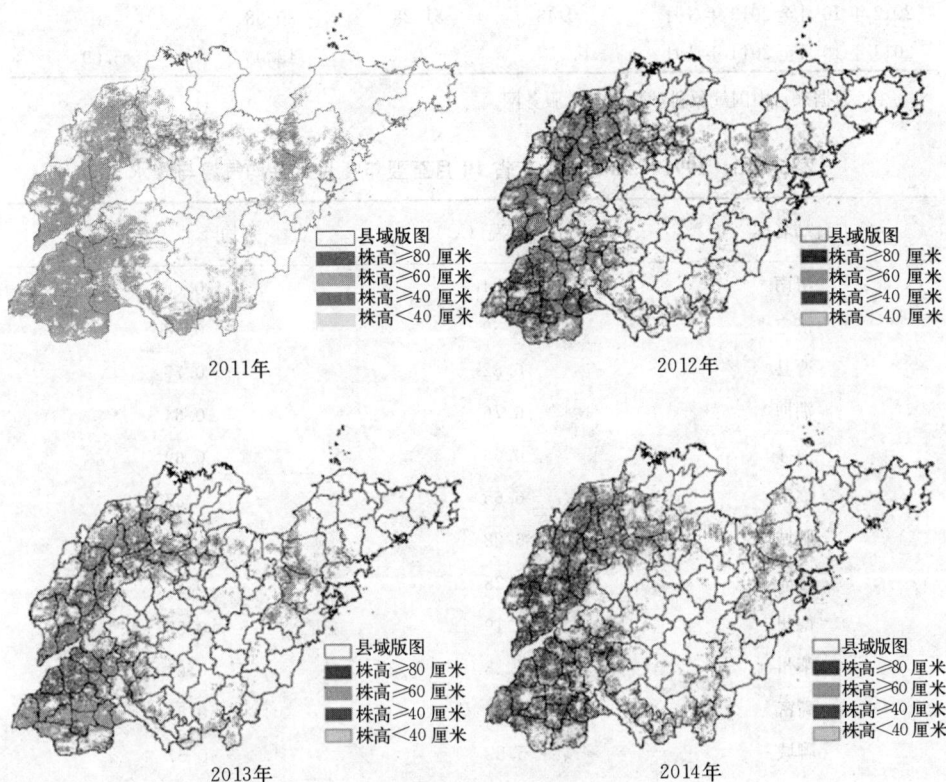

图 5 - 13　2011—2014 年山东拔节期小麦株高反演结果

研究表明，4 月中旬小麦株高，鲁西南地区普遍高于鲁北和鲁东地区，主要受气温影响。结果表明，暖秋暖冬加早春暖春造成"叶龄超生、个体超高、群体超大、生育期超前"的现象。2013 年 10 月至 2014 年 2 月，平均气温距平 0.75 ℃（表 5 - 12、表 5 - 13），是典型的暖冬，受其影响，山东省 2014 年小麦平均株高最高为 80.83 厘米（表 5 - 14），比 2011—2013 年高 23.6％～43.7％。对于同一生态环境范围内的小麦，生长除了受气温影响外，还受播期、土壤性状及土壤含水量等因素影响。因此，通过起身期至拔节期冬小麦株高专题图的分析，可以对冬小麦生长环境进行评价，对于改良土壤、合理分配水资源、冬小麦估产具有重要意义。

表 5-12 山东省 10 月至翌年 3 月平均气温与降水

时　　间	平均气温距平（℃）	降水距平百分率（%）	降水量（毫米）	平均气温（℃）
2010 年 10 月至 2011 年 3 月	0.20	−53.87	6.31	4.43
2011 年 10 月至 2012 年 3 月	0.12	15.54	20.22	4.35
2012 年 10 月至 2013 年 3 月	−0.43	51.28	20.58	4.07
2013 年 10 月至 2014 年 2 月	0.75	−22.7	13.08	5.09

注：数据来自中国气象科学数据共享服务网。

表 5-13 1991—2006 年山东省 10 月至翌年 4 月月平均气温与降水

台站名称	平均气温（℃）	平均降水（毫米）
济南	6.94	0.68
济宁	6.89	0.78
曹县	6.82	0.77
淄博	6.76	0.64
菏泽	6.66	0.69
临沂	6.65	0.87
肥城	6.28	0.66
青岛	6.28	0.82
德州	6.19	0.53
莱州	5.88	0.61
高密	5.84	0.57
聊城	5.82	0.57
泰安	5.76	0.64
胶州	5.62	0.68
福山	5.38	0.67
莒县	5.37	0.68
惠民县	5.35	0.54
滨县	5.21	0.51
济阳	5.2	0.52
文登	4.89	0.81
寒亭	4.84	0.55
莱阳	4.8	0.52

注：数据来自中国气象科学数据共享服务网。

表 5 - 14　依据株高对小麦长势分类

类别	株高范围（厘米）	2011 年比例	2012 年比例	2013 年比例	2014 年比例
平均高度（厘米）		56.24	65.39	58.16	80.83
1 类苗	≥80	0.06	0.25	0.07	0.55
2 类苗	≥60	0.36	0.34	0.35	0.27
3 类苗	≥40	0.42	0.28	0.5	0.14
4 类苗	<40	0.16	0.13	0.08	0.04
合计		1	1	1	1

（二）冬小麦叶绿素反演模型的建立及应用

叶绿素是植物进行光合作用的重要光能吸收物质，其含量的多少直接决定了植物光合能力的强弱，植物体叶绿素含量的变化与其光合能力、生长发育以及氮素状况有较好的相关性，通常被称为监测植物生长发育和营养状况的指示器，是监测植被受胁迫和健康状况的重要参数。叶绿素仪虽能够准确测定叶片叶绿素含量，但只能逐点对叶片进行测量，较费时、费力，因此需要研究一种实时、快速的叶绿素监测方法。高光谱遥感技术的应用可实现农田大面积的实时、快速无损监测。因此，通过遥感技术监测大范围作物叶片叶绿素含量动态变化作为一种重要的手段，对评价作物长势和氮肥高效管理方面有重要意义。叶绿素含量是叶片的主要农学参数，对可见光波段反射率变化敏感。Dash 等基于单一的植被指数对冠层叶绿素含量进行估测，结果表明绿、红以及近红外波段附近的光谱反射率对于叶绿素含量较为敏感。姚付启等基于红边位置、峰度系数、偏度系数建立了叶片叶绿素含量的高光谱估测模型，表明与单变量模型相比人工神经网格模型反演精度较高。不同地区、不同环境中的植被叶绿素含量对高光谱的敏感波段不尽相同，各植被指数在不同环境的适应性也不同，利用高光谱遥感技术监测农学参数已经成为了定量遥感和精准农业的研究热点问题之一。

高光谱指数法反演小麦叶绿素含量是目前最常用的方法之一。应用高光谱指数法反演植被叶绿素的研究主要集中在如何克服土壤背景和避免植被指数饱和等方面，通过构建或优选指数，以达到有效应用的目的。如在避免植被指数饱和性影响方面，Gitel - son 认为利用 750 纳米和 705 纳米反射率构建的 *ND-VI* 可以提高其反演叶绿素的精度；*MSR*（modifiedsimple ratio）和 *GNDVI*（green normalized differencevegetation index）也被相应提出，以克服指数饱和性影响；Dash 根据 *MERIS*（medium resolution ima-ging spectrometer）数据特点，构建一种反演叶绿素的新指数 *MTCI*，其对高叶绿素含量敏感。除了植被指数饱和性，土壤背景对反演叶绿素也有较大的影响。Huete 等提出了土壤调节性植被指数 *SAVI*（soil adjusted vegetation index），一定程度上提高了对植被理化参量的敏感性；Kim 引入 700 纳米等波段参与运算，提出 *CARI*（chlorophyll absorption ratio index），减少了土壤背景对反演叶绿素的影响；Daughtry 在 Kim 等人研究的基础上提出 *MCARI*（modified *CARI*），并结合 *OSAVI*（optimized *SAVI*）减低土壤背景影响的特点，进一步提出 *MCARI*/*OSAVI* 和 *TCARI*/*OSAVI*（combined optical index），可有效提高反演叶绿素的精度。以上研究主要集中于不同覆盖情况的植被反演模型构建、优选等方面；然而高光谱植被指数也受到中心波长、波段宽度、信噪比等光谱指标的影响，可能对反演结果造成一定的差异，而相关研究明显不足。研究以 2011—2014 年山东地区冬小麦叶绿素含量反演为例，通过野外实测的冠层光谱和叶绿素含量，结合波段模拟和噪声分析等方法，研究不同光谱指标构成的植被指数对叶绿素含量的敏感性，并模拟高光谱传感器数据，分析反演模型的适用性。

高光谱植被指数反演叶绿素含量的精度除与模型有关外，光谱指标中心波长、波段宽度、信噪比等的差异也会带来一定的影响。研究基于实测光谱数据，结合波段模拟、噪音分析等方法，研究不同的光谱指标对植被指数反演叶绿素含量的影响，分析用于反演的光谱指标的敏感性。提取试验点各生育时期的光谱数据，对 *MODIS* 7 个波段光谱数据及构建的植被指数与地面实测叶绿素进行相关分析，相关系数最高的为比值植被指数 *RVI*（b_4/b_5），并建立多元回归方程（图 15 - 14）。

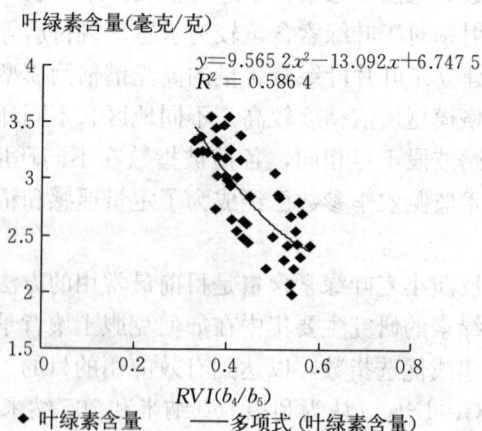

图 5 - 14　小麦叶绿素反演模型

式中：y——叶绿素含量（毫克/克）；

　　　x——比值植被指数 *RVI*（b_4/b_5）。

制作 2011 年、2012 年、2013 年、2014 年小麦拔节期叶绿素专题图（图 5-15）。

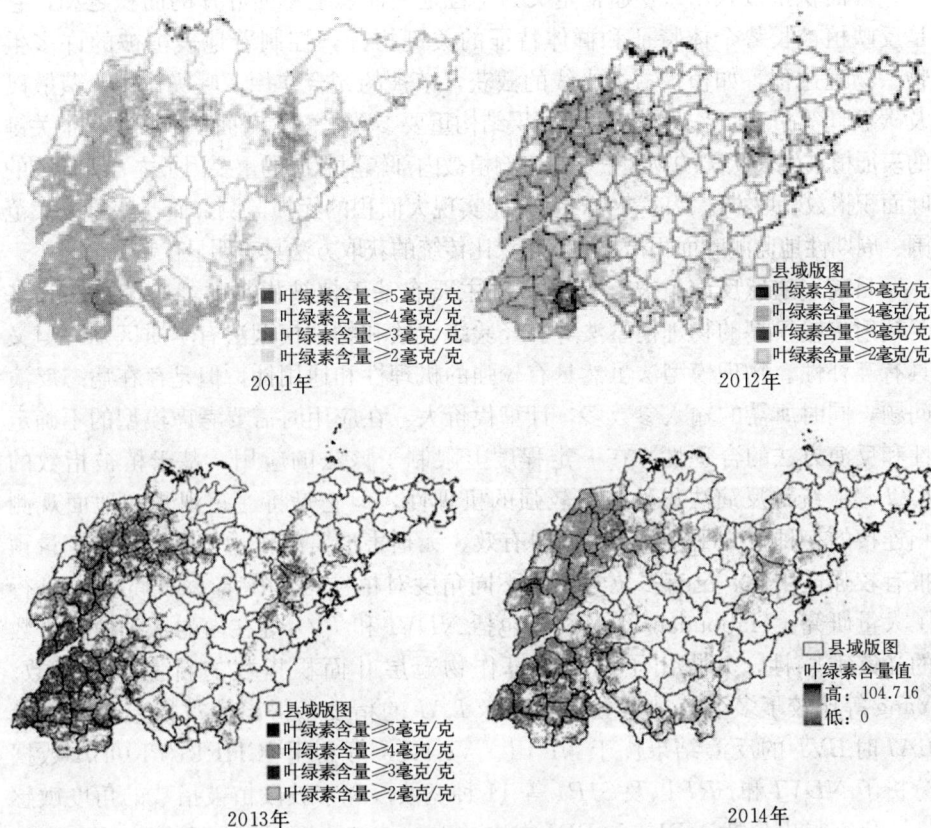

图 5-15　2011—2014 年山东拔节期小麦叶绿素含量反演结果

通过监测结果分析，拔节期山东省小麦平均叶绿素含量 2012 年＞2014 年
＞2011 年＞2013 年（表 5-15）。

表 5-15　2011—2014 年小麦拔节期（4 月 15 日）叶绿素监测结果

叶绿素（毫克/克）	2011 年比例（%）	2012 年比例（%）	2013 年比例（%）	2014 年比例（%）
平均值	3.88	4	3.55	3.93
≥5	0.01	0.01	0.01	0.02
≥4	0.4	0.5	0.07	0.49
≥3	0.55	0.47	0.76	0.41
≥2	0.04	0.02	0.16	0.08
合计	1	1	1	1

（三）小麦叶面积指数反演模型的建立及应用

叶面积指数（LAI）通常定义为单位地表面积上单面叶片的面积之和，它是反映植被长势个体特征和群体特征的关键指标，控制着地表植被的许多生物、物理过程，如植被冠层光线的截获，植被的光合作用、呼吸作用、蒸散以及碳循环等过程。作为描述植被冠层结构重要参数之一的叶面积指数是一个关键的表征植被生长状况的物理量，是影响植被内部辐射状况的重要因子之一。传统的叶面积指数获取方法费时费力，且不能实现大面积的无损监测，而遥感可以大范围、周期性地监测叶面积指数的变化，比传统的获取方法具有明显优势。

目前，遥感反演植被 LAI 的方法主要有基于植被指数的经验统计法和基于辐射传输模型的物理模型法等。经验统计法和物理模型法有本质区别，但又具有互补性。物理模型法虽然具有较强的机理性和通用性，但是存在病态反演问题，同时所需的输入参数多，计算代价大，在应用时需要考虑模型的不确定性和反演方法的合理性，在一定程度上限制了该法的应用。基于植被指数的 LAI 经验统计反演法虽然缺乏较强的机理性，但它是将遥感观测和地面观测相连接的一种重要手段，可以及时有效、无损害地监测作物长势，并对产量预报有较强适用性。已有多位学者从不同角度对植被指数反演 LAI 的问题进行了大量研究。Haboudane 等分析了包括 $NDVI$ 和 TVI 等在内的八种植被指数的光谱敏感性，并提出了两个估算作物冠层叶面积指数的新型植被指数。Yang 等比较了多个植被指数估算玉米 LAI 的精度，得出植被指数反演玉米 LAI 时 EVI 的反演结果优于 $NDVI$。Verrelst 等利用 JCHRIS/PROBA 数据分析了 $NDVI$ 和 SRI 以及 $SIPI$ 等 11 种宽波段和窄波段植被指数的角度敏感性，研究得出包括 $NDVI$ 和 PRI 在内的七种植被指数对冠层反射率的角度效应表现敏感。

随着生育期的推进，冬小麦 LAI 随时间动态变化，在不同观测条件、不同植被覆盖度下小麦冠层反射率存在差异，不同波段光谱反射率（植被指数）的敏感因子和干扰因素也不同。因此，各个植被指数对不同作物覆盖度的响应有差别，使得不同植被指数的 LAI 反演能力不同。植被 LAI 反演时易受土壤背景和大气条件的影响，其中有多个植被指数在作物覆盖度较高时（植被覆盖度超过 80%）会出现信息饱和（其中 $NDVI$ 最为典型），无法准确反映出作物各个生育期 LAI 的变化状况；另外叶面积指数与植被指数间的相关关系式并非唯一确定，构建的关系受到植被叶片其他生化参数的影响，如叶绿素含量等。为减小或消除各种背景因素对植被指数的反演精度的影响，学者们提出了多种修正型和新型植被指数，如优化的土壤调节植被指数（optimization soil - adjusted vegetation index，$OSAVI$）、改进的比值植被指数（modificd simplc ratio index，MSR）、三角形植被指数（triangular vegetation index，TVI）

等。在冬小麦的不同生长时期，观测视场内植被和土壤背景信息不断变化，使得小麦光谱反射率不断变化。前人的研究中进行作物 LAI 的反演基本都是选择同一植被指数进行作物整个生育期 LAI 的反演，鲜有考虑作物生育期分段反演的研究。本研究针对当前作物叶面积指数遥感反演过程中，不同生育期采用同一植被指数进行 LAI 反演存在精度低的问题，以冬小麦为研究对象，分析了在冬小麦整个生育期使用归一化植被指数（$NDVI$）和在冬小麦的不同生长阶段根据地表作物的覆盖度选择不同的植被指数来反演小麦 LAI 的结果差异，从而提高冬小麦 LAI 的反演精度和长势监测能力，为作物长势的遥感监测和精准农业的田间管理提供科学依据。

利用 4 月初至 6 月初的 10 次地面样方调查数据，对 LAI 与同期 $MODIS$ 数据构造的 $NDVI$、EVI、DVI、RVI 等植被指数进行相关分析，均达到了极显著相关水平，且建立的回归模型中以 EVI 的指数模型最佳。

$$y = 0.756\,6\,e^{3.155x} \quad (n=9, \ R^2 = 0.950\,2^{**})$$

式中：y——LAI；

　　　x——EVI。

通过监测分析，2011—2014 年的 4 月 7 日叶面积指数 2014 年＞2011 年＞2012 年＞2013 年（表 5-16）。

表 5-16　**2011—2014 年小麦拔节期**（4 月 7 日）**LAI 监测结果**

叶面积指数范围	2011 年比例	2012 年比例	2013 年比例	2014 年比例
平均值	2.85	2.43	2.39	3.45
≥6	0	0	0	0.01
≥4	0.08	0.07	0.01	0.28
≥2	0.77	0.53	0.71	0.63
＞0	0.15	0.39	0.28	0.08
合计	1	1	1	1

制作 2011—2014 年 4 月 7 日 LAI 专题图（图 5-16）。

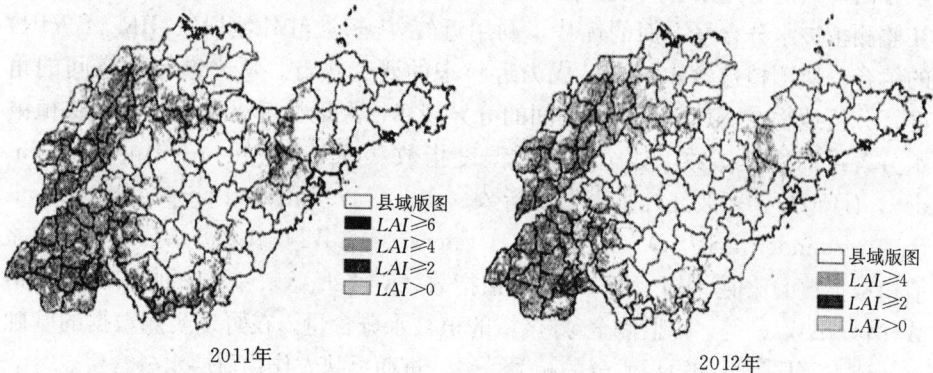

2011年　　　　　　　　　　　　　　2012年

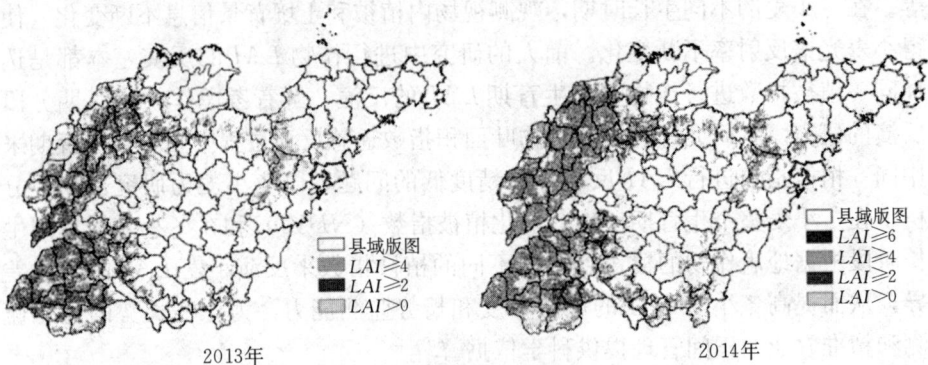

图 5-16 2011—2014 年小麦拔节期（4 月 7 日）LAI 反演结果

（四）叶片含水量反演及应用

植被冠层含水量在植被生长、农田灌溉、干旱监测、火险监测和评估、生态环境安全监测等方面是一个非常重要的参数，基于遥感技术的植被冠层水分含量估算和反演是近年来研究的热点之一。绿色植被对入射太阳光中红外波段能量的吸收是叶子中总水分含量的函数，随着绿色植被叶片含水量的降低，植被短波近红外波段的反射率明显增大。根据绿色植被在不同波段所表现出来的反射特性与植被含水量之间的关系，众多学者在此方面开展了大量的研究工作。

在可见光-近红外波段，利用冬小麦、夏玉米冠层叶片含水率和植株含水率分别与可见光波段、近红外波段范围内光谱反射率密切相关的特性，建立比值光谱指数（RVI）和归一化植被指数 NDVI，以监测不同生育期冬小麦、夏玉米冠层叶片和植株含水率。结果表明 NDVI 与夏玉米叶片含水量和植株含水量的相关性均优于 RVI，最佳决定系数均在 0.84 以上。贾方方等发现不同水分处理下烟草叶片含水率与红边和黄边面积的归一化值关系最密切。可见光-近红外波段在反映植被长势等方面具有明显优势，但是在监测植被水分含量方面，只能通过水分对植被生长的胁迫程度而间接体现。由于短波红外波段在监测植被水分含量方面的优势，利用近红外-短波红外波段（NIR - SWIR）的组合来监测植被含水量，已成为近年来的研究热点。从光谱特征空间的角度，分析地物在 NIR - SWIR 空间的分异规律，大量学者建立了能够反映植被水分含量的植被指数，如全球植被湿度指数（global vegetation moisture index，GVMI）、短波红外垂直失水指数（shortwave infrared perpendicular water stress index，SPSI）、水分指数（water index，WI）和水分指数与归一化差值植被指数的比值（WI/NDVI）、比值指数（R_{1300}/R_{1200}）、改进的归一化水分指数（M-NDWI）等，以监测全球/区域的植被水分含量。在野外实测数据的基础上，建立冠层光谱和冠层水分的相关关系，进而反映农作物冠层水分含量。

　　叶片含水量与土壤含水量呈线性相关，与叶片温度及生理功能等关系密切，并且易于观测，作为田间监测植株水分状况的指标，有着不可替代的优势。该研究探讨了 MODIS 7 个波段及构建的植被指数同叶片含水量的关系，并建立了叶片含水量与 b_6 的回归模型：

$$y = -2\,211.9x^2 + 653.13x + 30.079$$

　　式中：y——叶片含水量（％）；

　　　　　x——波段 6 反射率 b_6。

　　山东省小麦冬春旱是影响小麦产量的重要灾害，由监测结果分析，2011年 2 月 10 日全省范围内干旱比较普遍。据报道，2010 年 9 月 23 日以来，全省平均降水量仅 12 毫米，比常年偏少 85％。根据降水频率分析，全省气象干旱已达特大干旱等级，为 60 年一遇。2012 年 2 月 18 日，小麦旱情主要集中在德州、滨州、济南、聊城 4 市，其他地区较好。2013 年 2 月 10 日，菏泽、济宁 2 市旱情较重，聊城南部也出现了一定的旱情。2014 年 2 月 10 日，德州、滨州、济南北部旱情较重。

　　2011—2014 年小麦叶片含水量反演结果分类见图 5-17。

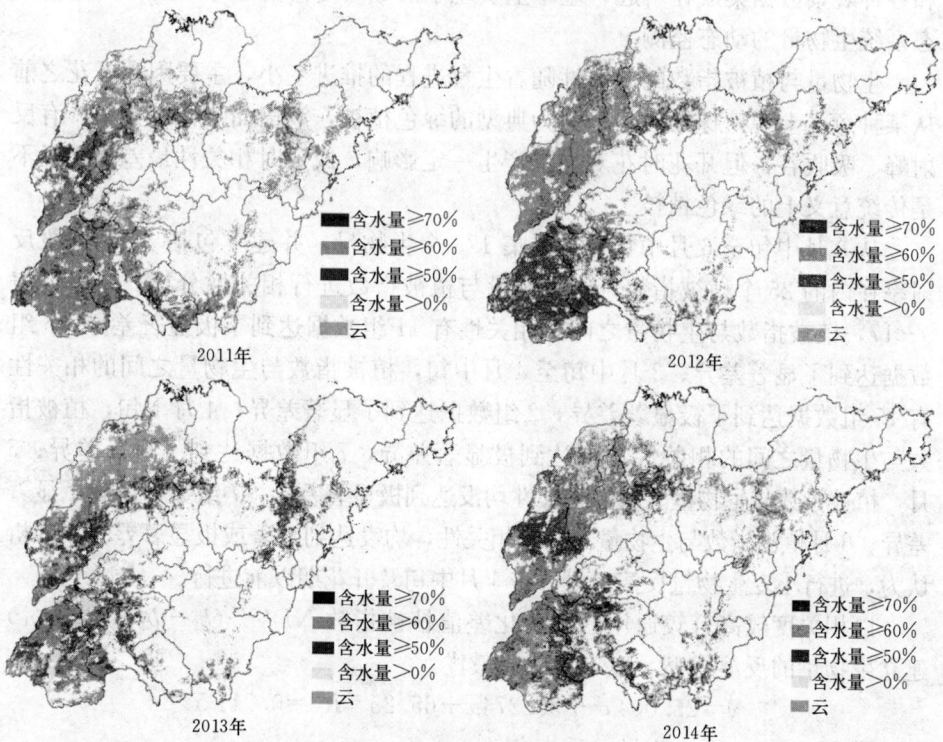

图 5-17　小麦叶片含水量反演结果分类

(五) 生物量反演及应用

生物量是指某一时刻单位面积内实存生活的有机物质（干重）。最初人们用 Landsat MSS 来监测植被的叶面积指数和活体生物量。后来，更多的是利用 Landsat TM 和 NOAA-AVHRR 数据来监测植被生长和生物量。如结合地面调查和 TM、AVHRR 数据，对数百万平方千米欧洲森林生物量的成功估算，利用 TM 数据对美国 Colorado 矮草草原地上部分生物量的估算等。近年来，各种星载和机载 SAR 数据已被广泛用于估算陆地植物生物量，生物量估算已成为 SAR 数据的重要应用领域之一。

卫星遥感使人们能在大陆甚至全球尺度上监测自然资源。与传统的生物量估算方法比较，遥感方法可快速、准确、无破坏地对生物量进行估算，对生态系统进行宏观监测。研究者可以利用遥感的多时相特点定位分析同一样区一段时间后的非干扰变化，使传统方法难以解决的问题变得轻而易举，使动态监测成为可能。且 RS、GIS 技术的集成推动了生物量遥感估算的进程，在 GIS 环境下实现包括 RS 信息在内的多种信息的复合，建立生物量遥感模型。利用 GIS 技术将高时相分辨率的卫星遥感数据如 NOAA/AVHRR 数据、TM 图像和各种观察数据集成在一起，基本上实现了区域尺度甚至全球尺度不同陆地生态系统生物量的动态监测。

生物量与植被指数的相关性随着生育进程的推进变小，主要因为开花之前从某种意义上说植株结构单一，为典型的绿色植被，波谱曲线比较典型，有反射峰、吸收谷，但开花时花对光谱产生一定影响，成熟时相关性最差，已经不是传统意义上的绿色植被。

从 3 月中旬至 6 月中旬，共采集 123 个生物量，并建立包括 1～7 波段反射率在内的 25 个植被指数，对生物量与植被指数进行相关性分析，结果见表 5-17，植被指数与生物量之间的相关性有 11 组数据达到了极显著差异，5 组数据达到了显著差异；3 月中旬至 4 月中旬，植被指数与生物量之间的相关性有 15 组数据达到了极显著差异，2 组数据达到了显著差异；4 月下旬，植被指数与生物量之间的相关性均没达到极显著差异，7 组数据达到了显著差异；5 月，植被指数与生物量之间的相关性均没达到极显著差异，7 组数据达到了显著差异；6 月植被指数与生物量之间的相关性，均没达到显著或极显著差异。分析认为，进行小麦生物量反演，最好在 4 月中旬及开花期以前进行。

以相关度较高且较通用的归一化差值植被指数 NDVI $(b_2-b_1)/(b_2+b_1)$ 建立生物量的反演模型，以二次曲线最优。

$$y=25.004x^2+38.274x+65.25 \quad R^2=0.7115$$

式中：y——干生物量（千克/亩）；

x——归一化差值植被指数 NDVI $(b_2-b_1)/(b_2+b_1)$。

表 5-17　小麦生物量与植被指数相关分析表

序号	3月中旬至6月中旬(n=123) 单波段/植被指数	相关系数	3月中旬至4月中旬(n=41) 单波段/植被指数	相关系数	4月下旬(n=21) 单波段/植被指数	相关系数	5月(n=38) 单波段/植被指数	相关系数	6月(n=21) 单波段/植被指数	相关系数
1	B1	0.19*	B1	-0.59**	B1	-0.38	B1	-0.38	B1	-0.17
2	B2	0.12	B2	0.71**	B2	0.51*	B2	0.51*	B2	-0.12
3	B3	0.38**	B3	-0.28	B3	-0.38	B3	-0.38	B3	0.09
4	B4	0.10	B4	-0.06	B4	-0.31	B4	-0.31	B4	0.17
5	B5	-0.19*	B5	0.43**	B5	-0.02	B5	-0.02	B5	0.17
6	B6	0.36**	B6	-0.33*	B6	-0.30	B6	-0.30	B6	0.01
7	B7	0.10	B7	-0.50**	B7	-0.34	B7	-0.34	B7	0.19
序号	植被指数	相关系数	植被指数	相关系数	植被指数	相关系数	植被指数	相关系数	植被指数	相关系数
8	$RVI(b_2/b_3)$	0.08	$RVI(b_1/b_3)$	-0.35*	$RVI(b_4/b_5)/(b_4+b_5)$	-0.17	$RVI(b_4/b_5)/(b_4+b_5)$	-0.17	$NDVI(b_4-b_5)/(b_4+b_5)$	-0.10
9	$DVI(b_2-b_3)/(b_2+b_3)$	0.08	$NDVI(b_1-b_2)/(b_1+b_2)$	-0.43**	$NDVI(b_5-b_3)/(b_3+b_5)$	-0.15	$NDVI(b_5-b_3)/(b_3+b_5)$	-0.15	$RVI(b_5/b_3)$	-0.08
10	$NDVI(b_4-b_3)/(b_4+b_3)$	0.06	$DVI(b_6-b_3)$	-0.25	$DVI(b_5-b_3)/(b_3+b_4)$	-0.14	$DVI(b_5-b_3)/(b_3+b_4)$	-0.14	$DVI(b_4-b_3)$	-0.08
11	$DVI(b_6-b_3)$	0.20*	$RVI(b_2/b_3)$	-0.22	$NDVI(b_5-b_4)/(b_3+b_4)$	-0.13	$NDVI(b_5-b_4)/(b_3+b_4)$	-0.13	$NDVI(b_5-b_3)/(b_3+b_5)$	-0.06
12	$DVI(b_4-b_3)$	0.21*	$DVI(b_3-b_5)$	-0.22	$NDVI(b_5-b_3)/(b_3+b_5)$	-0.13	$NDVI(b_5-b_3)/(b_3+b_5)$	-0.13	$NDVI(b_5-b_4)/(b_3+b_4)$	-0.05
13	$RVI(b_7-b_3)$	0.23*	$NDVI(b_6-b_4)/(b_6+b_4)$	-0.21	$RVI(b_5/b_3)$	-0.09	$RVI(b_5/b_3)$	-0.09	$RVI(b_5/b_3)$	-0.04
14	$NDVI(b_6-b_4)/(b_6+b_4)$	0.23**	$NDVI(b_7-b_4)/(b_7+b_4)$	-0.20	$DVI(b_5-b_3)$	-0.04	$DVI(b_5-b_3)$	-0.04	$DVI(b_5-b_3)$	-0.03
15	$NDVI(b_7-b_4)/(b_7+b_4)$	0.24**	$DVI(b_7-b_4)$	-0.20	$NDVI(b_6-b_4)/(b_6+b_4)$	-0.04	$NDVI(b_6-b_4)/(b_6+b_4)$	-0.04	$RVI(b_6/b_4)$	-0.13
16	$DVI(b_7-b_4)$	0.26**	$RVI(b_7/b_2)$	-0.42**	$DVI(b_6-b_4)$	-0.22	$DVI(b_6-b_4)$	-0.22	$DVI(b_6/b_4)$	0.02
17	$DVI(b_7-b_4)$	0.28**	$DVI(b_4-b_3)$	-0.53**	$DVI(b_4-b_3)$	-0.02	$DVI(b_4-b_3)$	-0.02	$DVI(b_4-b_3)$	0.04
18	$NDVI(b_5-b_3)/(b_5+b_3)$	0.28**	$NDVI(b_2-b_1)/(b_2+b_3)$	-0.53**	$NDVI(b_2-b_1)/(b_2+b_3)$	0.46*	$NDVI(b_2-b_1)/(b_2+b_3)$	0.46*	$RVI(b_2/b_3)$	-0.14
19	$RVI(b_7/b_5)$	0.30**	$NDVI(b_2-b_1)/(b_2+b_4)$	0.73**	$RVI(b_2/b_3)$	0.46*	$RVI(b_2/b_3)$	0.46*	$DVI(b_2-b_3)$	0.13
20	$RVI(b_5/b_2)$	0.32**	$RVI(b_2/b_1)$	0.77**	$RVI(b_2/b_1)$	0.48*	$RVI(b_2/b_1)$	0.48*	$NDVI(b_6-b_4)/(b_6+b_4)$	-0.16
21	$DVI(b_5-b_4)$	0.32**	$DVI(b_6-b_3)$	0.80**	$NDVI(b_2-b_1)/(b_2+b_4)$	0.50*	$NDVI(b_2-b_1)/(b_2+b_4)$	0.50*	$NDVI(b_6-b_4)/(b_6+b_4)$	-0.18
22	$DVI(b_5-b_3)$	0.02	$DVI(b_5-b_3)$	0.80**	$NDVI(b_2-b_1)/(b_2+b_5)$	-0.29	$NDVI(b_2-b_1)/(b_2+b_5)$	-0.29	$RVI(b_6/b_4)$	-0.19
23	$RVI(b_5/b_3)$	0.37**	$NDVI(b_2-b_1)/(b_2+b_5)$	0.83**	$DVI(b_2-b_3)$	0.52*	$DVI(b_2-b_3)$	0.52*	$NDVI(b_2-b_1)/(b_2+b_1)$	0.24
24	$RVI(b_5/b_2)$	0.00	$RVI(b_5/b_3)$	0.83**	$DVI(b_2-b_3)$	0.52*	$DVI(b_2-b_3)$	0.52*	$RVI(b_2/b_1)$	0.24
25	$NDVI(b_2-b_1)/(b_2+b_1)$	0.00	$DVI(b_2-b_3)$	-0.61**	$RVI(b_7/b_1)$	-0.30	$RVI(b_7/b_1)$	-0.30	$DVI(b_2-b_1)$	-0.20

注：** 表示在 0.01 水平上差异显著；* 表示在 0.05 水平上差异显著。

2011—2014 年小麦 4 月 15 日生物量专题图见图 5 - 18。

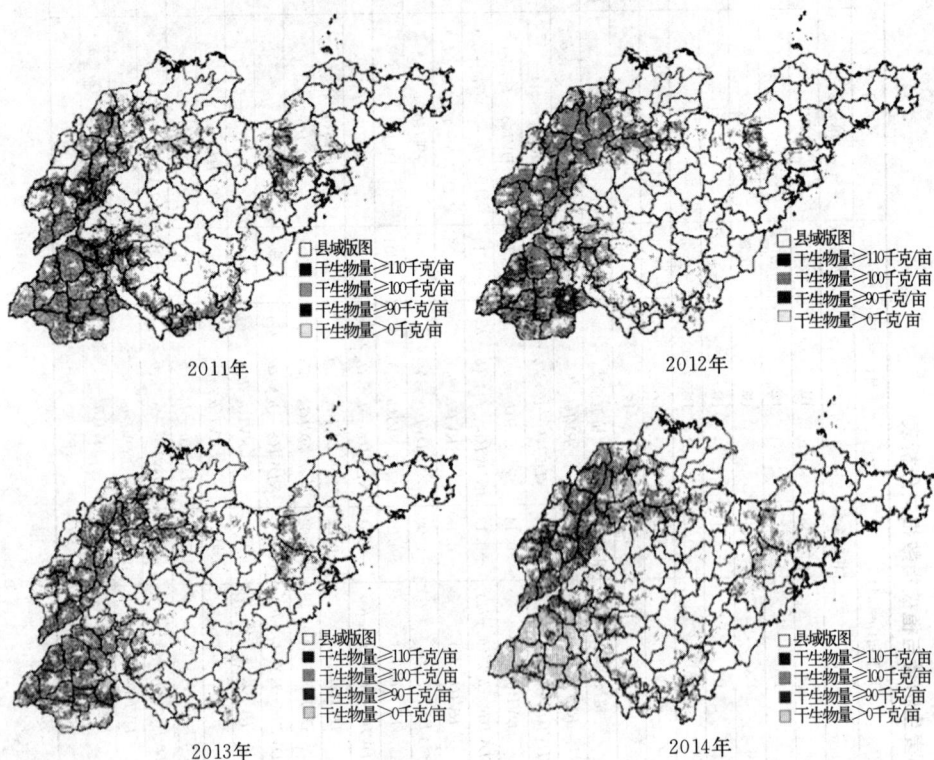

图 5 - 18　2011—2014 年 4 月 15 日小麦干生物量反演结果

第五节　小麦遥感估产

一、农作物遥感估产概况

目前，主要开展了对小麦、水稻、玉米、大豆、棉花、甜菜等的遥感估产研究。农作物估产在方法上可分为传统的作物估产和遥感估产两类。

传统的作物估产基本上是农学模式和气象模式，如农学-气象产量的预测模型、作物生长模拟模型、经验统计模型等。把作物生长与主要制约和影响产量的农学因子或气候因子之间用统计分析的方式建立起关系。这类模式计算繁杂、方法速度慢、工作量大、成本高、某些因子种类往往难以定量化，不易推广应用。遥感估产则是建立作物光谱与产量之间联系的一种技术，是把遥感信息作为输入变量，建立遥感估产模型，探讨植物光合作用与作物光谱特征间的内在联系，以及作物的生物学特性与产量形成的复杂关系。

遥感估产是根据生物学原理，在收集、分析各种作物不同光谱特征的基础上，通过卫星传感器记录地表信息、辨别作物类型、监测作物长势，并在作物收获前预测作物的产量。它包括两项重要内容：作物识别与播种面积提取；长势监测与产量预报。作物遥感估产的理论依据是作物光谱特征与其长势及产量间的定量关系。作物在生长期间，受环境因素影响（如干旱、病虫害等），其光谱特征会发生变化，通过监测作物光谱的变化（如红边移动），可以实现作物长势监测，并估算作物产量。

（一）农作物遥感估产国际研究进展

1974—1977 年，美国农业部、国家海洋大气管理局、国家航空航天局和商业部合作主持了"大面积农作物估产实验（LACIE）"计划，对美国、加拿大和世界其他地区小麦面积、总产量进行估算，估产精度均达到 90％以上。1980—1986 年，执行 LACIE 计划的几个部门又合作开展了农业和资源的空间遥感调查计划（AGRISTABS），其中包括世界多种农作物长势评估和产量预报。同时，美国已经将遥感技术应用于精细农业，对农作物进行区域水分分布评估、病虫害预测等，直接指导农业生产。美国农业部对外农业局（FAS）负责美国以外国家的农作物估产，并建立运行系统，该项工作为美国在世界农产品贸易中获得了巨大的经济利益。联合国粮农组织（UNFAO）于 1975 年开发了"全球信息与预警系统"，在全球尺度开展食物供给和需求的监测，并对区域性的粮食短缺进行早期预警。系统所提供的信息主要用于识别近期的粮食安全危机，并为联合国世界粮食计划及其他一些国际与国家机构进行国家级的需求评估提供依据。欧盟、俄罗斯、法国、日本和印度等也都应用卫星遥感技术进行农作物长势监测和产量估测，均取得了一定的成果。例如，欧共体用 10 年的时间，建立用于农业的遥感应用系统，1995 年在欧共体 15 个国家用 180 景 SPOT 影像，结合 NOAA 影像在 60 个试验点进行了作物估产，可精确到地块和作物类型。2002 年，美国国家航空航天局与美国农业部合作在贝茨维尔、马里兰用 MODIS 数据代替 NOAA - AVHRR 进行遥感估产，MODIS 搭载的 TERRA 卫星是 1999 年由美国（国家航空航天局）、日本（国际贸易与工业厅）和加拿大（空间局，多伦多大学）共同合作发射的。加拿大的"作物长势评估计划（CCAP）"将遥感、地理信息系统和互联网技术相结合，以作物和牧草为对象，提供及时、可靠的长势信息，系统的监测范围包括加拿大本土及美国北部地区。2002 年，意大利米兰的环境电磁感应学院，发现光谱的红边区域（red edge position，REP）最适合于牧场特征指数研究和生物参数评价，可用于监测牧草长势、水分分布，从而确定合理放牧的区域。同年，日本科技公司完成了 PRPPERSA（project for establishment of plant production using remote sensing）项目，可提高平原农业估产的精度，并着眼于对全球进行估产。2003 年，欧盟启动了全球环境与安全监测项目，研发和系统运行由联合研究中心（JRC）执行。在国际监测上，JRC 开展全球粮食安全风险区的监测；本土监测上，开展作物产量预测研究。巴西 2003 年启动了名为"Geosafras"的全国尺度的农业监测与预测项目。

MODIS 数据涉及波段范围广（36 个波段）、分辨率（250 米、500 米、1 000 米）比 *NOAA - AVHRR*（5 个波段，分辨率为 1 100 米）有较大进步，这些数据均对农业资源遥感监测有较高的实用价值。用卫星遥感方法进行长势监测、产量估算已进行多年，方法已趋于成熟，正不断试验和探索新的技术。伴随着遥感技术本身及其在农情信息获取领域能力的提升，一些国家与国际组织建设了各自的农情遥感监测系统，并开展了运行化的监测，应用卫星遥感技术进行农作物长势监测和产量测算，均取得了一定的成果。

（二）农作物遥感估产国内研究进展

我国作物的遥感监测经过"六五""七五""八五"与"九五"的科技攻关，已经开发了一些国家级的农情遥感监测系统。从"六五"开始，我国试用卫星遥感进行农作物产量预报的研究，并在局部地区开展产量估算试验。"七五"期间，国家气象局于 1987 年开展了北方 11 省（直辖市）小麦气象卫星综合测产，探索运用周期短、价格低的卫星进行农作物估产的新方法。该项目中，主要以长期的气象资料为基础，以遥感信息为检验手段，建立了不同地区的遥感参数-作物产量的一阶回归模型。1985—1989 年，该项目为中央和地方提供了 165 次不同时空尺度的产量预报，为国家减少粮食损失 33 万吨以上，累计经济效益达 20 亿元。"八五"期间，国家将遥感估产列为攻关课题，由中国科学院主持，联合农业部等 40 个单位，开展了对小麦、玉米和水稻大范围的遥感估产试验研究，建成了大面积"遥感估产试验运行系统"，并完成了全国范围的遥感估产的部分基础工作。特别是解决了一些关键技术问题，如作物自动识别与插入记号的自动提取、作物长势实时监测与苗期预报、遥感信息与农学模型的耦合、遥感估产的试验运行系统的集成，将遥感技术与地理信息系统（GIS）相结合，使整个遥感估产的各个作业环节均纳入一个统一的集成系统，实现了估产作业的自动化，为进一步开展全国性的卫星遥感估产提供了重要保证。1995 年以后，遥感估产方法已日趋成熟，中国科学院设立了"九五"重大和特别支持项目"中国资源环境遥感信息系统及农情速报"，建立全国资源环境数据库；中国科学院、中国气象局及多家高等院校、研究所致力于遥感估产技术的研究，并在浙江、江西、江苏等省和华北平原、东北平原、江汉平原等地区对冬小麦、玉米、水稻、糜子等作物进行遥感估产，在遥感信息选取、作物识别、面积提取、模型构建、系统集成等各个技术环节有了大幅的进步。中国科学院地理科学与资源研究所的李哲、张军提出的基于遗传算法与人工神经网络相结合的玉米估产方法，国家气象中心的侯英雨等提出的基于作物植被指数与温度的产量估算模型，中国科学院地理科学与资源研究所的江东提出的基于人工神经网络的农作物遥感估产模型，浙江大学的王人潮等提出的高光谱遥感估算模型和水稻双向反射模型等。这些模型汲取了以前模型的优点，模型因子的选择更合理，可操作性更强，精度更高。王秀珍等提出的水稻高光谱遥感估算模型等汲取了前人模型优点的基础上，模型因子的选择更合理，可操作性更强，精确度更高。李卫国等利用中分辨率影像数据结合实地 GPS 定位调查，研究了卫星影像植被指数与农作物不同生长时期长势指标间的定量关系，建立相关长势指标监测模型或算法，提出了农作物长势快速监测的技术和方法。这些系统通过对农作物生长及气象变化进行监测，准确衡量与评估粮食安全状况，对粮食安全进行监测分析并提前做出警示预报，在帮助政府部门制定及时、有效的粮食安全政策，防范粮食风险等方面发挥了极其重要的作用。

综合分析国内外情况，认为遥感技术具有宏观、适时和动态的特点，利用遥感数据动态监测区域作物长势以及估产具有无可比拟的优势。遥感估产应是农作物产量预测的主要发展趋势。长势监测是遥感估产的前提和基础，是根据作物对光谱的反射特性，利用敏感波段及其组合可以反射作物生长空间信息的特点，实现对作物长势的监测；长势监测是作物农情信息监测的重要内容。作物长势遥感监测是在遥感技术的支持下，通过获取遥感数据，提取作物农学参数、生长环境等遥感信息，及时了解农作物的生长状况、苗情、土壤墒情、营养状况以及病虫害动态变化情况，对区域作物生长状况进行分析评价。各个系统在遥感技术不断发展的同时，对地面调查的依赖并没有减少，甚至得到了强化，这与遥感降低地面调查的初衷相违背，导致遥感技术在大范围农情监测中应用的潜力没有得到充分发挥，在估产预测方面，需要发展独立的遥感预测方法。农业生产是人类社会存在的基础，大范围的可靠农情信息对粮食市场及相关政策的制定至关重要，是保障区域及全球粮食安全的重要依据。及时的农情信息可以快速进行粮食短缺区域的识别，为短缺区域带来更加及时、广泛的粮食援助。同时国际贸易、农业政策、农产品价格及生产决策都依赖于大范围农情信息。在全球气候变化背景下，20 世纪 90 年代全球极端气象灾害比 20 世纪 50 年代高出 5 倍以上。未来全球极端气象灾害可能出现多发、频发、重发趋势，农业生产的全球可持续发展将面临巨大威胁。受全球气候变暖影响，全球农业生产都将出现大幅波动，粮食供给的不稳定性会增大。

目前，关于冬小麦的长势和产量遥感监测技术研究已取得一定进展，也积累了很多研究成果。如利用遥感影像的光谱信息反演得到 LAI、生物量等长势指标，并基于这些长势指标与产量之间的相关性，建立回归模型，进行冬小麦长势监测和产量估算；基于遥感信息和冬小麦产量形成的生理生态过程相耦合的估产模型进行产量预报等。随着现代农业的发展，基于遥感的大面积小麦估产及灾害预警技术集成应用成为迫切需求。组件式地理信息系统是集数据采集、数据库管理、空间数据分析和数据输出四大功能为一体的信息系统，目前已被广泛用于城市规划、土地评价、经济分析、交通管理等诸多方面，在农业区划和栽培管理领域也有相关的研究成果报道。

二、农作物遥感估产理论基础

绿色植物的叶子是进行光合作用的基本器官。光合作用-干物质积累-叶面积增长-生物量增加，这四个有联系的因子信息，大多不能为遥感传感器所直接获取。但是，它们的生理机制却能通过植物反射光谱中不同波段反射率的组合而间接地从遥感数据的分析中得到，这就是作物产量遥感估产的理论基础。

（一）农作物产量形成因素

遥感对作物产量形成因素的理解是综合、宏观、多因素的。它包括作物本身的生物学因素，以及土地、土壤、气候、农业管理等综合因素。这些因素有的是受人类控制的因子，有的是受自然条件影响的因子。

1. 生物学因素　生物学因素指作物本身的光谱特征、水分含量、叶绿素含量、作物的品种、类别等。作物产量的实质是作物与它周围生态环境不断进行物质循环和能量交换的光合作用过程。

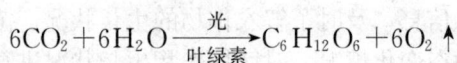

$$6CO_2 + 6H_2O \xrightarrow[\text{叶绿素}]{\text{光}} C_6H_{12}O_6 + 6O_2 \uparrow$$

其中，叶绿素是植物产生干物质的基础，因此单位面积内叶绿素含量（叶绿素浓度）与产量直接相关，而植物光谱与叶绿素含量相关。

2. 水、土等环境因素　水、土等环境因素包括土壤、地形、地下水、排灌条件、土壤肥力等。它提供作物基本的生长条件（如一定的酸碱度、营养物质、根系通气状况、水分供应等），是决定一个地区产量的主要和基础因素，其中部分因素是可以人为控制的。水、土等环境信息可以通过遥感信息加以认识和提取。

3. 气候因素　气候因素主要指日照条件（日照强度和时间）、温度、降水量等因子，多为不可控制因素。作物必须在一定的物质供应（光合辐射、二氧化碳、水分等）和外界环境条件（热量等）下才能进行正常的生理活动（如小麦全生育期积温一般在 2 000～2 200 ℃）。气候因素可以通过气象台站观测数据或由气象卫星数据经遥感模式来推导。

4. 农业管理因素　农业管理因素指当地条件下具有相当稳定性，并可通过逐年统计而得，如间作、轮作、一年两作以及施肥、水利条件等。可见，遥感估产是综合以上因素的"环境遥感估产"。

（二）主要农学参数与遥感的关系

实践证明，尽管作物产量受环境因素的影响，但是产量高低最终集中反映在作物的穗数（S）、粒数（L）、千粒重（T）三者的构成上。

$$单位面积产量＝单位面积的\ S×单位面积的\ L×单位面积的\ T$$

1. 穗数　决定于返青-抽穗期单位面积上有效光合作用强弱，抽穗期终结，穗数确定。此阶段冬小麦生长主要为叶面积的增长，LAI 与穗数间呈线性相关关系，且相关性最好。垂直植被指数 PVI 反映了当时单位面积上植被有效光合作用能量的大小，与 LAI 存在着对数关系，再考虑相应的日积温值，便可得 LAI_{max}。因而，通过遥感数据所得的 PVI 可以估算冬小麦穗数。

2. 粒数　决定于抽穗—扬花期单株光合作用的强弱，扬花期后，每穗粒数已定。PVI/S 表示单株冬小麦获得的平均光合作用能量。它与单位长度茎秆重量成正比，而单位长度茎秆重量又与每穗平均粒数呈线性关系。可见，粒数也可从遥感数据中估算出。

3. 千粒重 T　决定于扬花期—乳熟期单株光合作用的强弱及能量的转移速度。这与植株的含水量及温度、土壤含水量、干热风等有关，可通过千粒重 T 与 PVI/S 建立相关关系求得。

（三）农作物遥感估产的特点

1. 遥感估产需要作物生长全过程的光谱参数　由于构成产量的 3 个要素分别与作物不同生长期的植被指标 PVI 有关。因此，必须掌握作物全生长过程的光谱参数才能正确估产。而 Landsat TM 的时间分辨率有限，遥感估产除用 TM 外，还离不开短周期的气象卫星 AVHRR 数据。

2. 遥感估产主要运用植物光合作用的代表性波段——R、NIR　根据 VI 与产量构成三要素间的内在关系，建立估产模型。它不仅抓住事物的本质——光合作用，而且能给出定量分析数据——各种植被指数（它是单位面积光合作用的有效描述）。同时，遥感作物估产更详细地提供作物空间分布的细节，避开了许多复杂的中间过程（如病虫害、灌溉、施肥等），而直接抓最终结果——产量。

3. 遥感作物估产　主要利用植被指数（PVI、$NDVI$、RVI、EVI、GVI 等）与产量构成三要素，作物参数（LAI、BM、DM、SJ）之间的相关性，以及植被指数、作物参数与产量间的数学模型，来实现作物长势动态监测和估产。

4. 遥感估产离不开地面实况的配合（定标与检验）　遥感数据需要地面样点的定标，以建立模式；遥感估产的结果，又需要地面样点的检验。

5. 遥感估产还需要非遥感的农学参数、气象参数的支持　例如积温值、日照时数、播种量、土壤含水量等，在 GIS 支持下进行遥感与非遥感数据的综合分析是提高遥感估产精度的必要途径。

6. 遥感作物估产主要利用植被指数与产量构成三要素及作物参数 根据它们之间相关性建立植被指数、作物参数与产量间的数学模型，以实现作物长势动态监测和估产。

7. 垂直植被指数（*PVI*） 比较好地消除了大气、土壤的干扰，被广泛用于遥感作物估产中。

8. 遥感估产要求有田块较大且形态较为规整的空间分布特征，以及作物单一、内部较为均匀的光谱分布特征，这些是进行遥感宏观研究的前提。

三、农作物估产模型

估产模型的构建是农作物估产的核心问题，建立一个优秀的模型是进行高效、高精度遥感估产的必要条件。目前的估产模型主要有农学模型、统计预报模型、数值模拟模型、遥感模型和遥感–数值模拟估产。

（一）农学模型

农学模型主要是在作物生长状况与作物产量构成要素之间建立关系，进而实现预测农作物产量，其中作物产量构成要素因作物类型的不同而不同。

（二）统计预报模型

统计预报模型以概率论和统计学理论为基础，不考虑作物产量形成的复杂过程，直接把众多影响作物产量的因子，如温度、水分、日照等，与产量之间作相关分析，建立多因子统计回归关系。该方法的优点是将产量与气象因子直接挂钩，便于定量分析气候变化对农作物产量的影响；缺点是模型过于简单，难以反映作物的生长发育过程，而且随着相关因子的增多，寻求稳定的统计规律就越难，甚至有些因子是无法用数字确切表达的。

（三）数值模拟模型

作物数值模拟估产是以相似性原理为基础，以分析作物生长发育的物理过程、物理机制和环境条件为手段，设法将作物生长发育、产量形成的规律表达为有关的物理学定律，并用数学语言将这些有关的物理学定律写成数学模型，在移动假设条件下，确定边界条件，简化模型，寻求合适的数学解法，通过模拟试验调整参数，最后建立作物估产的数值模拟模型。影响作物生长发育及产量形成的内外因素很多，导致描述这些过程的模型往往很复杂，这些因子在大面积观测取样时又存在一定问题，使模型应用的可操作性较差，业务应用有一定的困难。因此，简化数值模拟模型，以遥感数据作为模型输入变量，建立宏观数值模拟模型是区域性估产应用的基本前提。

（四）遥感模型

遥感模型是根据生物学原理，在分析收集农作物光谱特征的基础上，通过光谱来获取作物的生长信息，并在作物光谱与产量之间建立关联。目前经常采用的思路有 3 个：一是植被指数统计估产模式，利用作物生长全过程或部分时期的植被指数累加值或某一时期的植被指数与产量建立统计关系；二是植被指数-气象因子综合估产模式，把遥感信息与气象条件相结合，建立统一的估产模型；三是以热红外信息为基础的估产模式，用卫星的热红外信息估算作物的冠层温度，并用冠层温度估计作物产量。

遥感估产的方法包括建立光谱参数与产量间的统计关系；考虑作物生长的全过程，将光谱的遥感机理与作物生理过程统一起来，建立基于成因分析的遥感估产模型。结合地面已知样地的实测数据，可建立各种不同条件下，单位面积产量与植被指数间的数量关系，即估产模型，包括统计模型、半经验模型和物理模型。

1. 统计模型　直接建立植被指数（VI）与作物单产的统计关系。通过农学参数建立估产模型，一般以 LAI 作为中间媒介，建立 PVI 与 LAI 及穗数-千粒重等农学参数之间的关系等。

建立 VI 季节边界与农学参数的关系。选用多时相的 $NOAA/AVHRR$ 数据，建立月、旬、年的 $NDVI$ 的季节变化曲线与累积生育期的土壤温度、降水、潜在蒸发等参数之间的关系，建立遥感图像数据与农田实测数据与作物产量统计数据之间的相关关系。建立多波段遥感数据生产的遥感参数-植被指数 VI 与作物单产的统计关系。

建立遥感参数 VI 与叶面积指数 LAI 的关系，通过 LAI 建立估产模型。建立植被指数 VI 季节变化与相关农学参数的关系。建立 VI 季节变化与农田实测数据与作物产量统计数据之间的相关关系。

2. 半经验模型　由于累积植被指数与作物冠层吸收光合有效辐射（$FA-PAR$）有关，而他们又与干物质生产有关，因而可用于遥感作物估产。例如，Wiegand 等建立植被累积量（$\sum VI$）、冠层吸收的光合有效辐射累积量（$\sum FAPAR$）与作物产量间的关系：

$$y(\sum VI) = y(\Delta DM) \times \Delta DM(\sum FAPAR) \times \sum FAPAR(\sum VI)$$

式中：y——作物产量；

ΔDM——作物生产的干物质量。

半经验模型侧重于研究作物产量与作物生理过程之间的关系，即描述作物光合作用、蒸腾作用等与干物质积累的关系。由于作物的光谱变化与作物冠层吸收 $FAPAR$ 能力有关，而 $FAPAR$ 又与干物质生产有关，因而可用于遥感作物估产。

研究表明，在一定条件下，植物群体光合作用产物与遥感植被指数之间可用线性或准线性关系表示。

3. 物理模型　利用作物生长过程的冠层资料和环境气象条件，来模拟作物生长发育的基本生理过程——光合作用、呼吸作用、蒸腾作用、干物质转移与分配等，最终模拟作物产量的形成和累积。作物生长模拟研究自20世纪60年代由荷兰的 de Wit 和美国的 Duncan 开创以来，发展十分迅速，经历了从定性的概念模型到定量的模拟模型、从单一的生理生态过程模拟到完整地描述和预测作物生长及产量形成全过程的综合性生长模拟模型的发展过程。其中最具代表性的有荷兰的 ELCROS 作物动态生长模拟模型，用以模拟作物状态定量（各种器官的干物质量、生育阶段等）及作物-土壤-大气界面的物质与能量流的时间变化行为。

（五）遥感-数值模拟估产

作物估产的遥感-数值模拟方法充分综合了模拟与遥感的基本原理，在建立估测平均单产的模型时，首先以相似性原理为依据，根据田间试验及农业气象观测资料，建立作物生长发育及产量形成的数值模拟模型；再利用遥感方法建立作物叶面积指数等农学参数与光谱之间的关系模型；然后将两种模型耦合，利用遥感手段为数值模拟模型获取所需的输入变量或参数，进行宏观数值模拟试验，建立作物估产的遥感-数值模拟模型。该方法充分利用了遥感与数值模拟方法的优点，操作性和准确性都大幅提高。但是由于受两者技术发展的限制，如何尽可能地将数值模型中的各种参数和输入变量用遥感方法来确定，最根本的问题就是如何利用遥感对地面观测取样，这方面还有许多问题有待研究，如土壤水分监测、土壤肥力监测等。

四、农作物遥感估产步骤

一般的农作物遥感估产有如下步骤：

（一）遥感估产区别

遥感技术用于农作物生长的动态监测和估产是大面积的应用，而各地区自然条件和社会环境不一样，农作物的生长状况也大不相同。因此需要将条件基本相同的地区归类，以便于作物生长状况的监测与估产模型的构建。

（二）布设地面采样点

遥感估产中的信息主要是来自于遥感信息，但是为了得到高精度的作物种植面积和产量，光谱遥感信息是不够的，必须在地面布设足够的"样点"监测作物实际生长状况和产量，作为遥感信息的补充和检验。

（三）建立背景数据库系统

在遥感估产中，背景数据库是一项重要的基础性工作，它收集和存储了估产区自然环境等方面的信息，如地形地貌、土地利用现状、种植制度、土地类型和肥力、农业气候资料、农业灾情、历年的单产和总产、种植面积以及人口和社会经济情况等数据信息。背景数据库在遥感估产中主要起两方面的作用，一是为了遥感图像信息分类提供背景，使分类精度提高；二是在遥感信息难以获取时，它支持模型分析，从历史资料和实际样点采集的数据中综合分析，取得当年的实际种植面积和产量。

（四）农作物种植面积的提取

农作物播种面积的提取是农作物估产中的关键所在，常利用 TM 资料进行计算机自动分类，常见的方法还有 NOAA 从资料混合像元的分解及在 GIS 支持下获取作物播种面积。

（五）不同生长期作物长势动态监测

一种农作物从播种到收获要经过若干个生长期，因此需要跟踪监测不同生长期的苗情并估测其趋势产量。监测的主要方法是采用气象卫星对不同生长期的植被指数进行监测。根据植被指数的变化以及历年资料的对比，就可以及时获得各种作物在不同生长期的长势，由长势情况就可报出作物的趋势产量。

（六）建立遥感估产模型

建立遥感估产模型是农作物估产的首要问题。遥感估产是建立作物光谱与产量之间联系的一种技术。目前常采用 NOAA-AVHRR 卫星资料计算农作物的植被指数。根据光谱-植被指数-产量之间的关系建立估产模型。

（七）遥感估产精度的分析和确认

在任何估产方法中，精度是人们最为关心的问题，它直接标志着整个估产结果的可信度。遥感估产方法牵涉的中间环节多，可能产生误差的原因也很多。为了保证最终的精度要求，总是在每个环境上尽量减少误差的可能性，目前，对小麦和玉米遥感估产的精度可达到 95% 以上。

（八）遥感估产运行系统的建立

利用遥感技术进行农作物种植面积提取、生长状况监测及单产与总产的测报等，都在计算机运行系统的支持下实现，这个系统就叫做农作物遥感估产集成系统。该系统通常包含遥感信息获取、建立背景数据库、估产模型自动生成工具库系统、空间分布图形系统等部分，供用户在实际生产中使用。

从以上农作物遥感估产的过程看，估产主要包括两个关键技术：一是作物识别和面积估算；二是作物长势分析、单产模型构建。一旦获得作物种植面积和粮食单产，就可得到总产量：总产量＝种植面积×单产。

五、大面积农作物遥感估产

"大面积农作物"指一个较大区域内,某种单一作物,如小麦、玉米、水稻等。田块较大且形态较为规整的空间分布特征,以及作物单一、内部较为均匀的光谱分布特征,是进行遥感宏观研究的前提。

遥感大面积农作物估产主要涉及三个方面内容——作物识别、作物面积提取、作物长势分析。在这三方面内容综合的基础上,建立不同条件的多种估产模式,进行作物的遥感估产。

(一)遥感数据的采集与预处理

根据区域分布、作物类别、农事历等特点,选择空间、波谱、时间分辨率相对应的遥感数据,空间、波谱分辨率的选择:$AVHRR/MODIS+TM$。

不同作物最易识别或对产量最有意义的生长期。如黄淮海地区冬小麦,国庆前后播种,翌年6月上中旬收获,11中旬至12月中旬为出苗期,到翌年3月至4月上旬进入返青—拔节—抽穗期,冬小麦与背景差异最大,最易识别;4~6月,拔节—扬花—灌浆期是构成产量的关键时段。

预处理:辐射纠正、大气纠正、几何纠正、空间配准、加行政界限等。

(二)作物专题信息提取

在遥感图像上,将农作物与其他背景区分开,主要是利用绿色植物独特的波谱反射特征。目前对植被反射特征的研究多采用近红外、红光、绿光波段。例如目前广泛采用的表征地表植被绿色特征的归一化植被指数,就是利用植物近红外和红色波段的特征。

不同作物类型的识别主要是依据在近红外波段反射率的差别。不同类型的作物,叶片内部有一定的差别。区分不同作物类型的另一个有效途径是多时相遥感。不同作物的播种、生长、收割的时间不同,利用遥感信息的季节、年度变化规律,结合区片表现为光谱数据的差异。

"植被指数法"提取植物专题信息(作物长势和面积等)。例如,$NDVI$与作物覆盖度关系密切,可以有效地提取面积信息;RVI反映作物长势,可以提取生物量信息;PVI有效地滤去土壤背景及大气的干扰等。此外,运用多种图像增强处理技术,进行作物专题信息提取,如主成分分析、穗帽变换、图像分类、混合像元分解等。

(三)作物估产模型

结合地面已知样地的实测数据,可建立起各种不同条件下,单位面积产量与植被指数间的统计关系,即估产模式。遥感估产的方法包括建立光谱参数与产量间的统计关系;考虑作物生长的全过程,将光谱的遥感机理与作物生理过程统一起来,建立基于成因分析的遥感估产模型。结合地面已知样地的实测数据，可建立起各种不同条件下，单位面积产量与植被指数间的定量关系，即估产模型，包括统计模型、半经验模型和物理模型。

（四）区域订正

在作物遥感估产中，由于区域环境因素复杂多变，往往需要对所建立的估产模型进行区域订正。

1. 农学参数的修正　考虑到各种农学参数均与特定时间的温度和水肥条件有关。因此，可以根据各农学参数的主要影响加以修正。

2. 总绿度值的校正　通过地面调查或大比例尺土地利用图扣除混合像元中非作物因素对绿度值产生的误差。设各像元的总绿度值为$\sum M$，其他植被的绿度值为C_i：

$$C_i = D_{i1} + D_{i2} + D_{i3} = \sum_{n=1}^{3} D_{in}$$

式中：　n——非作物因素的个数（$n=3$）；

D_{i1}、D_{i2}、D_{i3}——树、草、菜地的绿度值（经样地实测）。

则小麦平均绿度值：

$$A_i = \left(\sum M_i - C_i \right) / E_i$$

式中：E_i——像元数。

3. 绿度值用积温校正　为了消除因不同生育期而产生的绿度误差，需要将不同时段的绿度值校正到同一生长期，以利于对比分析。作物生育期主要受积温控制。只有积温达到一定指标才能转入下一生育期。因此，可用积温来校正生育期不同而造成的绿度误差。

4. 农业管理方面的区域订正　由于生产措施、种植方式等不同造成的区域误差需要订正。其绿度订正值（ΔG）为：

$$\Delta G = \overline{G} - G$$

式中：$\overline{G}$——几个生长时段绿度的平均值；

G——当前值。

六、山东小麦估产

冬小麦是山东省主要的粮食作物之一，其产量的高低事关山东省乃至全国的粮食安全，及早获取粮食产量估测信息，对于政府部门制订粮食贸易策略、企业部门规划加工计划等提供更为准确的参考和帮助。

冬小麦吸收太阳光进行光合作用积累碳水化合物，最终形成产量，同时冬小麦反射部分未利用光能被传感器接收。因此，理论上冬小麦的产量与传感器接收的反射光之间存在必然的联系，通过分析冬小麦反射光谱特征以及植物的生物学特性与产量形成的复杂关系可以间接的获得冬小麦产量。

2013—2014 年，对冬小麦产量进行地面定位调查，山东省取 150 个样点，每个样点取 0.5 米×0.5 米小麦植株，样点间距离 100 米以上，取回麦子，晾干脱粒折合亩产。

使用 2014 年返青期、孕穗期、抽穗开花期、灌浆中期和灌浆后期 7 个波段反射率，以及前两个波段构建的 5 个植被指数等光谱信息同 26 个样方的产量数据进行相关性分析（图 5-19）。

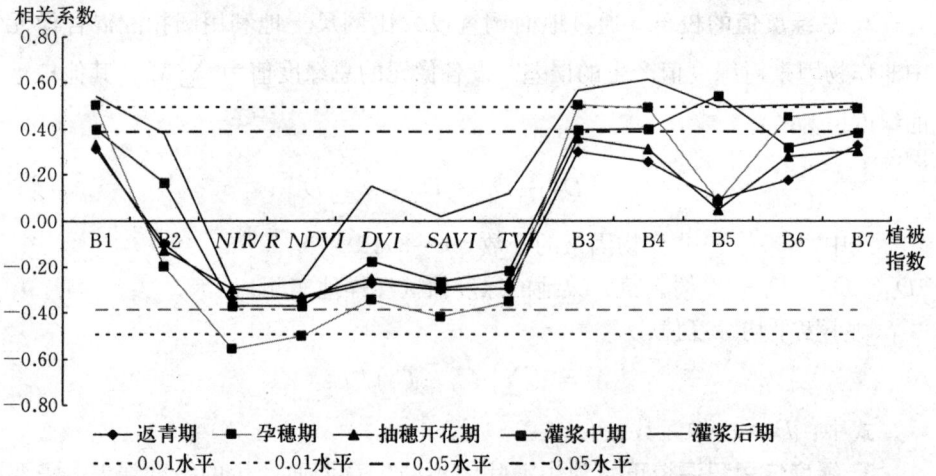

图 5-19 关键生育期光谱信息与产量相关性

由关键生育期光谱信息与产量的相关性可知，由返青至灌浆的 5 个关键生育期中，光谱信息与产量的相关性顺序是灌浆后期＞孕穗期＞灌浆中期，其中灌浆后期波段 1、波段 3、波段 4、波段 6、波段 7 的反射率与产量达到了 0.01 水平的极显著相关关系；孕穗期波段 1、波段 3、波段 4 的反射率以及比值植被指数 RVI（NIR/R）、归一化差值植被指数 NDVI 与产量达到了 0.01 水平的极显著相关关系；灌浆中期波段 5 的反射率与产量达到了 0.01 水平的极显著相关关系。

为了避免建模过程中各光谱反射率以及植被指数之间的不完全独立性，提高模型的预测效果，分别将孕穗期、灌浆后期与产量达到极显著相关关系的反射率及植被指数进行逐步回归分析。

灌浆后期只有波段 4 的反射率进入模型，模型为：

$$y=222.171+2\,640.978x \quad (n=26, R^2=0.377^{**})$$

式中：y——产量（千克/亩）；

x——波段 4 反射率。

孕穗期只有比值植被指数进入模型，模型为：

$$y=511.782-4.536x \ (n=26,\ R^2=0.310^{**})$$

式中：y——产量（千克/亩）；

x——比值植被指数 RVI。

通过逐步回归分析可知，灌浆后期波段 4 的反射率及孕穗期比值植被指数 RVI 与产量相关性最高，分别以灌浆后期波段 4 反射率及孕穗期比值植被指数 RVI 为自变量建立产量估测模型。结果见表 5-18，估测产量以灌浆后期波段 4 反射率为自变量的多项式模型最优，其次为孕穗期以比值植被指数 NIR/R 为自变量的多项式模型。灌浆后期以波段 4 反射率为自变量的产量反演模型见图 5-20，孕穗期 NIR/R 为自变量的产量反演模型见图 5-21。

表 5-18　灌浆后期波段 4 反射率及孕穗期比值植被指数 RVI 为自变量建立产量估测模型

参数名称	种类	模型	R^2
灌浆后期波段 4 反射率	线性	$y=2641x+222.17$	0.3768^{**}
	对数	$y=227.05\ln(x)+1011.4$	0.3785^{**}
	多项式	$y=-9287.1x^2+4295.9x+151.28$	0.3786^{**}
	乘幂	$y=1714x^{0.5487}$	0.3620^{**}
	指数	$y=255.6e^{6.3373x}$	0.3554^{**}
孕穗期 NIR/R	线性	$y=-4.5362x+511.78$	0.3104^{**}
	对数	$-60.712\ln(x)+586.67$	0.3246^{**}
	多项式	$y=0.202x^2-12.97x+554.32$	0.3761^{**}
	乘幂	$y=622.86x^{-0.1542}$	0.3431^{**}
	指数	$y=516.3e^{-0.0118x}$	0.3455^{**}

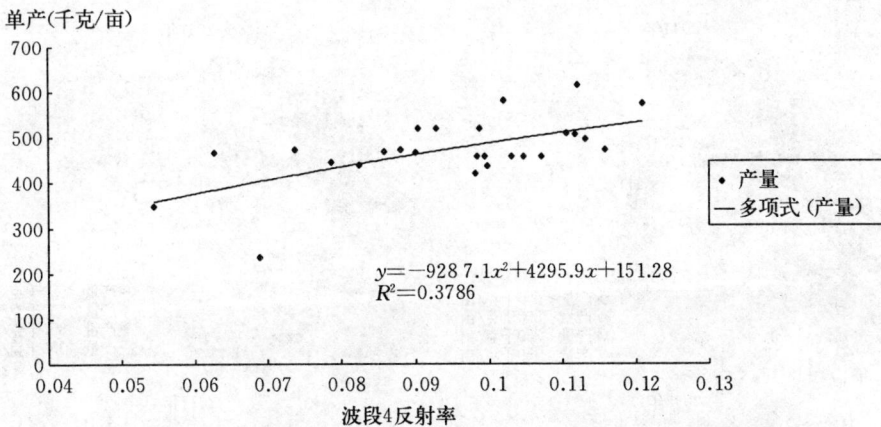

图 5-20　灌浆后期以波段 4 反射率为自变量的产量反演模型

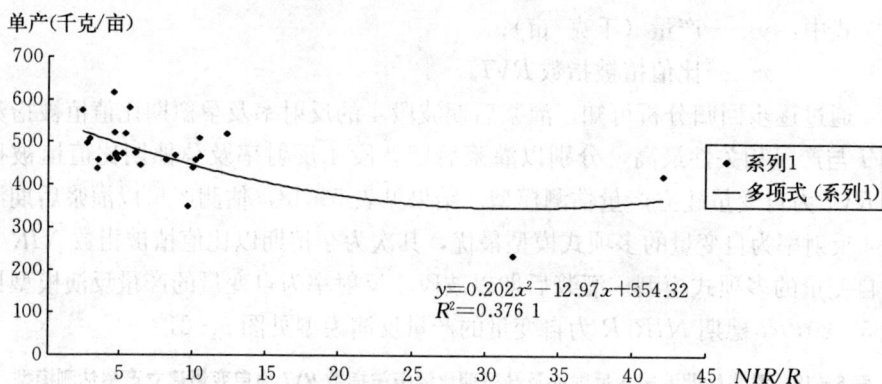

图 5-21　孕穗期 NIR/R 为自变量的产量反演模型

以下为利用灌浆后期波段 4 反射率反演产量，公式为：$y=-9\,287.1x^2+4\,295.9x+151.28$，预测小麦产量的专题图见图 5-22。2011—2014 年小麦拔节期产量监测结果见表 5-19。

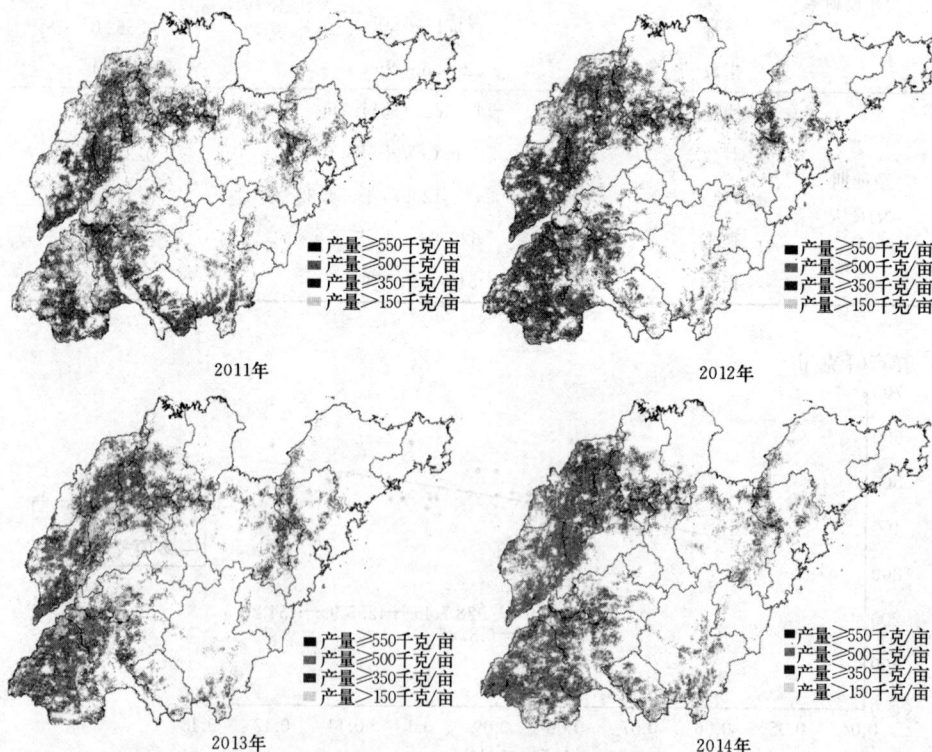

2011年

2012年

2013年

2014年

图 5-22　2011—2014 年 4 月 15 日小麦估产反演结果分类

表 5 - 19 2011—2014 年小麦拔节期产量监测结果（千克/亩）

产量范围	2011 年比例	2012 年比例	2013 年比例	2014 年比例
最高产	641.891	648.064	648.051	648.065
最低产	253.256	162.811	194.132	111.268
平均值	438.490	463.061	456.356	495.652
标准差	48.668	41.321	65.858	42.512

第六节 基于成像高光谱的小麦叶片叶绿素含量估测模型

叶绿素含量是植物生长过程中一个重要的生化参数，对植被光合能力、发育阶段以及营养状况有指示作用。目前，常用于叶绿素监测的方法为分光光度法和 SPAD - 502 型叶绿素仪检测，传统的分光光度法费时、费力，属于有损检测，很难满足精准农业实时、快速、无损和大面积监测的要求。日本 Minolta Camera 公司生产的手持式 SPAD - 502 型叶绿素仪只能逐点对叶片进行监测，并且需要测定多株平均值作为测定结果，工作量大。高光谱遥感是一种快速、无损监测技术，可在不破坏植物组织结构的前提下，实现对作物生长季营养状况的监测。国内学者对小麦高光谱的研究主要集中在小麦叶片氮含量高光谱差异、估算，小麦生物量、叶面积指数估算、小麦条锈病、小麦全蚀病、小麦白粉病、小麦籽粒蛋白质含量的研究方面。在小麦叶绿素含量研究上主要在山西、河南、浙江等地分析，但对山东区域小麦叶绿素高光谱的估测鲜有报道。该研究尝试利用试验区测定的小麦高光谱与实测的小麦叶绿素含量数据，在进行相关分析的基础上，建立小麦叶片叶绿素含量与光谱特征参量间的定量关系模型，以期利用高光谱遥感技术对小麦生长监测提供理论依据和技术支持。

一、材料和方法

（一）样品采集

试验于 2014 年 11 月至 2015 年 6 月在山东省济南市章丘龙山试验基地（117.53°E、36.72°N）进行，供试品种为济麦 22，播种量为 150 千克/公顷。试验施氮水平纯氮用量 280 千克/公顷，磷钾肥用量同当地常规，其他栽培管理措施与当地麦田相同。数据测定和采样时期分别为：4 月 10 日（拔节期）、4 月 17 日（孕穗期）、4 月 30 日（抽穗期）、5 月 12 日（开花期）、5 月 22 日（灌浆期）、6 月 2 日（成熟期）。

（二）项目测定与方法

小麦叶片光谱测量采用美国 Surface Optics Corporation 公司生产的 SOC710VP 可见-近红外高光谱成像式地物光谱仪，光谱范围为 370～1 000 纳米，光谱分辨率为 4.687 5 纳米。

光谱测定在可控制光照条件（钨灯照明）实验室内进行。测定前，将待测光谱的叶片表面擦拭干净。测定时，将叶片单层平整放置于反射率近似为零的黑色实验平台上，叶片两端用黑色板压住防止叶片上翘。光谱仪的视场角为 25°，探头距待测叶片 0.50 米，垂直向下正对待测叶片的中部。为了消除外界干扰以保证精度，在试验区选定两处固定位置，每个位置取 6～8 片叶片，这两处叶片的高光谱反射率平均值作为该区的光谱反射率，测量过程中及时进行标准白板校正。

试验采用 SPAD-502 叶绿素仪测量小麦叶片的 $SPAD$ 值。小麦叶绿素 $SPAD$ 值测定与光谱测量同步，为了减少测定误差，测定时，在处理区域连续取 5 个值，求平均值作为一个测定值，连续测 5 组数据。

（三）高光谱数据预处理

数据预处理采用 SRAnal 710 软件，SOC710VP 可见-近红外高光谱成像式地物光谱仪获得的高光谱图像立方数据经过 3 个步骤的标定，包括光谱标定、黑场标定、空间光谱辐射标定。利用 SRAnal 710 软件从所测光谱数据中提取反射率。

为了消除原始光谱数据中干扰因素对所建模型的影响，研究采用 5 点加权平滑法对采集的原始光谱进行平滑处理。

小麦叶片红边位置的提取采用对原始光谱数据求一阶导数法，红边区域内蕴含着丰富的植被生长信息，与植物生理生化参数关系密切，对反射率求一阶导数能达到减弱背景因素影响的目的，将植物光谱的变化特征较清晰的反映出来，一阶微分变化最大的波段位于红边区域。

（四）数据处理方法

所有的数据在 Excel 中进行录入，采用 ENVI 4.7 进行图像处理，Origin-Pro 8.5、SPSS 18.0 和 Matlab 进行相关分析等处理。

对于小麦叶片原始光谱反射率与叶绿素含量的相关性，采用皮尔逊相关系数（Pearson）表征。Pearson 相关系数的绝对值越大，相关性越强。

为检验实测值与估测值之间的拟合效果，采用决定系数（R^2）、均方根误差（$RMSE$）以及相对误差（RE）对模型进行测试和检验，从而筛选小麦叶片叶绿素含量的最佳高光谱监测模型。

二、不同生育期小麦叶片的高光谱特征

（一）小麦叶片的高光谱特征

不同生育期小麦叶片的反射光谱曲线的变化规律基本相似。但是由于小麦

叶片在不同生育期的叶绿素含量、水分含量以及其他理化成分和结构的不同，其高光谱反射率的值会出现差异（图 5-23）。

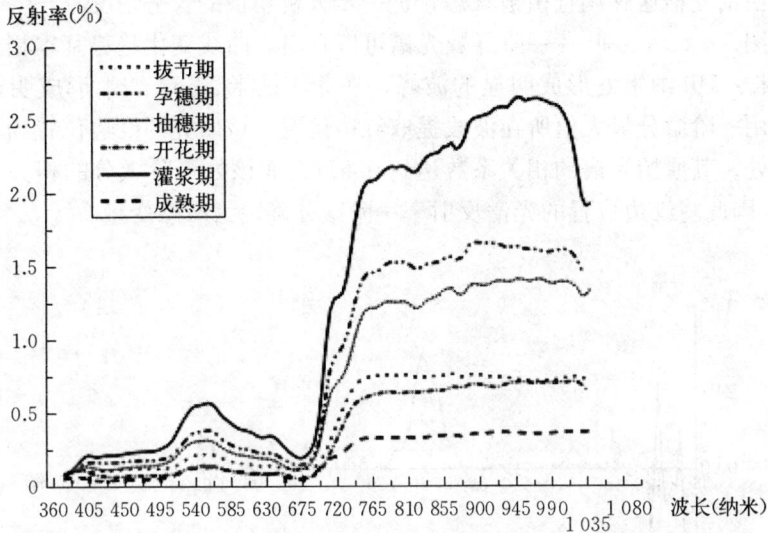

图 5-23 不同生育时期小麦叶片光谱反射的变化特征

图 5-23 表明，不同生育期小麦叶片的反射率值，在可见光范围曲线变化趋势基本一致，差异不明显，反射率的值从高到低排列，依次为灌浆期、孕穗期、抽穗期、拔节期、开花期、成熟期；近红外区域，小麦叶片的高光谱曲线反射率值在反射平台上差异明显，反射率值从高到低顺序依次为灌浆期、孕穗期、抽穗期、拔节期、开花期、成熟期。

相同的生育期，在不同的波段范围内，随波长的推移，其光谱反射率表现出不同的特征。在从 500 纳米开始的绿波段，叶片的吸收减少，反射率增强，在 550 纳米附近形成明显的反射峰。此波峰左侧是蓝、紫光波段吸收谷，右侧是 675 纳米左右的红光波段吸收谷，之后反射率出现陡升，在 750~1 080 纳米附近红外波段形成 1 个较高的反射平台。

（二）小麦叶片一阶导数光谱特征

对反射率求一阶导数能达到减弱背景因素影响的目的，将植物光谱的变化特征较清晰的反映出来，一阶微分变化最大的波段位于红边区域，红边是绿色植物在 680~760 纳米的反射率增高最快的点，也是一阶导数在该区间的拐点，是由于植物在红光波段强烈的吸收与近红外波段强烈的反射造成的。研究证实，红边位置对于叶绿素 a 和叶绿素 b 浓度、植物叶细胞结构变化灵敏，也与植物冠层结构密切相关，但对噪音不敏感。红边斜率主要与植被覆盖度和叶面积指数有关，覆盖度越高，叶绿素含量越高，红边斜率越大。由此可见，红边可以作为遥感调查植物状态的较理想的工具。红边斜率主要与植被覆盖度和叶面积指数有关，覆盖度越高，叶绿素含量越高，红边斜率越大。因此可以利用红边，借助光谱遥感调查植被状态，进一步分析植被的长势情况。

从图 5-24 小麦叶片一阶导数光谱可以看出，曲线变化趋势基本相似。在 523 纳米、710 纳米处形成明显的波峰，在 564 纳米、652 纳米形成明显的波谷。采用一阶微分最大值所在波段提取红边位置。该研究的红边位置为 726 纳米波长处。其原始光谱的相关系数达到 0.671，而该处一阶微分的相关系数为 0.768，因此将红边位置的光谱反射率一阶微分确定为敏感变量。

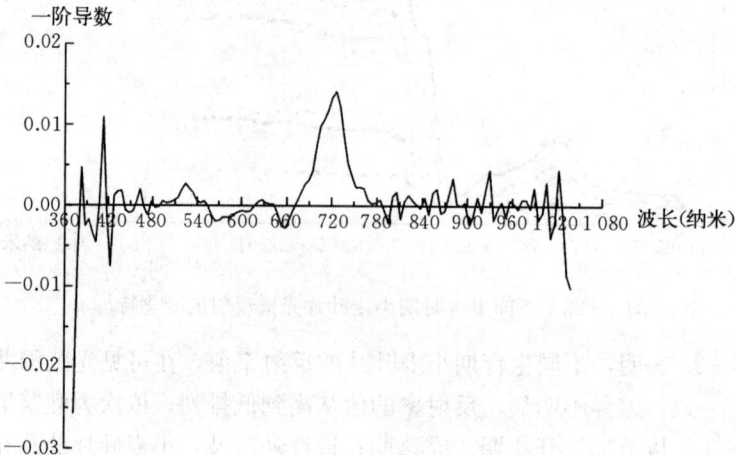

图 5-24　小麦叶片一阶导数光谱曲线特征

三、不同施氮水平下小麦各生育时期叶片叶绿素含量变化

（一）不同处理叶绿素含量变化

试验采用叶绿素 SPAD-502 测量小麦叶片的叶绿素值，$SPAD$ 值的大小反映了植被叶绿素含量的高低，其原理是通过测量叶片在两种波长范围内的透光系数来确定叶片叶绿素含量。

不同施氮水平下，不同生育期小麦叶片叶绿素含量的变化情况见表 5-20，由表看出，小麦叶片叶绿素含量随生育时期的变化趋势基本一致，均呈先升后降趋势，在 4 月 10 日至 5 月 22 日维持较高水平，随后降低。3 种氮处理水平下，随施氮量增加，叶绿素含量升高，这为该研究建立多因素影响的叶片叶绿素含量检测模型提供了理论依据。

（二）小麦叶片光谱反射率及其一阶导数与叶绿素含量的相关分析

对小麦叶片原始光谱反射率与叶绿素含量进行相关分析，结合 SPSS 统计分析结果（图 5-25）表明，小麦冠层原始光谱反射率与叶绿素含量呈正相关，

表 5 - 20 不同施氮水平下小麦各生育时期的叶片叶绿素含量变化

品种	施氮水平（千克/公顷）	叶绿素含量（SPAD 值）					
		4月10日（拔节期）	4月17日（孕穗期）	4月30日（抽穗期）	5月12日（开花期）	5月22日（花后10天）	6月2日（花后20天）
济麦22	200（N_0）	53.26	56.95	58.22	58.32	57.00	40.10
	280（N_1）	53.58	58.22	58.42	58.64	58.90	45.34
	360（N_2）	53.82	59.50	59.16	59.56	59.26	47.06

在 372～397 纳米波段范围内，相关性达显著水平（$P<0.05$）。在可见光范围内最大相关系数出现在波长为 732 纳米的位置上，Pearson 相关系数为 0.696。在 377～407 纳米和 694～742 纳米达到相关系数峰值，平均相关系数分别为 0.807 和 0.641，因此选择这两组波段的原始光谱反射率作为估测小麦叶片叶绿素含量的敏感波段。在近红外范围内最大相关系数出现在波长为 1 033 纳米的位置上，Pearson 相关系数为 0.737；另一个波峰的位置出现在波长为 973 纳米处，此处的 Pearson 相关系数为 0.667。

由小麦叶片原始光谱反射率的一阶导数与叶绿素含量进行相关分析（图 5-26），结合 SPSS 统计分析结果可以得出，在波长 377 纳米、757 纳米、742 纳米的 Pearson 相关系数分别为 0.846、0.864、0.641，均达到显著水平。

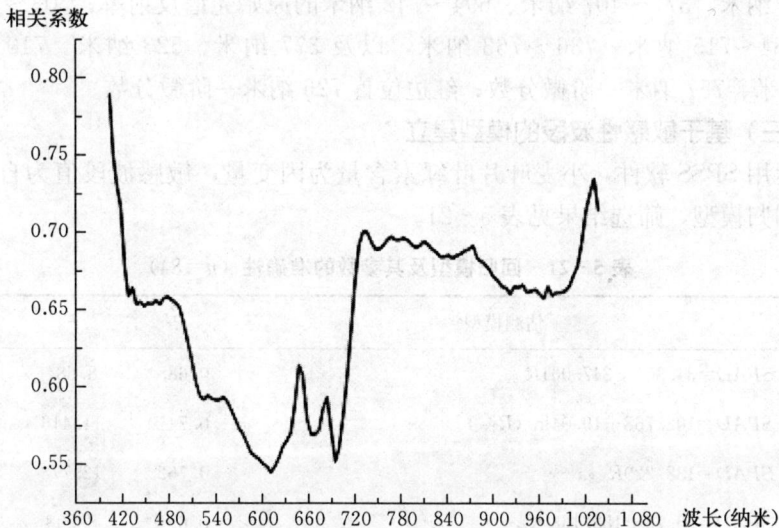

图 5 - 25 小麦冠层原始光谱反射率与叶绿素含量的相关性

在近红外范围内，波长 940 纳米和 918 纳米处出现波峰，相关系数为

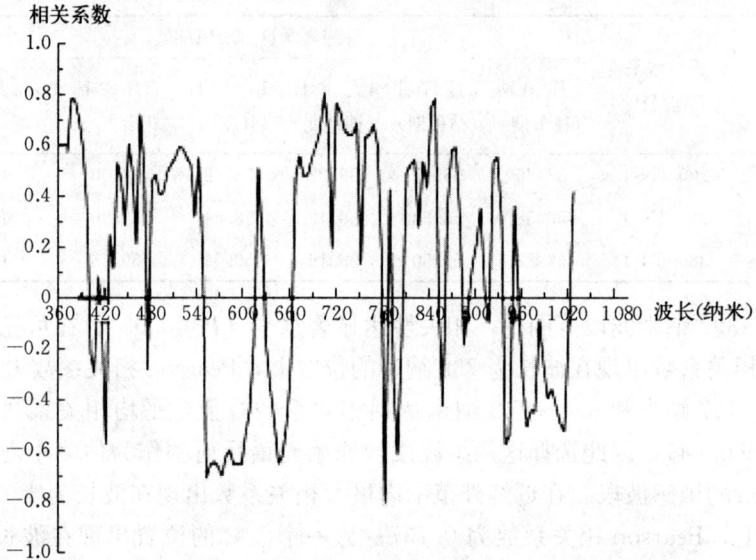

图 5-26　小麦冠层原始光谱反射率一阶倒数与叶绿素含量的相关性

0.553 和 0.355；在 927 纳米和 951 纳米出现波谷，相关系数为－0.524 和－0.576，因此将这些波段的一阶微分值以及其所在的小区间作为敏感变量。

通过以上分析，选择 5 个波段区间和 7 个单波段组合作为敏感变量，分别为 732 纳米、377～407 纳米、694～742 纳米的原始光谱反射率；503～544 纳米、684～715 纳米、736～763 纳米，以及 377 纳米、523 纳米、710 纳米、742 纳米、757 纳米一阶微分数；红边位置 726 纳米一阶微分数。

（三）基于敏感性波段的模型建立

运用 SPSS 软件，小麦叶片叶绿素含量为因变量，敏感波段值为自变量，建立回归模型，筛选结果见表 5-21。

表 5-21　回归模型及其参数的准确性（$n=84$）

变量	估测模型	R^2	F	$Sig.$
	$SPAD=34.305+247.061R_{382}$	0.685*	8.684	0.042
R_{382}	$SPAD=102.768+19.04\ln(R_{382})$	0.741*	11.416	0.028
	$SPAD=138.229R_{382}x^{0.37}$	0.762*	12.778	0.023
	$SPAD=36.75+188.168R_{387}$	0.691*	8.938	0.04
R_{387}	$SPAD=95.236+16.983\ln(R_{387})$	0.756*	12.374	0.025
	$SPAD=119.131R_{387}^{0.329}$	0.772*	13.561	0.021

（续）

变量	估测模型	R^2	F	$Sig.$
R_{392}	$SPAD=40.235+134.913R_{392}$	$0.738*$	11.280	0.028
	$SPAD=86.869+14.059\ln(R_{392})$	$0.835*$	20.25	0.011
	$SPAD=468.482R_{392}{}^2-1539.252R_{392}+23.912$	$0.887*$	11.769	0.038
	$SPAD=100.957R_{392}{}^{0.27}$	$0.843*$	21.5	0.01
R_{402}	$SPAD=76.68+9.312\ln(R_{402})$	$0.814*$	17.526	0.014
	$SPAD=325.512R_{402}{}^2-996.267R_{402}+33.775$	$0.904*$	14.115	0.03
	$SPAD=82.828R_{402}{}^{0.178}$	$0.814*$	17.535	0.014
R_{407}	$SPAD=74.559+8.106\ln(R_{407})$	$0.764*$	12.926	0.023
	$SPAD=79.565R_{407}{}^{0.155}$	$0.766*$	13.058	0.022
R_{726}	$SPAD=59.812+7.316\ln(R_{726})$	$0.679*$	8.446	0.044
	$SPAD=59.958R_{726}{}^{0.14}$	$0.676*$	8.353	0.045
R_{731}	$SPAD=59.177+7.628\ln(R_{731})$	$0.692*$	9.002	0.04
	$SPAD=59.236R_{731}{}^{0.146}$	$0.69*$	8.914	0.041
R_{736}	$SPAD=58.368+7.547\ln(R_{736})$	$0.698*$	9.248	0.038
	$SPAD=58.326R_{736}{}^{0.144}$	$0.696*$	9.137	0.039
R'_{705}	$SPAD=77.907+5.372\ln(R'_{705})$	$0.704*$	9.502	0.037
	$SPAD=84.625R'_{705}{}^{0.102}$	$0.697*$	9.202	0.039
R'_{710}	$SPAD=80.813+5.52\ln(R'_{710})$	$0.863**$	25.245	0.007
	$SPAD=1\,625.671R'_{710}{}^2-38\,636.975R'_{710}+42.779$	$0.873*$	10.353	0.045
	$SPAD=89.931R'_{710}{}^{0.106}$	$0.875*$	27.922	0.006
R'_{715}	$SPAD=81.306+5.095\ln(x)$	$0.713*$	9.916	0.035
	$SPAD=4\,273.136R'_{715}{}^2-245\,671.338R'_{715}-1.561E7$	$0.994**$	254.737	0
	$SPAD=2\,094.242R'_{715}{}^3+112\,646.744R'_{715}{}^2-1.561E7$ $R'_{715}+42.991$	$1**$	3\,247.428	0
R'_{726}	$SPAD=115.867+12.963\ln(R'_{726})$	$0.677*$	8.37	0.044
	$SPAD=12\,707.275R'_{726}{}^2-646\,607.164R'_{726}-1.837$	$0.931*$	20.122	0.018
	$SPAD=7\,455.552R'_{726}{}^3-20.503E7R'_{726}+11.318$	$0.942*$	24.314	0.014
	$SPAD=178.989R'_{726}{}^{0.253}$	$0.701*$	9.367	0.038
R'_{736}	$SPAD=81.812+5.933\ln(R'_{736})$	$0.683*$	8.633	0.042
	$SPAD=91.093R'_{736}{}^{0.113}$	$0.675*$	8.298	0.045
R'_{752}	$SPAD=78.254+4.002\ln(R'_{752})$	$0.707*$	9.657	0.036
	$SPAD=85.184R'_{752}{}^{0.076}$	$0.7*$	9.343	0.038

（续）

变量	估测模型	R^2	F	$Sig.$
R'_{757}	$SPAD=49.022+2\,688.112R'_{757}$	0.747^*	11.832	0.026
	$SPAD=6\,292.587R'^2_{757}-733\,208.776R'_{757}+46.603$	0.977^{**}	64.787	0.003
	$SPAD=4\,438.758R'^3_{757}+406\,231.726R'^2_{757}-1.499\text{E}8R'_{757}+46.333$	0.986^*	47.258	0.021

注：** 代表 $P<0.01$；* 代表 $P<0.05$。

从表 5-21 可以看出，以 715 纳米处的一阶微分作为变量确定的三次多项式函数估测模型，R^2 最大，达到 1^{**}；其次是以 715 纳米处的一阶微分作为变量确定的二次多项式函数估测模型，R^2 达到 0.994^{**}；以 757 纳米和 726 纳米处的一阶微分作为变量确定的二次、三次多项式函数估测模型，R^2 分别达到 0.977^{**}、0.986^* 和 0.931^*、0.942^*，以 392 纳米和 402 纳米处的反射光谱原始值为变量确定的二次多项式函数估测模型，R^2 分别达到 0.887^*、0.904^*，均较大。其余模型相对较小。因此，选择这 9 个估测模型以及显著性相关的 4 个线性函数进一步进行模型验证。

（四）模型验证

为了检验估测模型的精确性和可靠性，随机抽取在同组试验中测定的小麦叶片试验数据，对筛选出的小麦叶片 $SPAD$ 值的估测模型进行测试与检验，筛选出检验精度高的模型。由表 5-22 可以看出，R_{387} 进行检验拟合方程的决定系数（R^2）达到了 0.713，均方根差（$RMSE$）最小，所建立的小麦叶片叶绿素含量监测模型具有良好的拟合效果。这表明，R_{387} 模型对小麦叶片叶绿素含量具有较好的监测效果。其次为 R_{382}。其他估测模型检测精度均较低，将其排除。

因此，最佳估测模型为以 R_{387} 为变量的线性函数模型和以 R'_{715} 为变量的三次多项式函数模型。

表 5-22　模型的拟合精度参数检查（$n=12$）

变量	估测模型	实测值与估测值拟合方程	检验指标			
			$Slope$	R^2	$RMSE$	$RE(\%)$
R'_{715}	$SPAD=2\,094.242R'^3_{715}+112\,646.744R'^2_{715}-1.561\text{E}7R'_{715}+42.991$	$y=0.758x+9.750$	0.758	0.297	4.124	8.74
R'_{757}	$SPAD=4\,438.758R'^3_{757}+406\,231.726R'^2_{757}-1.499\text{E}8R'_{757}+46.333$	$y=0.336x+37.83$	0.336	0.155	3.751	5.82
R_{382}	$SPAD=34.305+247.061R_{382}$	$y=0.784x+12.84$	0.784	0.558	1.337	1.14
R_{387}	$SPAD=36.75+188.168R_{387}$	$y=0.860x+7.857$	0.860	0.713	1.952	1.81
R_{392}	$SPAD=40.235+134.913R_{392}$	$y=0.872x+7.930$	0.872	0.564	3.448	5.68

四、结论与讨论

受季节、土壤、气候等自然因素和施肥、栽培技术与管理等人为因素的影响，小麦叶片的高光谱信息不同。研究主要是对特定氮处理水平下小麦叶片叶绿素含量进行监测，并用同一区域的样本数据对模型进行了验证，增强了监测模型的可信性和适应性，但是对于不同地区、不同品种、不同生长期的小麦叶片叶绿素含量检测是否适用，还需要做进一步的探索。

本书利用叶绿素含量与高光谱特征参量之间的关系，建立了小麦叶绿素含量的估测模型，经过精度检验分析对比，最后确定山东区域小麦叶绿素含量的最佳估测模型为以 R_{387} 为变量的模型线性函数 $SPAD=36.75+188.168R_{387}$ 和以 R'_{715} 为变量的模型线性函数三次多项式函数 $SPAD=2\,094.242R'^{3}_{715}+112\,646.744R'^{2}_{715}-1.561E7R'_{715}+42.991$。该模型为小麦叶绿素含量的估测提供了方法和参考，对小麦的精准施肥以及快速、无损长势监测具有一定的指导意义和参考价值。

第六章　山东小麦生产风险预警平台

第一节　研制背景

农业气象灾害一般是指农业生产过程中所发生的导致农业减产的不利天气或气候条件的总称，是我国最主要的农业自然灾害，约占全部农业自然灾害的70%。我国地处季风气候区，冬夏季风每年的进退时间、强度和影响范围不同，造成各地气温、降水等气象环境条件的年际变化较大，干旱、洪涝、低温、干热风、霜冻等气象灾害频繁发生。尤其进入21世纪以来，气候变暖对我国农业气象灾害的发生与灾变规律产生了显著影响，农业气象灾害在突发性、不确定性以及灾害的持续性及强度等方面表现出异常现象，气象灾害呈现频率高、强度大、危害日益严重的趋势，对我国农业的可持续发展和国家粮食安全构成严重威胁。《国家粮食安全中长期规划纲要（2008—2020年）》明确提出，要"健全农业气象灾害监测预警服务体系，提高农业气象灾害预测和监测水平"；《农业及粮食科技发展规划（2009—2020年）》提出，"加强区域旱、涝、低温、冷害等灾害监测、预测预警和防控技术"。山东作为粮食生产大省，加强对小麦等主要粮食作物气象灾害的监测和预警尤为重要。

农业信息化是现代农业的重要标志，互联网、物联网、大数据、云计算、遥感、地理信息系统等空间信息科学技术已得到广泛应用。为进一步满足农业防灾减灾需要，农业气象灾害监测预警技术在信息耦合上将向集成地面气象、农业气象、田间小气候观测、农情、灾情等多元信息的方向发展，在技术研发上也将向模型化、动态化和精细化方向发展。地理信息系统（geographic information system，GIS）能够实现对属性数据和空间数据的采集、存储、管理、运算、分析和显示，能够有效解决农业气象灾害数据空间分辨率低的问题，因此在农业气象灾害监测预警、风险评估等方面应用广泛。组件式GIS（Components GIS，ComGIS）是未来地理信息系统发展的潮流之一，它是指基于组件对象平台，以一组具有某种标准通信接口的允许跨语言应用的组件提供的GIS，实现不同需求的GIS专业应用。ComGIS既具有高度的伸缩性，可开发功能强大和完备的大型系统，也可以选择部分组件开发中小型应用系统，同时又具有良好的扩展性，可将GIS组件与其他专业组件协同实现应用系统的功能。目前主流的组件式GIS开发软件包括ArcGIS Engine、SuperMap iObjects 等，众多基于组件式 GIS 开发的农业气象灾害监测预警平台，为各地政府和有关部门提供了及时有效和准确可靠的决策信息，为农业防灾、减灾、救灾提供了充分的科学依据。马玉平等开发了基于 ArcGIS Engine 的冬小麦干旱识别和预测模型；孙云建立了基于 GIS 的山东小麦气象灾害预警系统；张乐平基于 WebGIS 技术研发了陕西省冷冻害和干旱监测系统；莫建飞等基于 GIS 结构和 GIS 组件开发技术，研发了广西主要农业气象灾害监测预警系统；吴彬等研制了基于 GIS 的湖州特色农业气象灾害监测预警平台。

以山东省作为试验区域，利用 SuperMap iObjects 完成山东省小麦生产风险预警平台的设计与开发。平台集空间信息查询、统计分析、产品输出等功能于一体，能够综合处理基础地理信息、基础资源信息以及遥感影像信息，实现系统管理、统计分析、长势监测、产量分级评估及灾害预警等功能。

第二节 系统总体设计

一、系统目标

为应对小麦生产灾情的能力，利用计算机、遥感、地理信息等高新技术，建立一个能够及时准确为农业生产部门灾情决策提供有用信息的综合平台。该平台能够提前识别和评估小麦生产过程中存在的风险，及时指导农业生产。具体分为以下几个目标：

（1）地图的浏览 包括用户在浏览过程中实现基本的浏览功能和视觉体验效果，主要包括地图的平移、放大、缩小、缩放、鹰眼、全幅显示等。

（2）专题图实现信息的更新，满足用户直观的视觉需求。

（3）灾情指标的查询 提供小麦干旱、干热风和冷冻害的灾害分级、灾害指标，以及当前时间段的预警信息，利用历史数据，绘制小麦干旱、干热风和冷冻害的饼状图、柱状体、折线图以及范围分段图。

（4）查询结果的输出 基于打印功能，用户能够将当前显示的专题图、预警信息等内容保存成图片并打印出来。

二、系统设计原则

研究基于农业生产实际，以软件工程的思想为指导，研制风险模型，用系统科学方法建立预警数据库，通过软件开发，构建农业气象灾害监测预警系统。系统是建立在生产风险模型和预警数据库基础之上的，综合运用可视化界面技术，开发了基于 GIS 的小麦气象灾害预警系统，该系统建立了独立的干旱、干热风和冷冻害计算模型与输入输出界面，具有较强的稳定性、时效性、可扩展性、可维护性和实用性等特点。同时系统采用国内著名软件作为应用支撑平台，保证了系统技术层面的先进性。此系统采用了开放的开发环境，使核心技术可以应用于非专用的编程环境中，极大地提高了系统的开放性。

系统以地理信息技术和数据库管理技术为基础，充分发挥组件式 GIS 技术优势，通过系统结构和界面的优化，进而实现系统内不同关键技术的动态耦合与高效集成。整个系统采用传统的 C/S 模式，在数据库基础平台统一的数据库接口系统控制下，基于 Visual Studio 2012. NET 应用程序开发环境，采用 C♯编程语言进行研发，利用 SQL Server 实现对小麦产量信息、灾害信息、气象信息和土壤信息等相关数据的存储。SuperMap Objects 是基于二三维一体化技术、高性能、跨平台的大型组件式 GIS 开发平台，功能完备，开发便捷，易于构建通用的 GIS 平台以及基于地理空间信息的行业应用系统。因此选用 SuperMap iObjects 进行二次开发，实现矢量数据基本操作、专题图制图、空间分析等 GIS 功能。系统总体结构设计如图 6-1 所示。

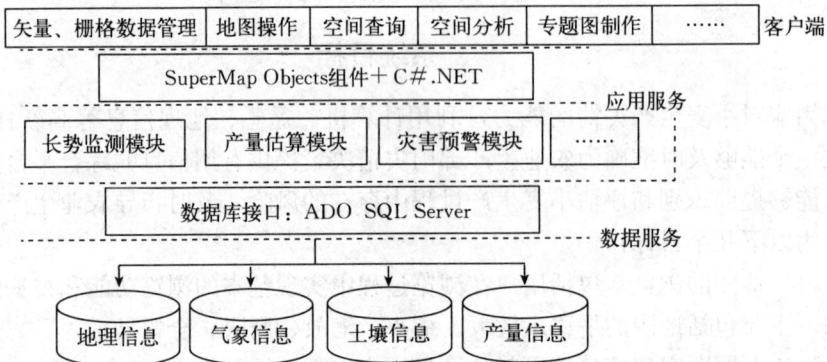

图 6-1 系统总体设计

第三节 系统开发的关键技术

一、JSP 技术

JSP（Java Server Papes）技术是在 SunMicrosytems 公司倡导下，由多家公司参与一起研制的功能强大且使用简单快捷的动态网页创建技术标准。该技术实现了普通静态 HTML 和动态 HTML 混合编码，可以将 Java 程序段和特定的预定义动作嵌入到静态页面之中。它以 Java 语音作为脚本语言，由 JSP 标记、HTML 标记和 Java 代码组成。JSP 是构建在 Java Servlet 模型的视图层技术上，在服务器端通过一个简化的 Servlet 设计实现了 HTML 语法中的 Java 汇编。当服务器上的一个 JSP 页面被第一次请求执行时，服务器上的 JSP 引擎首先将 JSP 页面文件转译成一个 Java 文件，再将这个 Java 文件编译生成

字节码文件，然后通过执行字节码文件响应客户的请求。当多个客户请求一个
JSP 页面时，JSP 引擎为每个客户启动一个线程，该线程负责执行常驻内存的
字节码文件来响应相应客户的请求。

由于 JSP 除了具备了 Java 技术的简单易用外，还可以完全的面向对象，
安全性较高，开发工具的功能强大且多样化，使其成为了目前的主流技术，其
优势主要表现在以下几个方面：

（一）代码编写简易

在编写动态网页时，无需编写脚本程序只需要调动 JSP 标签就可以实现
网页的编写。编写好的代码通用性比较强，应用在系统之外时几乎不需要进行
额外的修改。

（二）系统的扩展性强

由于系统可以在多个环境以及不同的平台上进行开发与部署，主要包括
JDK、MyEclipse、Eclipse、MySQL、Tomcat，因此在任意环境的扩展性
较强。

（三）伸缩性强

强大的伸缩性主要表现在服务器数量和消息处理方面。服务器的数量从一
台到多台不等，小到通过一个 Jar 文件可以实现 Server/JSP 的运行，大到在多
台服务器上进行集群和均衡负载以及通过 Application 完成事务处理。

（四）支持服务器端组件

由于组件具有动态交互性可以被多个程序引用，JSP 页面可以被大多数通
用的 Web 服务器支持，如 Apache、Netscape 和 Microsoft。因此，在服务器
端组件的支持下，可以通过工具设计实现 Web 页面组件的调用。

（五）安全性较强

JSP 的内置脚本语言是通过 Java 编程语言实现的，并且页面最终会编译
成 Java Servlet。Java Servlet 由于具有 Java 的安全性，所以 JSP 的安全性能比
较高。

编写者可以不经过对内部对象的实例化，可以在 JSP 页面中直接使用，
大大简化了页面编写的复杂性。但是所有的内部对象只可以使用在 Scriptlet
和表达式中，不可以应用在声明中。其中 exception 只有在错误处理页面才可
以使用。JSP 的内部对象有 9 个：out、request、response、pagecontext、ses-
sion、application、config、page、exception。JSP 内部对象的功能简要介绍
如下：

1. Out 对象　Out 对象是一个输出流，用来向客户端输出数据。Out 对象
可以用于客户端字符型数据的输出。

2. Request 对象　通过调用对象的方法封装了客户端的 HTTP 请求报文，

进而利用 HttpServletRequest 接口获得用户的请求参数、HTTP 请求头、用户的 IP 地址等。Request 对象是在客户发出请求时才被创建，请求结束后自动被销毁。

3. Response 对象 Response 对象可以将封装产生的 JSP 响应送到客户端来响应客户需求，由于输出流是缓冲的，可以设置 HTTP 状态码和响应头来实现 HttpServletRequest 接口。Response 对象代表客户端请求的响应，服务器端任何输出都通过 response 对象发送到客户端浏览器。每次服务器端响应都会产生一个 response 实例。

4. PageContext 对象 该对象代表该 JSP 页面上下文，使用该对象可以访问页面中的共享数据。PageContext 对象是 JSP 页面的上下文对象，通过它可以获得 request 对象、response 对象、session 对象、application 对象、config 对象、page 对象、exception 对象。可以设置、读取和删除 pageContext、request、session、application 上绑定的属性。

5. Session 对象 Session 对象是 JSP 内置对象，在 JSP 页面被装载时自动创建。在客户端打开服务器访问 web 应用时，JSP 引擎会为其创建具有唯一 ID 标示的 session 对象，并能够将该 ID 号通过 cookie 发送到客户端。由于 session 对象与客户之间建立了一一对应的关系，通过 HttpSession 接口保存客户状态，当客户在进行页面的浏览时，就不需要分配新的 session 对象，此外在页面浏览完毕的时候，服务器端所分配的 session 对象会被自动销毁。当用户对 HTTP 请求同一个 session 对象时，会造成对象的超时。Session 的超时一方面会引起系统资源的占有与浪费，另一方面不能及时退出系统会带来严重的安全问题。因此，当 session 超时后，容器会自动的对 session 对象和 session 对象上的属性进行销毁。

6. Application 对象 Application 对象实现了 ServletContext 接口，它对应的是一个 Web 应用的范围。当服务器应用加载后就会自动创建 application 对象，这个对象直到 Web 应用关闭时才会消失。一个服务器上，不同的 Web 应用的 application 对象是不同的。但是同一个 application 可以被不同的客户端和 HTTP 请求访问，因此同一个 Web 应用的 Servlet、JSP 页面之间可以在 application 上设置属性和读取属性，以达到共享数据的目的。

7. Config 对象 Config 对象实现了 ServletConfig 接口，对于给出的 Servlet 配置信息封装在 web. xml 中，进而初始化 JSP 参数。当一个 Web 应用加载时，容器把配置信息通过 config 对象（javax. servlet. ServletConfig 类的实例）传递给 Servlet。

8. Page 对象 Page 对象是 java. lang. Object 类的一个实例。它指的是 JSP 实现类的实例，也就是说它是 JSP 本身，只有在 JSP 页面的范围内才是合法的。

9. Exception 对象 Exception 对象是 java. 1ang. Throwable 类的一个实例。它在 JSP 引擎执行代码运行过程中出现异常错误的时候运行。Exception 对象只有在错误处理页面中才可以使用，即在 page 指令中有 isErrorPage＝true 时使用。

二、JDBC 技术

JDBC（java database connectivity）技术是面向对象的应用程序接口，独立于具体的关系数据库。JDBC 是行业标准的应用程序编程接口（API），制订了统一访问多种关系型数据库的标准接口，可以在 Java 应用程序中与关系型数据库建立连接，并执行相关操作，如 Oracle、DB2 等主流数据库产品。JDBC API 中定义了一些 Java 类，分别用来表示数据库的驱动、与数据库的连接、SQL 语句的执行、结果集的处理以及其他的数据库对象。由 Java 语言编写的类和接口组成的 JDBC 可以用于执行 SQL 语句的 Java API，进而为不同的关系数据库提供一种基于 Java 标准的应用程序设计接口的统一访问。JDBC 是连接数据库和 Java 应用程序的纽带，程序员不需要进行编程就可以轻松的与 Sybase 数据库、Oracle 数据库或 Informix 数据库进行交互处理，只需利用 JDBC API 向数据库发送 SQL 即可实现调用。

（一）JDBC 和数据库数据类型的转化

JDBC 是使用 Java 技术来访问数据库数据的，数据库数据类型和 Java 的数据类型不同，所以使用 JDBC 技术时，需要 Java 与数据库的数据类型转化。例如，在 SQL 语句中，表示不同长度的字符类型有三种：Char、Varchar 和 Longvarchar，但在 Java 中没有相应的三种不同的数据类型，JDBC 的处理方法是将其与 String 或者 char [] 对应起来，即将这三种字符类型全部转化为 Sting 或者 char []，通常使用 String 类型。Java 应用程序通过 JDBC 访问和操作数据库的一般步骤为：

1. 加载对应类型的数据库驱动程序与数据库建立连接 驱动程序的作用就是把用户对数据库的访问请求转换成数据库可以理解的方式，然后把数据库的执行结果返回给用户。JDBC 根据驱动程序的实现方式不同分为四种类型：第一种类型是通过 JDBC 调用委托编程接口实现，该驱动程序需要安装本地代码；第二种类型是基于 Java 语言编写和本地数据库客户端代码实现；第三种类型是通过中间件服务器将客户端的 JDBC 调用转发给数据库处理实现；第四种类型是通过特定数据库的访问协议实现客户端与数据库之间的通信功能。

2. 执行 SQL 语句，从数据库接收结果集，对接收的结果进行（增加、删除、更新、查询）**处理** 通过 execute Update（）方法用来数据的更新，包括插入和删除等操作；通过调用 Statement 对象的 execute Query（）方法进行数据的查询。通过该对象的 next（）方法，使得指针指向下一行，然后将数据以列号或者字段名取出。如果当 next（）方法返回 null，则表示下一行中没有数据存在。可以通过执行对象执行 SQL 语句，向数据库表中添加新的记录，调用执行对象的 execute Update（）方法实现。

3. 关闭数据库连接，释放数据库资源 作为重量级对象的数据库连接，当多用户并发访问应用程序，用户的连接得不到及时的释放会造成服务器资源的耗费，严重的时候会造成服务器的关机。

（二）JDBC API 概述

JDBC API 定义了一些连接和操作数据库的接口，由核心 API 和扩展 API 两部分组成。其中作为 J2SE 一部分的核心 API，类包路径为 java. sql，实现方式主要包括滚动结果集和批量更新。扩展 API 可以访问 JNDI 资源、分布式事务等，类包路径为 javax. sql，是包含了组件并且可以进行简化开发与部署的 J2EE 一部分。由于在开发 Java API 时，JDBC 不能够连接具体数据库，因此必须通过统一的 JDBC 规范使得编码方式一致，实现代码的复用与移植。JDBC API 的使用主要包括以下几个方面：

1. java. sql. DriverManager 类 完成驱动程序的装载和建立新的数据库连接。java. sql 包中含有大量的接口，该接口的主要功能是对数据库连接进行管理，根据参数数量的差别，数据库的连接方法也不相同。

2. java. sql. Connection 接口 表示应用程序与数据库的连接对象，是特定数据库建立的连接。通过 DriverManager 类的 getConnection（）方法，可以获得 Connection 对象的方法。通过 Connection 对象，可以获得操作数据库的 Statement、PreparedStatement、CallableStatement 等对象。

3. java. sql. Statement 接口 表示执行静态的 SQL 语句并接收产生的结果。所谓的静态 SQL 语句，是由一个固定的 SQL 字符串确定的并且参数在运行期间不能修改的 SQL 语句。

4. java. sql. ResultSet 接口 用来表示 SQL 语句的执行结果。当调用 Statement 的 executeQuery（）方法时，就会得到一个 ResultSet 的对象。ResultSet 对象中包含根据查询语句查询出来的一个结果集，但是，实际上这些内容还是在数据库当中，并没有真正的取出到虚拟机的内存中。ResultSet 其实是保存了一个指向其当前数据行的游标，需要使用 ResultSet 的方法让游标一行一行的向下移动，然后获取每一行的数据，所以在操作 ResultSet 对象期间，数据库连接不能关闭。

三、面向对象技术

面向对象编程技术（object oriented programming）是一种设计与构造软

件的程序设计方法，按照人类思维习惯对客观世界进行直观的描述。面向对象编程技术是目前接受程度最高的编程技术，通过增加代码的可重用性、可扩充性和程序自动生成功能来提高编程效率，并且大大减少软件维护的开销。对象是类的实例，而类是对某类对象的抽象和描述，是该类对象的模板。它们是实现数据封装的基础，是面向对象程序设计的核心部分。

　　面向对象的程序设计主要包括以下四个特征：封装性、继承性、抽象性和多态性。封装是指对对象的行为特征的组合用数据结构和方法描述，将对象属性与操作结合在一起，形成一个逻辑单元内部的机制。用户可以通过数据结构访问封装好的基本逻辑单元。继承是指在不修改现有类的情况下，通过添加或修改类的变量和方法创建新类，即子类基于父类，从而实现父类代码的重用。继承机制是实现程序代码重用的基石，是提高软件系统的可扩展性和可维护性的主要途径。数据抽象是一种更高级别的抽象方法，它将现实世界中存在的事物作为抽象单元，其抽象内容主要包括事物的属性特征和行为特征。多态性是指具有相同名称但实现方式不相同的方法。在调用方法时，参数的个数和类型将确定方法的版本，使用重载方法和重写方法等来实现多态性。

四、地理信息系统技术

　　地理信息系统（geographical information system）是由计算机硬件、软件和不同的方法组成的系统，该系统设计用来支持空间数据的采集、管理、处理、分析、建模和显示。地理信息系统通过对空间信息进行分析和处理，以便解决复杂的规划和管理问题。目前，GIS 与遥感技术，全球定位技术，计算机技术，地理学以及地图学相互结合，在利用数据库技术对数据的操作和地理分析的基础上实现了面向对象的视觉效果，广泛应用在科学调查、资源管理、财产管理、发展规划、绘图和路线规划等不同的领域。地理信息系统通过对海量空间数据的存储管理分析，业务流程与产品模板的内置，参数的灵活配置以及本地化的扩展开发功能，建立了一个开放式、规范化便于人工干涉的服务平台，实现了信息的共享以及面向服务的业务整合。

　　随着科学技术、物联网技术和移动信息设备的发展，对地理信息系统在理论与技术方面有了新的时代要求。从技术角度看，GIS 的发展方向表现为：系统互操作、数据多元化、系统模块化、系统智能化、平台网络化和应用社会化。目前比较成熟的国内地理信息系统的软件是 SuperMap GIS，超图软件公司发布云端一体化 GIS 平台软件—SuperMap GIS 6R，全面向云 GIS、移动 GIS、二三维一体化 GIS 三大技术方向发展，采用国际领先的 GIS 并行计算技术、智能集群技术、跨平台 GIS 技术和 64 位 GIS 技术将被开发。SuperMap GIS 6R 版本分为桌面 GIS、服务器 GIS 和移动 GIS 三个部分。SuperMap iDesktop 6R 是插件式桌面 GIS 平台，具备二三维一体化的数据处理、制图和分析等功能，支持访问在线地图数据服务，支持发布数据服务到 Web 服务器，支持.NET 环境的插件式扩展开发。采用完全二三维一体化的桌面 GIS 平台，同一份数据，无需在多个软件间切换就可以自由进行二维或三维方式的展示、处理或分析；采用全新的.NET扩展开发模式，摒弃功能受限、编码繁琐、过时的 VBA 扩展开发方式，使开发效率更高、扩展能力更强；采用多文档界面（MDI）的桌面 GIS，打开数据一次即可在多个地图窗口中展示、编辑、处理和使用。

第四节　数据库建设

数据库是整个小麦灾害监测预警系统中信息系统的核心和基础，把信息系统中大量的数据按一定的模型组织起来，提供存储、维护、检索数据的功能，使信息系统可以方便、及时、准确地从数据库中获得所需的信息。通过建立完整的数据表、表与表之间完善的联系，可以存储完备的信息数据等，并方便对数据库的访问和增、删、改、查等操作。关系型属性表采用 SQL Server 2012 进行设计与存储。

一、数据库设计

数据库的建设是整个系统软件的核心，数据库的设计要经过四个阶段：

（1）综合各个用户应用需求的需求分析阶段。

（2）形成独立于数据库管理系统之外的概念模式的概念设计阶段。

（3）将 E - R 图转化为数据模型并且建立必要视图形成数据的外模式的概念逻辑设计阶段。

（4）对物理存储进行安排建立索引，形成数据库内模式的物理设计阶段。

该系统在.NET平台上建立完善的空间数据管理模型，对数据、关系和数据之间的约束进行管理。目前利用关系数据库和地理信息系统强大的管理功能，实现对空间数据的管理与分析，以及空间数据与属性数据之间的无缝连接。

二、数据库设计原则

由于小麦监测预警系统包括大量的气象数据、农产品以及耕地信息等数据，因此该系统需要建设功能完善而且强大的数据库。合理的数据库设计在系统开发中是至关重要的，通过建立完整的数据表、表与表之间完善的联系，可以存储完备的信息数据，并方便对数据库的访问和增、改、删、查等操作。该系统在满足用户需求的前提条件下，数据库采用 JDBC 数据池的连接方式，加大了对数据编码与分类的规范性，尽可能降低数据冗余。对于农业灾害监测预警系统必须要充分考虑到数据的可扩展性、可维护性以及安全性，确保该数据能够为农业决策部门及时提供准确可靠的数据。

三、数据来源及类型

根据山东省的自然生态条件和农业生产实际情况，在山东省内建设具有生产水平典型性和生态区域代表性的小麦生产风险监测网点 120 个，网点的即时数据和山东统计年鉴的历史数据。主要涉及四类数据，分别是小麦气象数据、产量数据、灾害数据和土壤数据。

（一）气象数据

收集整理了山东省历史数据资料（1995—2014 年），包括小麦生长季月日照百分率、生长季旬均温、生长季月降水、10 月逐日降水、3 月拔节期逐日最低气温、灌浆中后期每日最高温、灌浆中后期每日空气相对湿度、灌浆中后期每日风速等信息。

（二）产量数据

根据各个地市统计局提供的信息整理了近 20 年的小麦播种面积、收获面积、总产、单产等信息。

（三）灾害数据

收集整理了山东省近 15 年的历史灾害数据（2000—2014 年），包括小麦冻害、干旱、低温冷害、冰雹、白粉病、赤霉病、纹枯病、锈病、蚜虫、吸浆虫、麦蜘蛛等病虫害信息。

（四）土壤数据

收集整理了山东省历史土壤数据（1995—2014 年），包括土壤有机质、土壤全氮、土壤碱解氮、土壤有效磷、土壤速效钾含量和土壤 pH 等信息。

除关系型数据外，空间数据主要包括 1∶1 000 000 山东省县级区划矢量数据、山东省气象站点数据、山东省栅格高程数据等。

四、数据处理

由于该系统所采用的数据多为报表资料，较大的数据量和较长的时间序列加大了统计分析的繁琐性。系统利用 DPS、Excel 以及 Access 统计软件对气象资料和地理空间数据进行统计分析。在统计软件的基础之上利用编程技术开发了一些插件，保证数据统计的合理性与可靠性。为了有效地避免手工输入规范性较差的问题，系统结合项目需要进行了相应程序的编写，可以检查统计数据的可靠性及有效性。该软件先将报表数据转化为 ASCII 格式，再用 TEXT

数据将其导入 SQL Server 2008 数据库中。对于统计好的数据进行有效分析是项目的关键，在很大程度上影响其系统的性能，项目主要采用以下三种分析方法：

（一）逐步回归分析

最近几年随着 SPSS 软件功能日趋强大，逐步回归分析也成为农业气象预警的主要统计方法。对于一个气象系统而言，会存在许多对变量有影响的自变量，但是这些自变量之间是相互独立的。由于这些变量之间的关系复杂，只有通过对变量因子进行筛选，建立多元回归分析模型。首先建立因变量 y 与自变量 x 之间的总回归方程，再对总的方程及每一个自变量进行假设检验。当总的方程不显著时，表明该多元回归方程线性关系不成立；而当某一个自变量对 y 影响不显著时，应该把它剔除，重新建立不包含该因子的多元回归方程。筛选出有显著影响的因子作为自变量，并建立"最优"回归方程。回归方程包含的自变量越多，回归平方和越大，剩余的平方和越小，剩余均方也随之较小，预测值 $\hat{y}$ 的误差也愈小，模拟的效果愈好。但是方程中的变量过多，预报工作量就会越大，其中有些相关性不显著的预报因子会影响预测的效果。因此在多元回归模型中，选择适宜的变量数目尤为重要。

（二）聚类分析方法

聚类分析是通过事物总体特性研究个体分类的统计方法。聚类分析主要是针对那些同类中个体比较相似，不同类中个体的差别性比较大的研究对象。

聚类分析的几种方法：

1. 样本聚类分析法　这是一种对事件或者观测变量进行的聚类，主要是反映被观测变量对象的特征。

2. 变量聚类法　由于自变量的共线性导致偏回归系数不能够真正的反映自变量对因变量的影响，需要进行变量的聚类集群，找出彼此独立并且具有代表性的自变量。主要应用在具有许多变量的事物，只需要选择部分就可以对整体进行研究。

（三）判别分析方法

判别分析法是利用总结出来的分类规律对研究对象进行分类，必须已知观测对象的分类和若干表明观测对象特征的变量值。判别分析就是要从中筛选出能提供较多信息的变量并建立判别函数，使得利用推导出的判别函数对观测量判别其所属类别时的错判率最小。

判别函数一般形式是：

$$Y = a_1 X_1 + a_2 X_2 + \cdots + a_n X_n$$

式中：　　　　　　Y——判别值；

X_1，X_2，X_3，…，X_n——反应研究对象特征的变量；

a_1，a_2，a_3，…，a_n——判化的典则判别函数。

通过研究对象分类建立线性判别函数，对于每个个体进行判别时，把测试的各个变量值代入判别函数，得出判别分数，从而确定该个体属于哪一类。或者计算属于各类的概率，从而判断该个体属于哪一类。

(四) 因子分析

在农业灾害预警系统的研究过程中，需要对大量的观测数据进行分析，多变量大样本无疑会为科学研究提供丰富的信息，但也在一定程度上增加了数据采集的工作量，更重要的是在大多数情况下，许多变量之间可能存在相关性而增加了问题分析的复杂性。由于各变量间存在一定的相关关系，但是综合指标之间彼此不相关，因此有可能用较少的综合指标，分别综合存在于各变量中的各类信息。这样就可以根据专业知识对综合指标所反映的独特含义给予命名，这种分析方法称为因子分析，代表各类信息的综合指标就称为因子或主成分。因子分析法综合指标比原始变量少，但是包含的信息量应该相对损失较少。

五、数据库表的建立

山东省小麦气象灾害监测预警系统对气象资料、小麦产量和地理空间数据分别建立相应的数据库。主要包括用户、数据和模型三个实体集，结合项目的实际需要建立模型信息表、用户信息表、空间土壤信息表、病虫害信息表、产量信息表、灾害信息表、种植信息表等共计 16 个数据库表，下面给出其中 7 个比较重要的表格关系图（表 6-1～表 6-7）。

表 6-1　模型信息表

字段	类型	大小
ID	Integer	4
名称	Varchar	20
输入	Varchar	20
输出	Varchar	20
建立人	Varchar	20
建立时间	Datatime	

表 6-2　用户信息表

字段	类型	大小	描述
ID	Integer	4	用户 ID
uesrname	Varchar	20	用户名称
password	Varchar	20	用户密码

表 6 - 3　空间土壤信息表

字段	类型	大小
ID	Int	4
高度	Float	
经度	Varchar	20
纬度	Varchar	20
土结构	Varchar	20
土厚	Float	
全氮	Float	
碱解氮	Float	
有机质	Float	
微量元素	Float	
质量水量	Float	
土水势	Float	
土水盐含量	Float	
土容量	Float	

表 6 - 4　产量信息表

字段	类型	大小
ID	Int	4
总产量	Float	
总增减值	Float	
总变化率	Float	
高单产量	Float	
高单增减值	Float	
高单变化率	Float	
低单产量	Float	
低单增减值	Float	
低单变化率	Float	
均单产量	Float	
均单增减值	Float	
均单变化率	Float	
面积	Float	

表 6 - 5　气象信息表

字段	类型	大小
ID	Int	4
活动积温	Float	
有效积温	Float	
日总辐射	Float	
日光合辐射	Float	
日照百分率	Float	
日高温	Float	
日低温	Float	
日均温	Float	
日湿度	Float	
日最风速	Float	
日降水量	Float	
日蒸发量	Float	
旬总辐射	Float	
旬光合辐射	Float	
旬照时数	Float	
旬高温	Float	
旬低温	Float	
上旬均温	Float	
中旬均温	Float	
下旬均温	Float	
旬累降水	Float	
月总辐射	Float	
月光合辐射	Float	
月照时数	Float	
月高温	Float	
月低温	Float	
月均温	Float	
月累降水	Float	

表 6 - 6　灾害信息表

字段	类型	大小
ID	Int	4
旱始	Datetime	
旱结	Datetime	
旱地点	Varchar	50
旱频度	Int	
旱受灾面积	Float	
旱受灾损失	Float	
旱受灾经损	Float	
旱成灾面积	Float	
旱成灾损失	Float	
旱成灾经损	Float	
旱绝收面积	Float	
旱绝收损失	Float	
旱绝收经损	Float	
旱经济阈值	Float	
旱病情指数	Float	
旱发病率	Float	
涝始	Datetime	
涝结	Datetime	
涝地点	Varchar	50
涝频度	Int	
涝受灾面积	Float	
涝受灾损失	Float	
涝受灾经损	Float	
涝成灾面积	Float	
涝成灾损失	Float	
涝成灾经损	Float	
涝绝收面积	Float	
涝绝收损失	Float	
涝绝收经损	Float	
涝经济阈值	Float	

（续）

字段	类型	大小
涝病情指数	Float	
涝发病率	Float	
雹始	Datetime	
雹结	Datetime	
雹地点	Varchar	50
雹频度	Int	
雹受灾面积	Float	
雹受灾损失	Float	
雹受灾经损	Float	
雹成灾面积	Float	
雹成灾损失	Float	
雹成灾经损	Float	
雹绝收面积	Float	
雹绝收损失	Float	
雹绝收经损	Float	
雹经济阈值	Float	
雹病情指数	Float	
雹发病率	Float	
低温冷冻始	Datetime	
低温冷冻结	Datetime	
低温冷冻地点	Varchar	50
低温冷冻频度	Int	
低温冷冻受灾面积	Float	
低温冷冻受灾损失	Float	
低温冷冻受灾经损	Float	
低温冷冻成灾面积	Float	
低温冷冻成灾损失	Float	
低温冷冻成灾经损	Float	
低温冷冻绝收面积	Float	
低温冷冻绝收损失	Float	
低温冷冻绝收经损	Float	
低温冷冻经济阈值	Float	

（续）

字段	类型	大小
低温冷冻病情指数	Float	
低温冷冻发病率	Float	
干热风始	Datetime	
干热风结	Datetime	
干热风地点	Varchar	50
干热风频度	Int	
干热风受灾面积	Float	
干热风受灾损失	Float	
干热风受灾经损	Float	
干热风成灾面积	Float	
干热风成灾损失	Float	
干热风成灾经损	Float	
干热风绝收面积	Float	
干热风绝收损失	Float	
干热风绝收经损	Float	
干热风经济阀值	Float	
干热风病情指数	Float	
干热风发病率	Float	
病虫害始	Datetime	
病虫害结	Datetime	
病虫害地点	Varchar	50
病虫害频度	Int	
病虫害受灾面积	Float	
病虫害受灾损失	Float	
病虫害受灾经损	Float	
病虫害成灾面积	Float	
病虫害成灾损失	Float	
病虫害成灾经损	Float	
病虫害绝收面积	Float	
病虫害绝收损失	Float	
病虫害绝收经损	Float	
病虫害经济阀值	Float	
病虫害病情指数	Float	
病虫害发病率	Float	

表 6-7　种植方式信息表

字段	类型	大小
ID	Int	4
水浇地小麦区域	Varchar	50
水浇地小麦面积	Float	
水浇地小麦单产	Float	
水浇地小麦总产量	Float	
精播高产小麦区域	Varchar	50
精播高产小麦面积	Float	
精播高产小麦单产	Float	
精播高产小麦总产量	Float	
旱地小麦区域	Varchar	50
旱地小麦面积	Float	
旱地小麦单产	Float	
旱地小麦总产量	Float	
晚茬麦区域	Varchar	50
晚茬麦面积	Float	
晚茬麦单产	Float	
晚茬麦总产量	Float	
稻茬麦区域	Varchar	50
稻茬麦面积	Float	
稻茬麦单产	Float	
稻茬麦总产量	Float	
盐碱地麦区域	Varchar	50
盐碱地麦面积	Float	
盐碱地麦单产	Float	
盐碱地麦总产量	Float	
间套复种麦区域	Varchar	505
间套复种麦面积	Float	
间套复种麦单产	Float	
间套复种麦总产量	Float	
小麦套种玉米区域	Varchar	50
小麦套种玉米面积	Float	

（续）

字段	类型	大小
小麦套种玉米单产	Float	
小麦套种玉米总量	Float	
小麦套种棉花区域	Varchar	50
小麦套种棉花面积	Float	
小麦套种棉花单产	Float	
小麦套种棉花总量	Float	
小麦油料间套区域	Varchar	50
小麦油料间套面积	Float	
小麦油料间套单产	Float	
小麦油料间套总量	Float	
小麦作物间套区域	Varchar	50
小麦作物间套面积	Float	
小麦作物间套单产	Float	
小麦作物间套总量	Float	
小麦蔬菜间套区域	Varchar	50
小麦蔬菜间套面积	Float	
小麦蔬菜间套单产	Float	
小麦蔬菜间套总量	Float	

六、数据库的实现

由于该项目涉及的数据量较大并且需要利用此数据进行分析显示，因此，需要利用 Java 编写程序完成数据的导入和相关模型的建立。根据监测网点选取了鲁西北平原冬性、半冬性中晚熟类型区德州市和聊城市的 6 个试验点，主要包括：德州武城县的任河沟村、东小屯村和李庄村、齐河县祝阿镇关庄、晏城的山东省农干院农场和姜屯村；聊城市东昌府区朱老庄乡、堂邑镇、斗虎屯镇、东阿县的刘集镇、陈集乡和高集镇。数据库主要录入了与小麦生产相关的信息，重点包括与小麦气象灾害有关的气象信息及土壤信息、病虫害信息、产量信息、受灾情况信息等，其中，气象信息包含了近 30 年的历史数据资料。

利用 SuperMap Deskpro. NET 6R，设置一个用户并且将角色设置为读取所有用户表中的所有数据。可以自动地将建立的数据库表映射到 SuperMap 数据库中，并设置了数据库角色身份为执行所有数据库角色活动和维护所有默认权限。数据库实现系统见图 6-2。

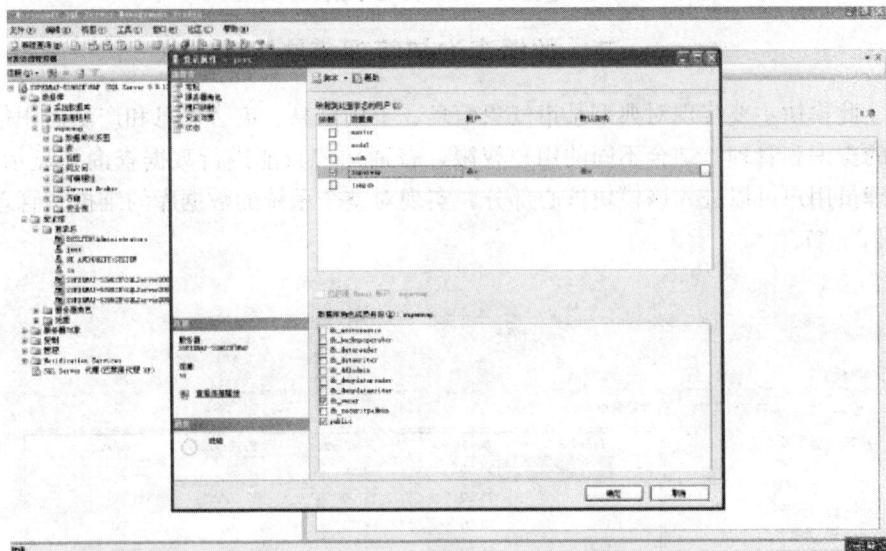

图 6-2　数据库实现系统

第五节　系统功能

系统功能主要包括系统管理、数据查询和管理、基础地理信息管理、冬小麦长势监测、冬小麦产量估算、冬小麦灾害预警、信息统计与分析、专题图制作和系统帮助。系统功能结构设计见图 6-3。

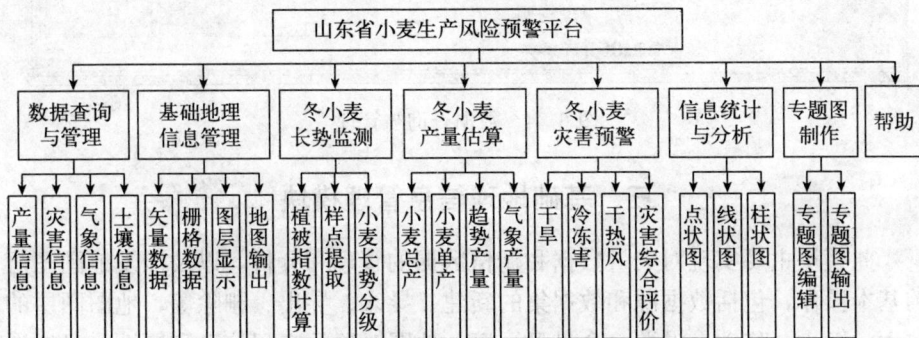

图 6-3　系统功能结构设计

一、系统管理模块

此模块主要实现对系统用户基本信息的管理，包括新增、修改、删除、注销系统、退出系统等，以及不同类型用户操作权限的设置。

二、数据查询与管理模块

此模块主要实现对典型县市气象信息、土壤信息、灾害信息和产量面积信息的查询和管理。结合不同的用户权限，普通用户只能进行数据查询和显示；管理员用户可以进入该模块核心部分，实现对整个系统的数据库的维护和管理（图 6-4）。

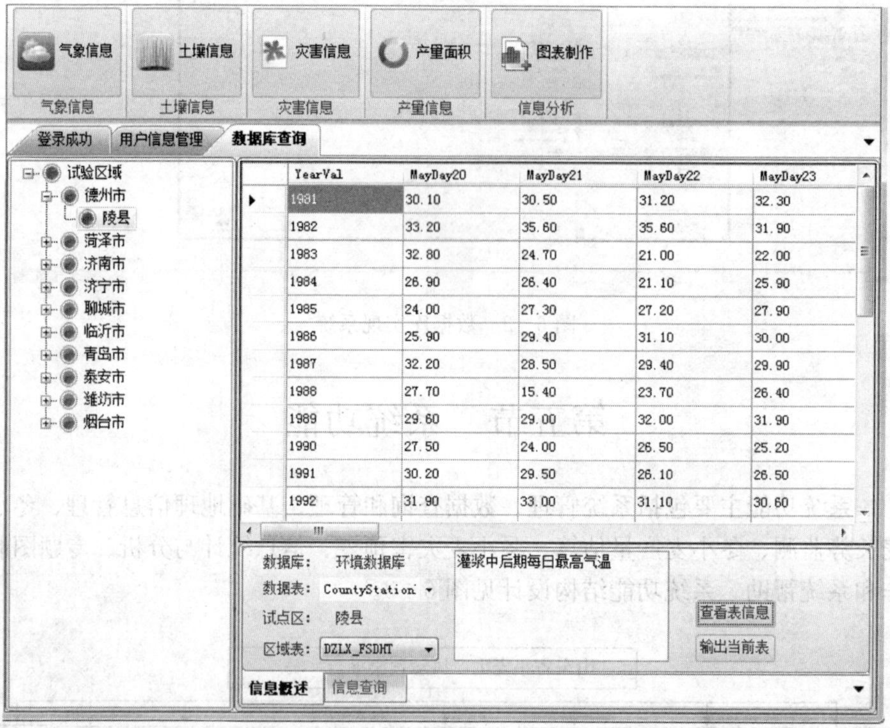

图 6-4　数据查询与管理

三、基础地理信息管理模块

此模块主要实现对矢量数据和栅格数据的管理和分析，以及涉及地图图层的基本操作，包括数据源和数据集的新建、导入、导出、删除等，地图图层的放大、缩小、移动、漫游、全景显示等，地图对象的空间信息和属性信息查询与显示等（图 6-5）。

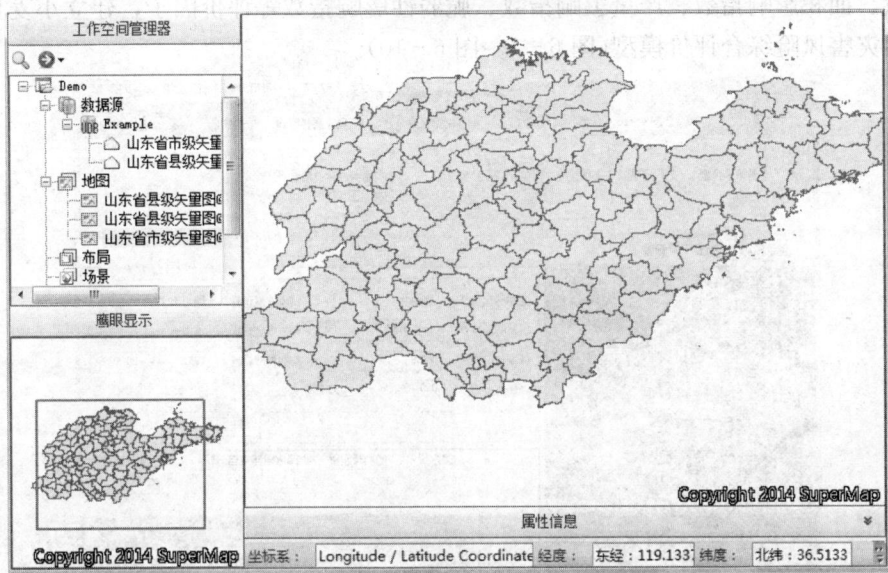

图6-5 基础地理信息管理

四、冬小麦长势监测与产量估算模块

此模块主要实现两个功能（图6-6），一是基于遥感影像对冬小麦的长势监测与分级，包括植被指数计算、样点提取和小麦长势分级。用户可选择遥感影像的相关波段计算得到植被指数信息，同时可对农

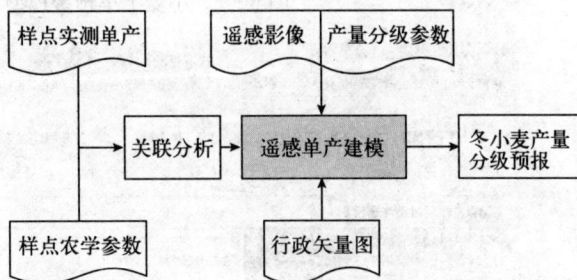

图6-6 长势监测与产量估算功能模块设计原理

学参数和遥感指数进行相关性分析，建立冬小麦长势监测模型，并进行分级评估；二是实现冬小麦产量的估算，包括小麦总产、小麦单产、趋势产量和气象产量。用户可建立冬小麦产量估算模型，并导入区域 LAI 和生物量等数据，计算得到研究区冬小麦产量空间分布图，并进行冬小麦产量分级预报。

五、冬小麦灾害预警模块

此模块主要实现对山东省冬小麦常见的干旱、冷冻害、干热风等灾害的监测预警，以及为综合评价不同地区总体自然灾害风险状况，选取灾害影响指数、面积影响指数、产量影响指数、脆弱性影响指数等评价因子，建立小麦自然灾害风险综合评价模型(图 6-7~图 6-10)。

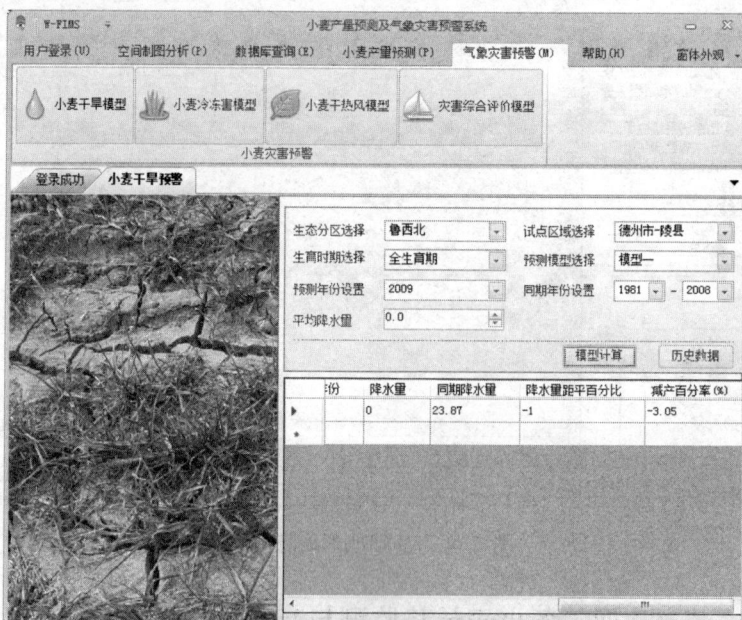

图 6-7　小麦干旱预警模型

图 6-8　小麦冷冻害预警模型

图 6-9 小麦干热风预警模型

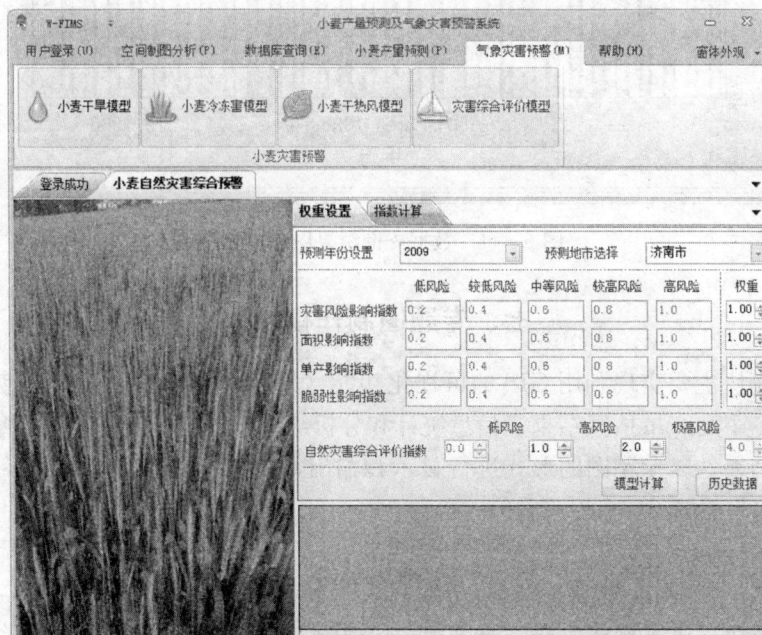

图 6-10 小麦自然灾害风险综合评价模型

六、信息统计与分析模块

此模块主要实现对气象信息、土壤信息、灾害信息、产量面积等基础性数据，以及冬小麦长势监测和产量估算等中间数据和结果数据的统计分析，并以柱状、饼状、点密度等图表形式直观呈现（图6-11）。

图6-11 数据查询结果图表显示

七、专题图制作模块

此模块主要实现利用GIS的可视化功能（图6-12），将冬小麦长势监测结果、冬小麦产量估算结果、信息统计和分析结果以及自然灾害监测预警和风险评价结果，以专题图的形式进行显示和输出，并可由用户调整颜色、标签、图例等属性设置。

八、帮助模块

此模块提供了操作手册，协助用户快速学习和使用系统。操作手册结合具体的应用案例，详细介绍系统主要功能的基本原理及操作流程，以提高用户的系统使用效率。

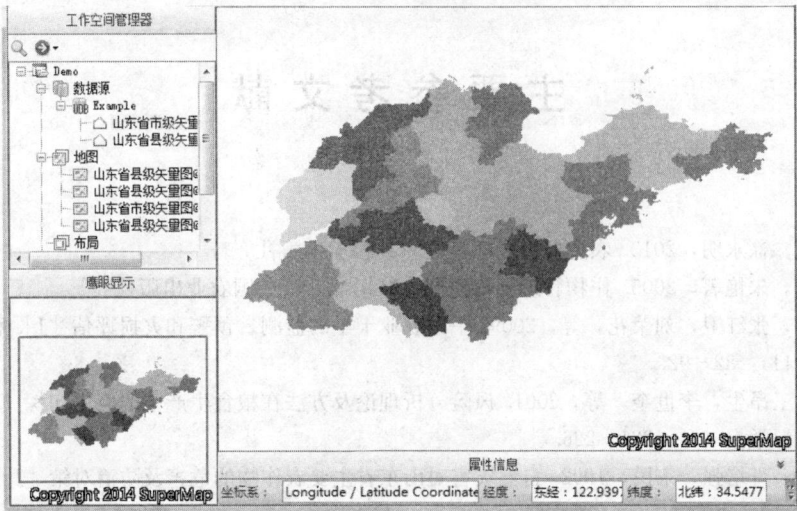

图 6-12 专题图显示

主 要 参 考 文 献

白淑英，徐永明，2013. 农业遥感 [M]. 北京：科学出版社.

曹卫星，朱艳著，2005. 作物管理知识模型 [M]. 北京：中国农业出版社.

陈怀亮，张红卫，刘荣花，等，2009. 中国农业干旱的监测、预警和灾损评估 [J]. 科技导报 (11)：82-92.

邓国，王昂生，李世奎，等，2001. 风险分析理论及方法在粮食生产中的应用初探 [J]. 自然资源学报 (3)：221-226.

丁希滨，肖培强，宋民，1992. 自然灾害对山东省主要农作物的危害及防治对策 [J]. 中国减灾 (3)：37-39.

董庆禧，张兵，郑兰芬，2006. 高光谱遥感——原理、技术与应用 [M]. 北京：高等教育出版社.

冯锐，余凌翔，张玉书，等，2006. 基于 GIS 的农业气象灾害监测系统 [J]. 干旱环境监测，20 (2)：83-86，114.

侯晓磊，2012. 山东小麦生产预警系统研究 [D]. 北京：中国农业科学院.

霍国有，2014. 小麦干热风的危害与防御措施 [J]. 现代农业科技 (4)：238-240.

霍治国，白月明，温民，等，2001. 水分胁迫效应对冬小麦生长发育影响的试验研究 [J]. 生态学报 (9)：1527-1535.

霍治国，李世奎，王素艳，等，2003. 主要农业气象灾害风险评估技术及其应用研究 [J]. 自然资源学报 (6)：692-703.

金之庆，方娟，葛道阔，等，1994. 全球气候变化影响我国冬小麦生产之前瞻 [J]. 作物学报 (2)：186-197.

康西言，顾光芹，史印山，等，2011. 冬小麦干旱指标及干旱预测模型研究 [J]. 中国生态农业学报 (4)：860-865.

李东升，2007. 干热风天气对小麦的危害及防御对策 [J]. 河南农业 (12)：16-17.

李福夺，2016. 山东省自然灾害时空分布规律与防灾减灾对策 [J]. 湖北农业科学 (3)：796-802，809.

李世奎，霍治国，王素艳，等，2004. 农业气象灾害风险评估体系及模型研究 [J]. 自然灾害学报 (1)：77-87.

李卫国，赵春江，王纪华，等，2007. 基于卫星遥感的冬小麦拔节期长势监测 [J]. 麦类作物学报，27 (3)：523-527.

李小文，刘素红，2008. 遥感原理与应用 [M]. 北京：科学出版社.

廉丽姝，2005. 山东省气候变化及农业自然灾害对粮食产量的影响 [J]. 气象科技 (1)：73-76，86.

刘航，蒋尚明，金菊良，等，2013. 基于 GIS 的区域干旱灾害风险区划研究 [J]. 灾害学
　　(3)：198 - 203.

刘坤，郑旭荣，任政，等，2004. 作物水分生产函数与灌溉制度的优化 [J]. 石河子大学学
　　报（自然科学版）(5)：383 - 385.

刘良云，黄木易，黄文江，等，2004. 利用多时相的高光谱航空图像监测冬小麦条锈病 [J].
　　遥感学报 (3)：275 - 281.

刘良云，王纪华，黄文江，等，2004. 利用新型光谱指数改善冬小麦估产精度 [J]. 农业工
　　程学报，20 (1)：172 - 175.

刘淑云，谷卫刚，尚明华，等，2013. 鲁西北生育期降水与小麦产量相关关系回归模型研
　　究 [J]. 作物杂志 (6)：90 - 94.

刘彤，闫天池，2011. 我国的主要气象灾害及其经济损失 [J]. 自然灾害学报 (2)：90 - 95.

罗菊花，黄文江，韦朝领，等，2008 基于 GIS 的农作物病虫害预警系统的初步建立 [J].
　　农业工程学报 (12)：127 - 131.

马九杰，张象枢，顾海兵，2001. 粮食安全衡量及预警指标体系研究 [J]. 管理世界 (1)：
　　154 - 162.

马玉玲，刘南江，李群，2015. 年全国自然灾害基本情况分析 [J]. 中国减灾 (3)：20 - 23.

孟昭翰，1994. 山东省气象灾害特征与对策研究 [J]. 山东气象 (1)：33 - 36.

乔玉辉，宇振荣，M Driessen E，2002. 冬小麦叶面积动态变化规律及其定量化研究 [J].
　　中国生态农业学报 (2)：87 - 89.

施雅风，1996. 全球变暖影响下中国自然灾害的发展趋势 [J]. 自然灾害学报 (2)：106 - 121.

史定珊，毛留喜，1992. NOAA/AVHRR 冬小麦苗情长势遥感动态监测方法研究 [J]. 气
　　象学报 (4)：520 - 523.

苏晓燕，张蕙杰，李志强，等，2011. 基于多因素信息融合的中国粮食安全预警系统 [J].
　　农业工程学报 (5)：183 - 189.

隋学艳，朱振林，朱传宝，等，2009. 基于 MODIS 数据的山东省小麦株高遥感估算研究
　　[J]. 山东农业科学 (2)：5 - 7, 11.

孙宁，冯利平，2005. 利用冬小麦作物生长模型对产量气候风险的评估 [J]. 农业工程学报
　　(2)：106 - 110.

孙荣强，1994. 干旱定义及其指标评述 [J]. 灾害学 (1)：17 - 21.

孙云，2014. 基于 GIS 的山东小麦气象灾害预警系统研究 [D]. 泰安：山东农业大学.

檀艳静，张佳华，姚凤梅，等，2013. 中国作物低温冷害监测与模拟预报研究进展 [J]. 生
　　态学杂志 (7)：1920 - 1927.

田静国，王树东，张立福，等，2016. 应用高光谱植被指数反演冬小麦叶绿素含量的光谱
　　指标敏感性研究 [J]. 科学技术与工程 (15)：1 - 8.

王培娟，谢东辉，张佳华，等，2012. 基于不同灌溉条件下冠层光谱与参数的关系反演冬
　　小麦冠层含水量 [J]. 光谱学与光谱分析 (1)：209 - 213.

王石立，娄秀荣，1997. 华北地区冬小麦干旱风险评估的初步研究 [J]. 自然灾害学报
　　(3)：65 - 70.

王素艳，霍治国，李世奎，等，2003. 中国北方冬小麦的水分亏缺与气候生产潜力——近40年来的动态变化研究 [J]. 自然灾害学报 (1)：121-130.

王素艳，霍治国，李世奎，等，2003. 干旱对北方冬小麦产量影响的风险评估 [J]. 自然灾害学报 (3)：118-125.

王志敏，王璞，兰林旺，等，2003. 黄淮海地区优质小麦节水高产栽培研究 [J]. 中国农学通报 (4)：22-25，43.

王志强，杨春燕，王静爱，等，2005. 基于农户尺度的农业旱灾成灾风险评价与可持续发展 [J]. 自然灾害学报 (6)：94-99.

吴炳方，2004. 中国农情遥感速报系统 [J]. 遥感学报 (6)：481-497.

许世卫，2009. 我国粮食安全目标及风险分析 [J]. 农业经济问题 (5)：12-16，110.

许世卫，2013. 农产品数量安全智能分析与预警的关键技术及平台研究 [M]. 北京：中国农业出版社.

闫岩，柳钦火，刘强，等，2006. 基于遥感数据与作物生长模型同化的冬小麦长势监测与估产方法研究 [J]. 遥感学报 (5)：804-811.

杨成芳，汤子东，2003. 山东省春季低温冷害特征及其成因分析 [J]. 山东气象 (2)：12-14.

杨丽，2013. 山东省小麦玉米干旱指数保险研究 [D]. 南京：南京信息工程大学.

杨志勇，刘琳，等，2011. 农业干旱灾害风险评价及预测预警研究进展 [J]. 水利经济 (2)：12-17，75.

尤春媛，2007. 我国农业风险预警机制及应急处理 [J]. 安徽农业科学 (33)：10852-10853.

袁国富，唐登银，罗毅，等，2001. 基于冠层温度的作物缺水研究进展 [J]. 地球科学进展 (1)：49-54.

张洁，武建军，周磊，等，2012. 基于MODIS数据的农业干旱监测方法对比分析 [J]. 遥感信息 (5)：48-54.

张力，张保华，2004. 冬小麦气象产量分析 [J]. 中国农业气象 (1)：24-26.

张晓艳，封文杰，刘淑云，等，2009. 花生光合生产与干物质积累的动态模拟 [J]. 山东农业科学，1：11-14.

张晓煜，杨晓光，李茂松，等，2011. 农业干旱预警研究现状及发展趋势 [J]. 干旱区资源与环境 (11)：18-22.

张正斌，1997. 作物水分利用效率和蒸发蒸腾估算模型的研究进展 [J]. 干旱地区农业研究 (1)：76-81.

赵佳佳，冯美臣，王超，等，2014. 基于光谱植被指数的冬小麦叶绿素含量反演 [J]. 山西农业大学学报（自然科学版）(5)：391-396.

赵艳霞，王馥棠，裴国旺，2001. 冬小麦干旱识别和预测模型研究 [J]. 应用气象学报 (2)：234-241.

钟秀丽，王道龙，李玉中，等，2007. 黄淮麦区小麦拔节后霜害的风险评估 [J]. 应用气象学报，18 (1)：102-107.

周成虎，万庆，黄诗峰，等，2000. 基于 GIS 的洪水灾害风险区划研究 [J]. 地理学报 (1)：15 - 24.

朱建华，刘淑云，谷卫刚，等，2012. 山东省冬小麦干热风灾害预警模型研究 [J]. 生物数学学报 (2)：257 - 264.

Mccree K J，1974. Equation for rate of dark respiration of white clover and grain sorghum as function of dry weight photosynthetic rate and temperature [J]. Crop Science,14(4)：509 - 514.

Van Kenlen H，1982. Crop production under semi-arid conditions, as determined by nitrogen and moisture availability [J]. Simulation Monographs,Wageningen：Pudoc, 234 - 251.

图书在版编目（CIP）数据

小麦生产风险智能分析与预警关键技术／张晓艳，
刘淑云主编．—北京：中国农业出版社，2017.9
ISBN 978-7-109-23752-0

Ⅰ.①小… Ⅱ.①张… ②刘… Ⅲ.①小麦-生产-
风险分析-研究-中国 Ⅳ.①F326.11

中国版本图书馆 CIP 数据核字（2017）第 329281 号

中国农业出版社出版
（北京市朝阳区麦子店街 18 号楼）
（邮政编码 100125）
责任编辑 廖 宁

北京中兴印刷有限公司印刷 新华书店北京发行所发行
2017 年 9 月第 1 版 2017 年 9 月北京第 1 次印刷

开本：700mm×1000mm 1/16 印张：14.75
字数：320 千字
定价：58.00 元
（凡本版图书出现印刷、装订错误，请向出版社发行部调换）